中国教学型大学战略管理理论研究

时明德 著

河南大学出版社
·郑州·

图书在版编目（CIP）数据

中国教学型大学战略管理理论研究 / 时明德著. --郑州：河南大学出版社，2021.5
ISBN 978-7-5649-4718-7

Ⅰ. ①中… Ⅱ. ①时… Ⅲ. ①高等学校-战略管理-研究-中国 Ⅳ. ①G647

中国版本图书馆 CIP 数据核字（2021）第 093535 号

责任编辑	马　博　时二凤
责任校对	展文婕
封面设计	陈盛杰

出版发行	河南大学出版社
地　　址	郑州市郑东新区商务外环中华大厦2401号
邮　　编	450046
电　　话	0371-86059701（营销部）
	0371-22860116（人文社科分公司）
网　　址	hupress.henu.edu.cn
排　　版	河南大学出版社设计排版部
印　　刷	河南瑞之光印刷股份有限公司
版　　次	2021年12月第1版
印　　次	2021年12月第1次印刷
开　　本	710 mm × 1000 mm　1/16
印　　张	18.5
字　　数	240千
定　　价	62.00元

版权所有·侵权必究
本书如有印装质量问题，请与河南大学出版社营销部联系调换

前　言

这是一篇管理学博士论文，是一部完成于10余年前的书稿。它凝结着一个大学管理者从事高等学校管理工作的心血与汗水，汇集着一个博士学位攻读者对于中国教学型大学战略管理理论的分析、判断、研究与展望。在河南大学出版社决定出版此书时，谨向读者朋友们介绍一下此书的写作背景、主要内容以及书稿背后的点滴故事。

1997年8月，在我即将跨入不惑之年的时候，河南省委组织部任命我为信阳师范学院的副院长，分工负责学校的人才培养、科学研究、网络中心以及学报等部门的工作。在此后的岁月里，我与我的同事们亲历了迎接国家教育部本科教学工作评估的艰辛以及顺利通过本科教学工作评估的喜悦；亲历了信阳师范学院人才培养模式的改革探索与人才培养质量提升的不懈追求过程；体验了一所不甘落后的地方普通本科高校办学条件改善与奋斗目标实现的艰难与不易；见证了一所教学型大学从本科教学合格到成为硕士学位授权单位的奋斗历程。我非常深刻地感受到了21世纪初叶中国高等教育波澜壮阔的发展大势和高等学校发展环境的巨大变化。随着《中华人民共和国高等教育法》于1999年1月1日的正式实施，以及国家教育部对高等学校的评估评价及管理方式的变化，高等学校重视自身的定位与发展，重视师资队伍建设，重视内部管理体制的改革与创新的新局面迅速形成。

2004年10月，我随河南省首届高校领导高等教育管理培训班来到加拿大美丽的城市多伦多，参加多伦多大学－约克大学亚洲商务管理项目的学习研究工作。在学期间，我们先后考察了多伦多大学、约克大学、滑铁卢大学、皇后大学、加拿大皇家军事学院、安大略艺术学院、莫哈克学院等不同类型的高等学校，与这些学校的专家、学者和师生进行了深入的讨论与交流。还先后考察了大学联合会及政府的教育主管部门，听取有关负责人的情况介绍。加拿大高等教育的管理风格，不同类型的高等学校推进战略管理、培育自身特色优势的做法给我留下了十分深刻的印象，也坚定了我研究大学战略管理理论的信心。

中国教学型大学战略管理理论研究是我在武汉理工大学管理学院攻读博士学位时的论文选题。选定这个题目正是基于对中国教学型大学的熟悉与对加拿大高等教育的了解与认知。记得最初的选题是教学型大学战略管理理论研究，后在收集资料拟定提纲的过程中，深感以自己当时的知识储备与经验认知是很难概括出世界范围内教学型大学战略管理的共有规律与特征的，于是便征得导师同意，将名称修改为中国教学型大学战略管理理论研究。

战略管理理论是20世纪50年代才逐渐兴起的新学说。60年代前后，随着现代经济结构和社会结构发生重大变化，现代企业将商场视为战场，着眼于战略的运用，从而形成了企业的战略管理。最早提出战略管理（strategy management）一词的是美国的企业家和学者安索夫(Ansoff)。他认为：战略管理是指企业高层管理者为保证企业的持续生存和发展，通过分析企业的外部环境和内部条件，规划和指导企业的整体业务活动；企业战略管理是一系列业务管理操作，将企业的日常业务决策与长期规划决策相结合。90年代以后，有更多战略研究学者针对战略管理阐释自己的观点，并形成了战略管理的广义和狭义之说。广义的战略管理是从宏观的角度，运用某些策略管理整个企业；而狭义的战略管理则是指对企业经营策略的制定、实施、控制和修订等的管理。在研究中国教学型大学战略管理理论的过程中，我正是在狭义上理解和使用"战略管理"的。

研究中国教学型大学战略管理理论，首先需要对中国的大学进行分类并对教学型大学给出准确的界定。我在分析国内外关于大学分类理论的基础上，将中国当代的高等学校区分为教学型和研究型两个大的类别。研究型大学类似于国外博士类、综合类的可以授予博士、硕士学位的大学，教学型大学则指研究型大学之外的所有大学。教学型大学是指以本科教育为主体的全日制大学，它以招收本科层次的学生为主体，主要履行人才培养和教育教学研究的职能，培养高水平技能型人才和高级研究型后备人才，拥有学士学位授予权和少量的硕士学位授予权。教学型大学具有以下显著特征：以本科教育为主体，主要承担高等教育大众化的任务，社会适应性强，注重复合型人才的培养。

教学型大学战略管理是指教学型大学为谋求可持续发展，在对学校内部条件和外部环境进行系统分析的基础上，由管理者和被管理者共同制定学校战略管理目标，拟订、优选战略管理方案，并组织战略执行和控制的动态过程。它以学校的常规管理为基础，处于学校管理活动的主导地位，其内容一般包括4个部分：一是战略分析，依此来理解学校当前的内外环境状况；二是战略目标的制定和战略的选择，以获得最有价值的战略；三是战略执行，即制订战略计划、选择战略重点并将战略付诸行动；四是战略控制，即保证学校按计划步骤实施战略，并根据内部条件和外部环境的变化及时做出调整，以求达到总体目标。教学型大学战略管理需要解决三大问题：一是教学型大学所处的地位和环境怎样，如何抓住机遇，如何面对外部威胁，如何对环境的变化做出反应；二是我们想成为什么样的大学，目标是什么，如何确定多项目的优先顺序；三是怎样才能实现预定目标，如何配置各类资源，如何领导和指挥战略的实施。但在具体研究工作中，本项目是按照以下内容搭建框架的：①教学型大学战略管理的理论基础；②我国教学型大学的战略环境分析；③我国教学型大学战略目标的制定；④我国教学型大学的几种战略模式；⑤我国教学型大学的战略执行；⑥我国教学型大学的战略控制；⑦我国教学型大学战略管理的个案分析。

　　教学型大学战略环境分析主要是对特定战略时期教学型大学的内外部环境进行综合调查、分析，确定这些因素对教学型大学战略过程的影响，从而为教学型大学的战略管理过程提供指导的一系列活动。战略环境分析包括教学型大学外部环境分析和内部环境分析。一般说来，外部环境包括外部宏观环境与外部特定环境。外部宏观环境主要包括政治法律环境、经济环境、科学技术环境和社会文化环境；外部特定环境主要包括行业环境和自然环境两个方面。教学型大学的内部环境主要指教学型大学的资源环境、管理环境和学校文化环境。本书在分析论述战略环境时，一是力求全面系统地分析教学型大学的战略环境，并指出这些环境因素对教学型大学战略管理的影响；二是深入分析了教学型大学的学校文化环境，提出大学精神是大学整体氛围的体现，是学校校风的核心所在。

　　关于我国教学型大学战略目标的制定，本课题在研究中把全面贯彻党的教育方针、确立高等教育思想观念、坚持教学型大学的办学宗旨作为我国教学型大学的战略思想来论述，充分体现了中国教学型大学的基本特点,也更加符合中国高等学校的实际。对于我国教学型大学的办学定位,本研究从办学理念定位、总体目标定位、人才培养模式及培养目标定位、科研方向定位4个方面来分析,将自由、服务、创新的理念与我国教学型大学目标定位结合起来进行深入分析,提出我国教学型大学的办学定位应以"育人为本、应用型、区域性"为核心,即以培养人才为本,坚持应用型专业设置与人才培养规格,为一定区域的产、学、研基地建设培养各类人才。教学型大学的战略目标内在地体现着培养目标,战略目标的教育价值取向投射出战略目标的价值取向,因此,战略目标的价值选择就是人才培养目标的价值选择。在教学型大学战略目标的抉择过程中,战略制定者必须对理论型人才与应用型人才、通才与专才、社会发展需求与个体发展需求、统一性与多样性问题做出科学的判断与取舍。

关于我国教学型大学的几种战略模式,本课题围绕品牌经营战略、特色发展战略、和谐发展战略、社区化战略4种模式展开论述,分析了每一种战略模式的含义、实施策略以及实施条件等问题。在诸多问题的论述中,都注意做到了理论分析与案例解剖相结合,使抽象的问题变得更容易理解。

关于我国教学型大学的战略执行,本研究从战略执行的准备、战略执行的过程两个方面进行阐述。在战略执行的准备方面,重点论述了制订战略执行计划和选择战略重点两个问题。战略执行计划是对战略执行的整个过程进行设计,对战略方案予以展开、分解、具体化。在此过程中,必须坚持一致性原则、合适性原则、有效性原则、合理性原则以及可接受性原则。对于教学型大学战略重点的选择,本研究认为,战略重点是指那些对于实现教学型大学的战略目标具有关键性作用的方面、环节或部分。它可以是教学型大学比较薄弱、特别需要加强的方面,也可以是教学型大学在竞争中具有优势的领域。就教学型大学的发展来说,应该以提高人才培养质量为重点,这是因为,提高人才培养质量始终是教学型大学的基本要求,也是社会对教学型大学成效检验的基本内容,是教学型大学与社会经济发展需要的结合点。在我国教学型大学战略执行的过程方面,本研究从改革内部管理体制、制定政策和法规、合理分配学校资源、发挥教学型大学学校文化的作用4个方面进行详细论述。如在改革内部管理体制部分,本研究详述了我国教学型大学内部管理体制改革面临的机遇与挑战,总结了我国教学型大学在推进内部管理体制改革方面的主要做法与基本经验,分析了我国教学型大学在人事分配制度改革、后勤社会化改革及改革教师管理模式等方面的探索与尝试。

  关于我国教学型大学的战略控制,本研究从教学型大学战略控制的内涵,我国教学型大学战略控制的程序、标准与方法两个方面来进行论述。本研究认为,在教学型大学的战略管理过程中,由于战略执行往往需要较长的时间跨度,影响因素较多,目标具有多层次性,为了保证战略策略的正确执行,必须对战略执行的过程进行有效的控制。教学型大学战略控制是指在战略执行过程中,以计划标准和战略目标为准绳,为达到战略目标,监控教学型大学所进行的各种行动的进展情况,衡量并纠正战略执行的实际活动与预定计划及目标之间的偏差,使教学型大学战略实施与战略目标协调一致。在我国教学型大学战略控制的程序、标准与方法方面,本研究提出了教学型大学战略控制的4个步骤:确定控制项目、建立判断准则和标准、衡量偏差、采取纠正措施。在教学型大学战略控制的标准问题上,提出了战略的内部统一性、战略与环境的适应性、战略与资源的配套性、战略的风险性、战略实现的时间性、战略的可行性6个方面的内容。

在本研究的最后一部分,我选取了同为省属普通本科院校的信阳师范学院和聊城大学为例进行个案分析。信阳师范学院始建于1975年,1978年被国务院正式批准为本科建制,1979年被定为学士学位授权单位,1998年被国务院学位委员会审批为硕士学位授权单位。聊城大学始建于1974年,其前身是山东师范学院聊城分院;1981年变更为聊城师范学院;1998年被国务院学位委员会审批为硕士学位授权单位;2002年2月,经教育部批准更改为聊城大学。在2006年初,信阳师范学院是一所具有文学、史学、经济学、管理学、法学、教育学、理学、工学八大学科门类的多科性大学。学校当时设有10个学院、9个系和3个教学部,有44个本科专业。学校拥有18个硕士学位授权点,在校硕士研究生、普通本专科学生17000余人。有教职工1200余人,其中教授80余人,副高级职称专业技术人员300余人。聊城大学在2006年初有23个院系、3个教学部、64个本科专业和专科专业,有全日制本专科在校生24711人。硕士学位授权点已经达到21个,有资格培养同等学力人员申请教育硕士和硕士学位。学校有教职员工1800余人,其中专职教师1300余人,教授180人,副教授417人。这两所学校都制定并严格执行了"十五"战略规划,这也是本研究能够进行案列剖析的基础条件。

需要指出的是,本研究选取的这两所大学的数据都是2006年之初的,是根据当时对信阳师范学院和聊城大学的了解所进行的。研究的数据与结论并不能代表这两所大学的今天。据我所知,信阳师范学院与聊城大学今非昔比,规模、质量与效益早已走在同类院校的前列。这里,我要向这两所大学的同事和朋友们致以崇高的敬意并送去最美好的祝福!

最后还想说明一点，正是由于我在学术上的不懈追求和大学管理工作上的业绩，中共河南省委于 2007 年 8 月任命我为洛阳师范学院的院长，2014 年初我又转任洛阳师范学院党委书记。在洛阳师范学院主要领导岗位上的 10 年历练，我深感得益于对中国教学型大学战略管理理论的深入思考，更得益于信阳师范学院、洛阳师范学院同事们的支持与帮助，这里，我要向他们表示深深的谢意。

时明德
2021 年 11 月 12 日于洛阳

目 录

绪 论 ··· 001
 一、大学的分类及教学型大学的界定 ················· 003
 二、教学型大学战略管理的内涵 ·························· 012
 三、教学型大学实施战略管理的背景分析 ············ 016
 四、研究我国教学型大学战略管理的意义 ············ 025
 五、国内外研究综述 ··· 029
 六、研究方法和技术路线 ······································ 032

第一章 教学型大学战略管理的理论基础 ············ 035
 一、系统论 ·· 036
 二、组织行为理论 ··· 043
 三、竞争优势理论 ··· 052
 四、教育管理理论 ··· 062
 五、本章小结与创新 ··· 069

第二章 我国教学型大学的战略环境分析 ············ 071
 一、教学型大学外部环境分析 ····························· 072
 二、教学型大学内部环境分析 ····························· 094

三、本章小结与创新 …………………………………… 119

第三章　我国教学型大学战略目标的制定 ………… 121
　　一、我国教学型大学的战略思想 ……………………… 122
　　二、我国教学型大学的办学定位 ……………………… 128
　　三、我国教学型大学战略目标的抉择 ………………… 132
　　四、本章小结与创新 …………………………………… 141

第四章　我国教学型大学的几种战略模式 ………… 143
　　一、品牌经营战略 ……………………………………… 144
　　二、特色发展战略 ……………………………………… 150
　　三、和谐发展战略 ……………………………………… 154
　　四、社区化战略 ………………………………………… 161
　　五、本章小结与创新 …………………………………… 163

第五章　我国教学型大学的战略执行 ……………… 165
　　一、我国教学型大学战略执行的准备 ………………… 166
　　二、我国教学型大学战略执行的过程 ………………… 171
　　三、本章小结与创新 …………………………………… 196

第六章　我国教学型大学的战略控制 ……………… 199
　　一、教学型大学战略控制的内涵 ……………………… 200
　　二、我国教学型大学战略控制的程序、标准与方法 … 210
　　三、本章小结与创新 …………………………………… 215

第七章　我国教学型大学战略管理的个案分析 …… 217
　　一、信阳师范学院战略管理实证分析 ………………… 218

二、聊城大学战略管理实证分析……………………237
　　三、本章小结与创新……………………………………254

第八章　总结与展望……………………………………257
　　一、研究总结与创新点…………………………………258
　　二、研究展望……………………………………………262

主要参考文献……………………………………………264

攻读博士学位期间的科研成果…………………………277

致　谢……………………………………………………280

绪 论

长期以来，我国的大学一直运行于计划经济环境之中，在总体上，学校的发展由国家统一规划和管理，大学的自主意识不强，自主权有限，制订发展战略规划、实施战略管理没有得到应有的重视。随着社会主义市场经济体制改革的推进和科学技术的快速发展，教育的竞争日趋激烈。在这种竞争激烈的环境中，为赢得竞争优势，谋求生存和发展，中国大学普遍开始重视大学战略的规划和实施，都在思考制订五年或十年规划，以确定各自的奋斗目标，并围绕奋斗目标考虑相应的战略阶段和执行措施，决意在竞争中站稳脚跟，并力求发展。在这样的背景和环境下，对大学战略及其战略管理进行科学而深入的研究，不仅是在理论上对高等教育规律的进一步探索，也是处在竞争中的大学加强管理、参与竞争的现实需求。一方面，环境迅速变化，竞争愈加激烈，实施战略管理成为必要；另一方面，随着教育改革的不断深入，大学拥有一定程度的自主权，学校进行战略管理有了可能。

人类社会进入21世纪后，我国提出了全面建成小康社会和推进社会主义现代化建设的宏伟目标。如何塑造学校优势，使我国的大学为实现这一目标提供源源不断、丰富多样的人才资源？这一问题已成为当前大学管理中的热点话题。要解决这一问题，最迫切的是，大学要有较强的战略意识，谋求学校生存与发展，审视学校与环境的关系，激励学校成员共同管理学校，从学校实际出发，谋求方略，提高办学效益，使得学校在激烈的市场竞争中赢得一席之地。这是本研究的一个基本出发点。

一、大学的分类及教学型大学的界定

（一）大学的分类

近年来，大学的分类和办学定位问题已成为国内外高等教育理论界时常讨论的一个突出和热点问题。从历史上来看，一所大学要想取得一定的成就和更大的发展，就必须从自身的实际情况出发，努力适应国家和地区经济社会发展的客观需求，认清本校在社会经济结构中的位置，进而确定自身在同类大学中不可替代的独特优势。因此，高等教育理论和实践专家们试图从不同的角度对大学进行分类，以指导大学进行准确的定位。由于大学的复杂性和特殊性，不同时期、不同国家的研究者对大学的分类不尽相同。

1. 国外关于大学的分类（以美国为例）

在美国，基于对大学意义和功能的不同认识，形成了不同的大学分类法，最具代表性的分类法有以下两种：

（1）卡内基分类法

这是卡内基教学促进基金会（The Carnegie Foundation for the Advancement of Teaching，简称 CFAT）提出的大学分类法，是目前美国高等教育界较为认可和占主导地位的分类法，也是目前世界上关于大学分类标准中最著名的分类法。该分类法主要是根据大学的主要任务，特别是大学所授予学位的层次、数量和接受联邦政府资助经费的多少，把大学分为六大类：[1]

① 博士/研究型大学；

② 硕士学位授予院校；

---

[1] 戴荣光. 美国《卡内基高等院校分类》：2000 年版简介 [J]. 世界教育信息，2002（10）：16-23.

③ 学士学位授予院校；

④ 副学士学位授予院校；

⑤ 专门院校；

⑥ 部落院校。

这种分类法的主要目的是依据大学的学术水平和办学水平将大学分出不同的等级。1994年美国有高等教育机构3596所，包括236所博士/研究型大学、533所硕士学位授予院校、645所学士学位授予学院、1463所副学士学位授予学院、690所专门院校、29所部落院校。[1]

（2）四分法

根据授予学位的数量和种类，美国联邦政府教育部将美国大学分为4类：[2]

① 博士类：出色的博士水平教育及有关活动；

② 综合类：以本科教育为主，有博士水平的教育但并不突出；

③ 普通本科类：主要从事本科学士学位教育；

④ 专门学院类：主要指专业学院和其他专门化高等院校。

2. 我国关于大学的分类

（1）两步分类法

国内有关大学的分类法，以广东管理科学研究院武书连提出的最为典型。他提出按学科比例和科研规模，将大学分为类和型两部分。类反映大学的学科特点；按教育部对学科门类的划分和大学各学科门类的比例，将大学分为综合类、文理类、理科类、文科类、理学类、工学类、农学类、医学类、法学类、文学类、管理类、体

---

[1] 戴荣光. 美国《卡内基高等院校分类》：2000年版简介 [J]. 世界教育信息，2002（10）：21.

[2] 陈厚丰. 中国高等学校分类与定位问题研究 [M]. 长沙：湖南大学出版社，2004：91.

育类、艺术类 13 类。型表现大学的科研规模；按科研规模的大小，将大学划分为 4 型：[1]

① 研究型；

② 研究教学型；

③ 教学研究型；

④ 教学型。

（2）三分法

刘献君从办学层次的角度，将我国大学分为研究型、教学科研型（或以本科教学为主）和职业技术型 3 种类型。[2]

胡瑞文、卜中和将我国大学分为教学科研型大学、教学型大学、专科和高等职业学校 3 种类型[3]。

（3）四分法

王义遒[4]、马陆亭[5]等人将我国大学分为 4 种类型：

① 研究型大学；

② 教学科研型大学；

③ 教学型大学（教学型本科院校）；

④ 高职高专院校（高等专科学校和高等职业学校）。

依据大学的性质、功能、培养目标和办学规模等，本人认为，我国大学可以分为两类：研究型大学和教学型大学。研究型大学类

---

[1] 武书连. 再探大学分类 [J]. 科学学与科学技术管理，2002（10）：26-30.

[2] 刘献君. 论高等学校定位 [J]. 高等教育研究，2003，24（1）：25.

[3] 胡瑞文，卜中和. 优化布局结构 改革管理体制：对当前高等教育布局结构调整的思考 [M] // 陈学飞. 中国高等教育研究 50 年（1949－1999）. 北京：教育科学出版社，1999：1179.

[4] 王义遒. 多样化：我国高等教育大众化的关键 [J]. 北京大学教育评论，2003，1（4）：20.

[5] 马陆亭. 如何实现高等教育资源的优化配置：对我国高等学校层次类别的剖析 [J]. 高等教育研究，1997（2）：52-53.

似于国外的博士类、综合类的授予博士、硕士学位的大学，主要指我国综合性的研究型和教学研究型大学；教学型大学主要指研究型大学之外的所有大学。

（二）教学型大学的界定及我国教学型大学的特征

1. 教学型大学的界定

关于教学型大学的界定问题，国内外的学者有不同的看法。美国学者认为，教学型大学以培养学士为主，有的也培养少量硕士。按卡内基教学促进基金会提出的大学分类办法，即使把博士学位授予大学和硕士学位授予大学或学院都称为研究型大学，1994年美国的研究型大学也仅有769所，占美国大学的21.4%；而教学型大学为2827所，占78.6%。[1]比如，在加州州立大学（California State University）系统中，除了10所大学是研究型大学（其中的五六所可称为主要研究型大学），其他各大学则都是教学型大学。

我国学者对教学型大学的界定，有以下几种代表性的观点：

教学型大学是以招收本科生为主的全日制大学，兼有研究生和少量专科生教育。有较好的师资条件，教育设备较为先进，经费由国家和入学者分担，并从社会上募集一些资金，可以搞创收。主要为各行各业输送高级专门人才。[2]

教学型大学是本科与专科并重、学历教育与职业培训并重。原则上不招收研究生，少数学校个别专业需经特别批准方可招收研究生。可授予学士学位，个别专业可授予硕士学位。教学型大学可包括相当部分的独立设校的文理学院及单科学院。[3]

---

[1] 戴荣光.美国《卡内基高等院校分类》：2000年版简介[J].世界教育信息，2002（10）：21.

[2] 贾志兰,杜作润.国外高校改革探析[M].上海：上海大学出版社，2001：165.

[3] 方惠坚,范德清.中国高等教育的改革与发展[M].北京：清华大学出版社，2001：62.

教学型大学是指没有研究生教育、以培养本科生为根本任务的大学。绝大部分布局在省会城市之外的中等城市，常常成为区域内唯一的高校。其办学历史不长，历史积淀不多，生源及服务地区的辐射能力还很有限。[1]

本人认为，教学型大学是指以本科教育为主体的全日制大学。它以招收本科层次的学生为主体，主要履行人才培养和教育教学研究的职能，培养高水平技能型人才（即高级专门人才）和高级研究型后备人才，拥有学士学位授予权和少量的硕士学位授予权，可招收一定数量的专科生。

2. 我国教学型大学的特征

研究型大学是以创新性的知识传播、生产和应用为中心，以产出高水平的科研成果和培养高层次精英人才为目标，在社会发展、经济建设、科教进步和文化繁荣中发挥重要作用的大学。[2] 与研究型大学相比，我国的教学型大学具有自己鲜明的个性特征，突出表现在以下6个方面：

（1）以本科教育为主体

我国的教学型大学主要以招收本科层次的学生为主体，培养具有本科学历的高级专门人才和高级研究型后备人才，拥有学士学位授予权。有的学校也拥有少量的硕士学位授权点，有的还招收一定数量的专科生。但硕士研究生和专科生人数在学校学生总数中所占比重较低。

教学型大学以本科教育教学为工作重心，教学工作是学校唯一的经常性的中心工作。当然，科研工作也是学校仅次于教学的重要

---

[1] 甘晖, 王建廷, 金则新, 等. 战略机遇期高等学校的定位及其分层次管理探析 [J]. 中国高等教育, 2004（2）: 6.

[2] 王战军. 什么是研究型大学：中国研究型大学建设基本问题研究（一）[J]. 学位与研究生教育, 2003（1）: 9-11.

工作。虽然有的教学型大学提出学校有两个中心工作（教学和科研），但与研究型大学相比，绝大多数教学型大学科研经费和科研设备条件都十分有限，从事科研开发的人员较少，承担的国家级研究课题少，且创新性科研能力不足，科研方向多集中在本科专业、学科的教育教学研究上，科研成果数量较少且水平不高。因此，以本科教育为主体是教学型大学最突出的特征。

（2）主要承担高等教育大众化的任务

教学型大学主要承担高等教育大众化的任务。据教育部《2004年全国教育事业发展统计公报》，我国共有普通高等学校1731所。按照国家教育发展中心马陆亭博士依据博士学位授予数和科研经费获取数作为主变量、依据硕士学位授予数和国外及全国性刊物发表学术论文数作为辅变量计算，我国应有500—600余所教学型本科院校；辽宁教科院邓晓春1997年的研究显示，我国应有500所左右的教学型大学，主要承担全国80%—90%本科生的培养任务；教育部院校设置处戴井岗2000年的研究统计表明，我国具有教学型特点的大学占普通高校总数的55%；武书连课题组2003年对全国600所大学进行分类的结果显示，教学型大学为341所，占普通高校总数的57%。

研究型大学以创新性的知识传播、生产和应用为中心，以产出高水平的科研成果和培养高层次精英人才为目标。也就是说，研究型大学既要为国家培养高层次精英人才，也要为国家产出高水平的科研成果，同时还要开展创新性的知识传播、生产和应用。因此，研究型大学的主要精力多放在科学研究和研究生教育上，硕士和博士研究生的规模甚至超过本科生；本科生的招生量少，生源充足且都是国内优秀的学生。与研究型大学相比，教学型大学的主要职能是以为社会培养大批应用型高级专门人才和高级研究型后备人才为主，生源多是成绩中等及中等以下的高中生，在校生规模十分庞大，多数超过研究型大学本科生的规模，有的甚至还超过研究型大学在校生的总规模。因此，教学型大学本身更多地承担的是一种大众化高等教育的职能。相比之下，可以说，教学型大学应是中国实现高等教育大众化的主力军。[1]

（3）社会适应性强

教学型大学应以教学为基础，培养一大批高水平的专业人才，利用知识的传播和应用与社会建立密切联系，既要适应社会对各类人才的需求，又要满足社会发展的需要，在为社会发展服务的同时促进学校的发展。

教学型大学的这种适应性主要体现在三个方面：一是适应社会人才需求，培养大批专业人才。培养少数研究生，培养大批本科生，培养成人教育和高职教育学生；可以培养具有不同学历和学位的学生，或培养无学位、只授予专业证书的短期培训学生；不仅适应现代教育技术发展的在线教育要求，为所有愿意学习的人提供进一步学习的机会，同时也适应终身学习的要求，为国家和地区建设终身学习系统贡献更多。二是适应社会发展的需要，以多种可能的方式为社会提供服务。与研究型大学相比，教学型大学服务于经济和社会发展（提供科技服务和人文服务）的方式主要是通过培养高素质的专业人才来实现的，但它们也可以利用地区或行业优势，对现有的科研成果进行二次开发，将科研成果转化为现实生产力，为地区经济发展提供巨大动力。三是适应高等教育发展的要求，在高等教育的健康、协调和快速发展中发挥主导作用。

（4）注重复合型人才的培养

与研究型大学相比，教学型大学在学科设置、科学研究和人才

---

[1] 刘在洲.教学型高校：中国实现高等教育大众化的主力军[J].黑龙江高教研究，2002（5）：5-8.

培养方面表现出复合型的特征。大多数教学型大学都是多学科的大学，通常有两个以上的主要学科和几个相似的学科。学科的增加改变了计划经济时期地方高校垄断的弊端，从根本上改变了区域经济建设和社会发展中缺乏结构性人才的现状，为人才培养和科研应用奠定了基础，从而更好地服务区域经济建设和社会发展。科学与工程结合，科学教育与人文教育并重，理工科学生必须学习一定的人文社会科学知识，人文社会科学学生也必须学习必要的科学技术知识。这些实践已成为教学型大学实施学科建设和人才发展的共识。虽然教学型大学无法进行全面的基础研究，但其应用研究需要跨学科合作，具有一定的复合型特征。

（5）区域化优势明显

教育现代化是现代教育发展的重要趋势。高等教育不仅具有信息时代提供的国际交流与合作的可能性，而且还面临着经济全球化带来的全球人才竞争。所有院校都必须适应这种情况，寻求自己的发展。本人认为研究型大学应该促进国际化，教学型大学应该促进区域化。

目前，我国许多大学都开展了国际合作办学，真正与国外大学建立了教育合作关系，与国际学生和访问学者进行了交流、互访，共同开展了重大科研和人文科研合作项目，甚至要与国外科研机构和企业建立科技交流与合作的关系。但并非所有的大学都做到了这样。

区域化是教学型大学办学的优势所在。教学型大学一般都位于中等及其以上城市，其中以地市级所在地为主。地方新建的本科院校受到当地政府和社区的重视和支持。它们可以为当地经济和社会发展服务，从而获得更大的支持和回报，并找到自己的价值和发展方向。老牌教学型大学有与行业和地方长期合作的经验。在竞争日益激烈的环境中，根据区域或地方经济社会发展的实际需要，有必要以学校为导向，实现与社会的互动发展，成为某个地区经济增长和社会进步的源泉。同时，强调办学区域化也有利于加强对该地区历史和人文的研究，从而增强中国高等教育的特色。从某种意义上说，强调办学的区域化不会削弱国际化，而是会加强国际化。[1]

（6）办学效益显著

毋庸讳言，与研究型大学相比，我国的教学型大学有许多明显的劣势，主要表现在：这一类大学的办学历史都不是很长，多数都是改革开放之后新成立的或由专科甚至中专学校升格、合并而组建的，学校的基础设施薄弱，图书资料和教学仪器设备等办学条件十分有限，大学的文化积淀不是很深厚；学校多数都建在中等城市，往往远离经济文化中心，发展往往受到地理位置和当地政治、经济和文化条件等的制约；学校的师资队伍整体素质不高，名师很少，高学历、高职称教师比例偏低，教师队伍不稳定且引进人才困难；学校的生源不是很充足且质量不高，毕业生就业率较低，社会声誉和社会支持度不高；等等。由于获得各级政府政策和经费支持的力度远不及研究型大学，为了求生存、求发展，多数学校不得不争取大量信贷资金。这虽然解决了学校的一些问题，但也使学校背上了沉重的债务负担。

但是，在我国高等教育大发展的历史机遇期，许多教学型大学抢抓机遇，发展势头迅猛，办学效益显著。这突出表现在：①学校领导者思想解放，不因循守旧，敢于开拓进取，使新学校更有新气象，呈现出了超常规发展的态势。②内部管理严格规范，一上来就按照国家制定的大学评估指标体系及标准的要求进行建设，起点较高，教育教学质量稳步提高。③学校上下形成了艰苦奋斗、勤俭办学、干事创业的精神风貌，把有限的资金用在刀刃上，办学效益显

---

[1] 刘伟.试论教学型大学办学定位的依据及其特征[J].华北水利水电学院学报（社科版），2004,20（4）：77.

著。例如，信阳师范学院建校 30 多年来，政府的基建总投入不到 3000 万元，但学校目前已经发展成为占地 110 多公顷、在校生规模达 18000 余人的大学，且 30 多年来学校为中等教育和地方经济建设培养培训了 8 万多名合格教师和各类专门人才，实现了跨越式的发展，办学效益十分显著。

二、教学型大学战略管理的内涵

要研究教学型大学战略管理问题，我们必须首先以战略、战略管理和战略管理理论为出发点，这将有助于我们充分认识教学型大学的战略管理，从而构建教学型大学战略管理理论体系。

（一）战略管理的概念

"战略"一词来自军事术语，原意是指导战争的大局，这是制订和实施作战计划以实现战争目标的政策、战略和方法。《辞海》（1999 年版）将"战略"一词定义为"亦称'军事战略'。对战争全局方略的筹划与指导"。在英语中，"战略"一词是 strategy，也是与军事相关的词。《简明不列颠百科全书》中对战略的定义是"在战争中，利用军事手段实现战争目的的科学和艺术"。从广义上讲，战略是一项重要的、整体的、全局的方略。它包括组织的目标、宗旨以及实现目标的具体战略和政策。它是组织发展方向、未来目标以及实现目标的方式和政策的选择或决定。"战略"一词现在广泛用于各种活动领域。因此，从系统的角度来看，"战略"的概念可以理解为某一历史时期内的决策或活动中"系统"（如事业单位、企业单位或机构）的指导思想，并在指导思想的指导下，与系统生存和全局发展的重大计划和良策紧密相关。[1]

20 世纪 50 年代后期，战略开始进入管理领域，成为管理学中的

---

[1] 胡鹏山. 论加强高校的战略管理 [J]. 上海高教研究，1997（3）：53.

一个范畴。60年代前后,在现代经济结构和社会发生重大变化的背景下,现代企业将商场视为战场,着眼于战略的运用,从而形成了企业的战略管理。最早提出战略管理(strategy management)一词的是美国企业家和学者安索夫(Ansoff)。他认为:战略管理指企业高层管理者为保证企业的持续生存和发展,通过分析企业的外部环境和内部条件,规划和指导企业的整体业务活动;企业战略管理是一系列业务管理操作,将企业的日常业务决策与长期规划决策相结合。

战略管理与传统意义上的战略规划不同。战略规划在20世纪60和70年代的管理领域很流行。在70年代,兴起了战略规划的热潮。80年代以后,它逐渐被战略管理取代。80年代出现了定位学派,90年代发展了资源学派。战略规划只是战略管理中的一个组成部分,它不涉及战略的实施和控制,如果战略规划、执行和控制相结合,它就构成了一个完整的战略管理过程。战略执行是将战略规划转变为现实绩效的过程。战略规划和战略执行之间存在着根本区别:战略执行是在行动中管理和运用权力,战略规划则是在行动前部署力量;战略执行注重效率,战略规划则强调目标的有效性;战略执行是一个行动过程,战略规划则是思维过程;战略执行需要广泛的参与者之间的协调,战略规划需要协调的则是少数人。战略控制是对战略执行进行监控,并系统评估和控制战略执行绩效的过程,战略控制的结果可作为调整、修正甚至终止战略的合理依据。

20世纪90年代以后,又有许多战略研究学者针对战略管理提出了自己的观点,并形成了广义和狭义之说。广义的战略管理是从宏观的角度,运用某些策略管理整个企业。而狭义的战略管理则是指对企业经营策略的制定、实施、控制和修订等的管理。目前,持狭义的战略管理的人数较多,占主流。本研究采用后者,将战略管理定义为制定、实施和控制战略的一个动态过程。

（二）教学型大学战略管理的内涵

1. 大学战略管理的由来

作为一种系统化的管理理论，现代战略管理源于企业，但是作为一种实践，战略管理则并非企业独有。从世界范围来讲，战略管理应用于大学工作，仍然是一个比较新的事物。通过对 Internet 教育主题的检索，有关这一领域的文献大都集中在商业学校如何开设战略管理课程和建设这门课程上。而谈论大学战略管理内容的文章目前还不多见。随着大学管理体制的进一步改革，大学面向市场的选择自由度加大，大学拥有更大的办学自主权，要求学校更直接、更大范围地面向市场，再加上大学内部管理的复杂性，像企业需要企业战略管理一样，大学也需要实施大学战略管理。今天，大学战略管理已经成为政府、大学管理层、高等教育研究者共同关注的焦点。大学的定位和发展战略在大学管理中的重要性得到日益广泛的认同，且大学的战略管理和发展规划正在成为政府协调高等教育发展的重要方式，成为大学提升管理水平和竞争能力的自觉追求。

2. 教学型大学战略管理的含义

大学战略管理作为战略管理系统中的一个子系统，有其特殊的定位，有如何将一般战略管理理论运用于大学管理，体现大学自身特点并做出概念的科学界定问题。

我国学者程振响、刘五驹分析了大学战略管理的层次结构和过程结构后认为：大学战略管理就是指大学管理者为谋求学校的可持续发展，基于对学校内部条件和外部环境的系统分析，促进学校战略管理目标的制定，制订和优化战略计划，组织动态实施和控制。[1]华东师范大学熊川武教授认为，学校战略管理是"立足长远、放眼全局、以抉择和实施战略为手段来统揽管理工作的各个环节和方面

---

[1] 程振响，刘五驹.学校管理新视野[M].南京：南京师范大学出版社，2003：63.

的管理形态"[1]。大学战略管理的本质是指大学教育活动的整体管理，是大学改革与发展的研究和管理，它是大学制定和实施战略的一系列管理决策和行动。

由此，教学型大学战略管理可表述为：教学型大学为谋求可持续发展、实现培养高素质技能型人才和高级研究型后备人才，在对学校内部条件和外部环境进行系统分析的基础上，由管理者与被管理者共同制定学校战略管理目标，拟订、优选战略管理方案，并组织战略执行和控制的动态过程。其理论基础是适应经济和社会的发展特别是知识经济的发展规律、战略管理理论和教育发展规律。它是为迎接知识经济的挑战，把战略管理理论和教育发展规律相结合而运用于学校管理过程的一种实践。它以学校常规管理为基础，处于学校管理活动中的主导地位。其内容一般包括4个部分：一是战略分析，依此来理解目前学校内外环境的状况；二是战略目标的制定和战略的选择，以获得最有价值的战略；三是战略执行，即制订战略计划、选择战略重点并将战略付诸行动；四是战略控制，即保证学校按计划步骤实施战略，并根据内部条件和外部环境的变化及时地做出调整，以求达到总体目标。

教学型大学战略管理需要解决三大类问题：一是教学型大学所处的地位和环境怎样，如何抓住机遇，如何面对外部威胁，如何对环境的变化做出反应；二是我们想成为什么样的大学，目标是什么，如何确定多项目的优先顺序；三是怎样才能实现预定目标，如何配置各类资源，如何领导和指挥战略的实施。

---

[1] 熊川武.中小学需要战略管理[J].中小学管理，1997（6）：8.

三、教学型大学实施战略管理的背景分析

（一）21世纪大学面临着世界性问题

在教学型大学的发展过程中，世界各国都面临着一些共同的问题，并有一些共同的目标。经济发展需要进一步扩大高等教育规模、提高教育质量，要求高等教育更好地为经济和社会发展服务。

1. 高等教育规模扩大，教育经费紧缺

高等教育规模的扩大和政府对大学经费投入的不足，使得大学的财政状况日益紧张。各大学为了获得更多的经费支持，不得不去争夺生源，希冀从学生那里收取更多的学杂费；不得不去争夺研发项目，希冀从政府、社会组织那里得到更多的科研经费；不得不去争夺慈善家、校友，希冀从他们那里获得更多的捐助。

即使是作为老牌资本主义国家的英国的大学也是如此。第二次世界大战后，英国政府为大学教育和科学研究支付了全部资金，国家拨款成为高等教育的主要资金来源。然而，在20世纪70年代中后期，由于全球经济危机，撒切尔夫人调整了大学的资助政策，鼓励和促进大学通过多种渠道筹集教育资金。此外，经济发展水平的提高，社会公平的进一步追求，加强治理结构性失业的措施，以及技术更新和发展的速度，需要进一步扩大高等教育规模、调整学校的办学结构。到1994年，英国的人口约6000万人，在校大学生的人数达到161.5万人，是1984年的两倍。尽管英国政府的总资金正在逐步增加，但学生人均资金却在减少，政府的经费投入速度跟不上高等教育的扩张速度。为了改变这种局面，英国政府决定从1998年开始征收本国大学生学费。这是20年以来英国大学第一次收取大学生的学费。虽然这一举措激起了以牛津大学为核心的一群大学生的强烈反对，但当时执政的工党政府仍然坚持这一政策。

不仅是在英国，在美国、加拿大等国也有同样的问题。实际上，

高等教育规模扩大和教育经费紧缺，近年来已经成为困扰世界各国大学的共同难题。随着高等教育大众化程度的快速普及，这种情况无论是在经济发达国家的大学，还是在经济欠发达国家的大学都已是普遍存在的事实。在我国，由于近年来的连续大规模扩招，大学教育经费短缺的状况普遍都十分严重，大学迫切需要增加政府资金，扩大投资渠道，扩大财源。

2. 大学之间的竞争日趋激烈

伴随着经济全球化、技术信息化及高等教育国际化、大众化和终身化，大学之间的竞争也日趋激烈。

仍然以英国为例。20世纪90年代后期，英国政府拨款政策调整后，逐步建立了优质学校投资的筹资机制。在如何获得更多政府资金和更多企业支持方面，大学之间的竞争激烈，迫使学校研究发展战略和发展规划，培育出强有力的竞争优势。今天，在英国，官方和民间对大学的评比都已公开化。除了科研水平评估，"官方"最权威的拨款委员会和高等教育质量保障局的质量评比是每三年进行一次。"民间"最具代表性的是《泰晤士报》，它每年向社会分类公布大学的评比结果。教育质量和教育水平越高，对社会的贡献越大，分数越高，分配的资金越多，对更多优秀的学生越有吸引力，就会吸引更多企业的支持。否则，政府将减少资金拨款甚至不拨款，学校的生源将受到很大影响，企业不会主动合作，经营学校的资金将不可持续，声誉将下降，学校将面临被淘汰的危险。因此大学校长不再像过去那样不为经费忧愁，如何提高学校的教育水平，从而争取更多的政府资金和开辟资金来源的渠道，已成为英国大学校长竞争的重中之重。

在我国，伴随着经济体制改革的推行和不断深化，高等教育体制改革也在全面推进，由此带来了大学法人地位的确立、办学自主权的扩大、高等教育资源配置方式的逐步市场化，这也逐渐激发了国内大学之间的相互竞争。尤其是同一类型和同一级别的大学之间的竞争，包括教育质量、科学技术水平和优秀教师的竞争，已经越来越明显。

3. 大学面临的社会压力越来越大

大学必须与经济和社会发展更紧密地结合，这已成为全球共识。例如，在英国：19世纪之前，教会与大学密切相关，许多大学由教会主办，宗教主导大学的发展；20世纪80年代以前，政府与大学的关系越来越紧密，对大学的影响越来越明显，已成为高等教育发展的主要动力；20世纪80和90年代，企业领域、社会和大学之间的关系越来越密切，企业领域对高等教育的影响力不断增强，市场需求开始成为高等教育发展的动力。因此，大学面临的社会压力也在增加。无论是历史悠久的著名大学还是新成立的大学，当地政府和社区都希望大学能够首先为该地区的经济和社会发展做出贡献，把地区经济的繁荣作为首要任务。大学逐渐成为工业化和社会现代化的重要力量，经营的科技园区和工业园区在发展当地高科技和经济繁荣方面发挥了重要作用。

我国的大学已经成为推动社会发展的舞台中心，要求学校面向社会，服务于本地区的经济和社会发展，促进本地区的科技进步和产业升级。事实上，这也是各国大学在现代化过程中面临的共同问题。

（二）实施战略管理成为世界各国大学的首选

20世纪90年代以来，战略管理（strategic management）在一些发达国家的学校里相继露面，并逐步取代操作管理（operational management，也就是目标管理和质量管理等），一些西方人士对这个话题产生了浓厚的兴趣。战略管理兴起的原因是多方面的，但根本原因在于学校已经获得了一定程度的自治权。政府和社会对大学的期望越来越高，政府要求大学使用财政资金必须有相应的社会回报。随着大学职能的不断扩大，大学组织变得更加复杂。因此，大学必须高度重视自身的发展战略和规划研究，以不断提高管理水平和办学效益。

美国是世界上最早将战略管理理念引入大学管理的国家。美国大学和学院协会把发展战略管理、运行管理、资源和财政管理、人员管理、信息管理并列为大学校长培训的五大内容。早在20世纪80年代，以美国为首的一些发达国家认为：传统的外部控制管理模式下，上级机关高度集中，学校必须不加妥协地执行上级领导机关的指示，学校自身的需求和特点没有得到认真对待，学校无权根据自身情况采取有效的管理措施，使学校管理者和教职员工的主动性、积极性和创造性得不到发挥；同时，大学面临着比以往更多的挑战与困难，比如大学入学人数的不断下降、学生的大龄化和少数民族学生的快速增长。因此，80年代中期以后，美国、英国等国家和地区开始实施"校本管理"（school-based management），即学校作为基本决策单位，立足学校自身的特色，实施独立有效的管理。这样在涉及学校根本利益、长期目标、宏观调控等战略意义的一些问题上，学校不能再依靠上级，而只能寻求适合自己发展的策略，所以战略管理伴随着以学校为基础的管理应运而生。随着学校战略管理实践的发展，相应的理论研究也相继开展。在进行环境分析和规划时，战略规划方法的使用不再是被动地应对，而是一种前瞻性的举措，强调战略管理并淡化对定量技术本身的关注。斯坦福大学和卡内基－梅隆大学能够后来居上，从美国众多大学中脱颖而出，关键是将战略规划和战略管理应用到学校的发展之中。90年代的美国大学规划是80年代战略规划的延续。然而，随着经济全球化和高等教育国际化程度的提高，大学规划的复杂性不断增加，战略规划的要求也越来越高。

在欧洲，战略管理同样倍受重视。英国也把战略管理作为大学管理的重要手段。英国拨款委员会认为，大学缺乏发展战略严重影响了学校的发展。近年来，拨款委员会组织大学制定发展战略和规划，一项重要职能是战略管理评估，拨款的重要依据是评估结果。该战略和规划研究包括战略目标、发展规划和对策。重点是分析经费的筹集、分配、使用效益和整体发展的预期收益。拨款委员会的审计部门是战略管理评价部门，主要成员是审计官和其他专家。这是全面的综合效益的审计管理，包括是否制订学校的年度发展计划、是否制定学校的发展战略、资金分配是否合理、资金使用效益是否高、资金管理是否规范以及规划目标实现的程度等。大学发展战略和规划研究的重点包括研究其组织的管理能力和水平，研究环境优势、市场趋势和竞争情况，研究学校采用的战略和策略。可以说，大学发展战略和规划研究已经成为英国高等教育决策的基础。

在亚洲，日本和韩国的大学也十分重视战略管理。在中央集权的日本公立学校体制中，掌握着决策和管理权的文部省和各地方政府及教育委员会将学校管得过细、僵硬，学校的创新与应变能力受到束缚。1998年9月，日本中央教育审议会发布的咨询报告《关于今后地方教育行政的发展》指出：由于对学校过强的制度控制，学校之间缺乏横向竞争的机制与意识，从而造成公立学校整体上的个性缺乏。政府主导的主要改革目标是在地方分权的基础上，确立学校的自主权和自律性，把学校从官僚行政管理体制的强力约束中解放出来，把课程管理权适当下放到学校基层，自主管理与自律运营，让校长、教师、学生、家长和社会共同参与学校工作，办出学校特点。在韩国，首尔大学建设世界一流大学的主要经验，就是"大学发展是一个战略管理过程"，即大学的不同阶段，总是及时制订与社会发展相适应的发展战略规划并贯彻执行。

在2002年中外大学校长论坛上，许多大学校长谈到了大学发展战略对大学发展的重要性,并认为对于一所大型、复杂且具有重要社会使命的大学,战略规划和管理至关重要。一所大学如果没有战略规划,尽管大学有辛勤工作的管理,但有可能永远不会走出原来的圈子,很难实现突破性发展。

(三) 我国教学型大学实施战略管理的必要性和现实性

1. 我国教学型大学发展问题分析

我国的大学长期在政府的控制、指导和支持下运作,发挥着执行命令的作用,不需要主动考虑未来的长远发展问题。但是,在市场经济条件下,形势发生了根本性的变化,政府已从直接管理转变为间接管理,逐步形成了以政府宏观调控为主导,以市场机制为导向,学校自主办学发展的大学运作模式。这样学校由之前的完全被政府控制转变为拥有一定程度的自主权,学校的独立决策功能得到加强,有必要更多地考虑学校的未来。

在世界范围内,高等教育的国际化已从趋势转变为现实。中国教学型大学的发展也面临着发达国家高等教育的挑战。经过多年的高等教育体制改革,特别是经过合作、兼并、调整、共建,中国高校正在迅速从"精英教育"阶段向"大众教育"阶段过渡。但是规模庞大、定位不准确、功能不清晰、学校目标趋于一致、地理位置分散、教师水平参差不齐、学生素质不均等问题成为制约许多教学型大学发展的实际问题。目前,我国教学型大学在发展过程中存在的突出问题主要表现在以下4个方面:

(1) 办学层次交叉,办学秩序混乱

教学型大学以前的层次相对比较分明,以本科教育为主,兼招一定数量的硕士生和专科生。随着成人教育的发展,教学型大学纷纷成立了成人教育学院,开始招收专科层次的成教生,后来扩升为本科生。1999年扩招以来,为完成地方政府下达的高职招生任务,一些教学型大学招收了一批高职生。近年来，大多数教学型大学又都办起了独立二级学院。事实上，教学型大学办专科、办高职、办二级学院，其培养的人才多半是本科生的"压缩品"。这种混乱招生的状况不仅影响了教学型大学本科生的教学质量，而且降低了办学效益，是无序争夺办学资源的结果。

（2）片面追求"大而全"和"升格热"

受市场经济影响，我国很多教学型大学为提高自身知名度扩大生源、追求规模，片面追求"大而全"和"升格热"：一是脱离自身办学条件，或通过合并拓展新校区，盲目扩充办学规模，造成办学资源全面紧张，特别是师资力量严重不足，办学基础设施跟不上教学需要，教学质量下降；二是不顾实际情况，追求学科专业齐全，盲目争办新学科、新专业，甚至是没有条件也要办，争合并、争改名，都想办成学科专业齐全的综合性大学；三是趋向学术性，争上硕士点，甚至博士点，有了"点"后，就升格，中专升专科，专科升本科学院，本科学院升大学。据统计，1992－2000年，全国共有609所高等学校合并成237所新的高等学校；2001年至今，全国又有117所高等学校合并组建成52所新的高等学校，其中大部分是教学型大学。合并后的大学，逐渐放弃了原有的教学型大学特色，追求教学科研型或科研教学型大学，使自己处于科研型与教学型大学之间，结果科研无法马上显见成效，又无法安心教学，成了"四不像"大学。正如美国的欧内斯特·博耶所指出的："现在许多学校面临的是一种目标危机，许多学校不是自我确定目标，而是追求名望，即使以招收本科生为主、研究经费很少的学校也在寻求模仿名牌研究型大学。在这一过程中，自己的办学方向模糊了，研究水准受到了伤害，教和学的质量令人不安地下降了。"

（3）数量化思维和内涵建设滞后造成教学质量严重滑坡

1998年，中国各类高等教育的总规模是854万人，高等教育毛入学率为9.8%。自1999年实行"扩招"政策以来，到2004年，经过5年的大规模发展，中国各类高等教育总规模已达到2100万人，高等教育毛入学率已达到19%。我国的高等教育发展进入大众化阶段，成为世界上规模最大的高等教育。其中，教学型大学承担了主力军的作用。

我国在高等教育大众化的发展过程中，扩张规模、提高入学率是其基本策略。这种量化思维只求数量，却忽视了质量和社会需求，偏离了大众化高等教育发展的根本目的，结果使得高等学校特别是教学型大学的问题和矛盾被广泛地暴露出来，比如教育资源和承受能力的问题和矛盾、人才培养的标准和质量、生源素质和质量以及毕业生的就业问题等。这些问题和矛盾已成为中国高等教育未来发展的瓶颈。其根本原因在于：①定量思维导致质量意识薄弱，内涵建构滞后。规模的迅速扩大使一些教学型大学将招生作为学校的中心工作，缺乏对提高教学质量和内涵建设的重视，缺乏新思路和新措施，缺乏责任感和危机感，以至于教育教学工作难以开拓出新形式和新局面，学校的中心工作——教学逐渐被边缘化，导致教学质量下降。②定量思维导致学校定位意识淡薄，没有针对性的培训标准和质量标准，办学特色不明显，培养的人才缺乏适应性，导致出现毕业生就业困难的现象。

从以上分析可以看出，教学型大学存在教学质量滑坡现象已是不争的事实。造成质量下降的原因，主要是大学领导者滞后的思维方式与不当的措施，这突出地表现在"追赶榜样思维"、"趋同化"发展战略等方面。除此之外，高中毕业生饱和以及社会对高等教育需求的增加、政府部门对宏观调控的不力也是不容忽视的因素。

（4）定位太高，缺乏办学特色

1998年5月4日，江泽民同志在庆祝北京大学建校100周年大会上发出创建"若干所具有世界先进水平的一流大学"的号召后，我国一些教学型大学不是去思考如何结合学校办学历史和实际情况，把学校办出特色，以适应当地经济建设、社会发展和人民群众接受高等教育的多样化需要，而是想方设法去追求高目标，比如"国内一流""省内一流"，甚至一些刚刚升格为大学的学院，也想搞"国内一流"。尽管其精神可嘉，但一看就知道，那是不可能的。麻省理工学院（MIT）就自豪地宣布："MIT 不是一所综合大学，而是一所现代化大学，特别是与科学技术紧密联系，许多发展是与工业同时推进的。"也就是说，发达国家大学的定位并不都是把综合性研究型大学奉为圭臬的。[1]

事实上，在大众化时代，一流的标准和实现一流的方法不仅仅是层次的比较。不同的大学有不同的功能，一个国家和社会的发展需要一些世界知名的研究型大学，但不可能使所有大学成为著名的研究型大学。因此，大学必须超越统一的"层次"定位、打破"独木桥"的发展态势，一味地向"高水平"看齐，只能造成若干学校"趋同"发展的现象，使得学校缺乏个性和特色，失去寻求生存和追求卓越的独特发展之路。

产生这些现象的原因是多方面的：①传统的"重学轻术"观念和"名分"思想，使得教学型大学纷纷趋向学术性；②受经济利益的驱动，教学型大学普遍追求"大而全"，追求办学规模的扩张；③长期计划经济下的高等教育管理模式，使得大学领导层形成了"按照上级机关精神办""跟着人家办"的思维定式，而这种思维定式又使得大学之间缺乏分工协作意识，缺乏根据实际明确自身目标、职责、任务的"定位"意识，以致相互之间角色错位、职责不清；④大学领导者没有高度重视优秀办学理念的形成和锤炼，也缺乏对高等教育理念、办学特色的深入研究和思考，特别是对学校的改革

---

[1] 陈小红. 浅谈高等学校的分类发展 [J]. 复旦教育论坛, 2003, 1 (3): 11.

和发展研究重视不够,习惯于照抄照搬名牌大学的治校思路,是教学型大学盲目攀比、相互复制办学模式的重要原因。[1]

2. 实施战略管理是我国教学型大学得以健康发展的现实选择

21世纪的前20年是中国大学发展的重要战略机遇,为了抓住机遇,实现更快更好的发展,就必须集中精力谋发展。

根据教育部有关文件的精神,各教学型大学应该在"谋"字上大做文章、做好文章,很好地谋划发展、规划未来。这其中凸现了高等教育战略管理的新理念,也表明我国的大学管理已经逐步跨入战略管理的新阶段。可以预计,今后随着大学之间竞争的日趋激烈,各大学必将更加重视涉及学校长远发展的战略管理和研究,战略管理也将逐步在教学型大学管理中居于核心地位。

尤其值得注意的是,目前国家各级教育主管部门已经把组织大学制定发展战略和规划,从宏观角度实施战略管理作为一项重要职能,作为评估和拨款的重要依据。这就要求教学型大学必须在"十五"发展规划的基础上,认真吸取十六大报告中的新思想、新精神,进一步加强对学校发展的宏观思考和战略研究,紧密围绕"建设一个什么样的大学"和"怎样建设这样的大学"两个根本问题,精心制订学校的发展战略规划、校园建设规划、学科建设和队伍建设规划,实施战略管理。

四、研究我国教学型大学战略管理的意义

教学型大学战略管理研究是一个既具重要理论价值又有重要现实意义的研究课题。具体地说,研究我国教学型大学战略管理的意义体现在以下4个方面:

---

[1] 陈厚丰.中国高等学校分类与定位问题研究[M].长沙:湖南大学出版社,2004:78-85.

（一）有助于各级政府加强对教学型大学的宏观管理，科学规划高等教育的发展

教学型大学是我国高等教育不可缺少的十分重要的组成部分。在我国的大学中，无论是学校的数量，还是在校生的规模，教学型大学都占有相当高的比例，是中国实现高等教育大众化的主力军。实际上，教学型大学对社会的影响，远不仅仅是在培养各级各类专门人才上，在国家的政治、经济、文化、教育等各个领域中，教学型大学都正在发挥着越来越重要的作用。因此，对教学型大学战略管理的理论与实践问题进行研究，有助于各级政府部门准确把握教学型大学的发展趋向，进一步加强对教学型大学的宏观管理，指导教学型大学明确各项改革与发展的思路、建设的目标和举措，减少教学型大学办学的盲目性，同时给教学型大学以针对性的政策支持和帮助；有助于按照政府的发展战略规划和各大学的实际发展状况，科学调控各类大学的分布，合理安排大学的布局结构，科学规划高等教育的发展，在确保教学型大学健康发展的同时，使教学型大学为国家经济社会发展做出更大的贡献。

（二）有助于学校管理者改变思维观念，树立科学的发展观

B. 菲德勒等人的研究证明：没有战略管理技能的学校管理者经常将自己置于危机管理（crisis management）之中。战略管理需要大学管理者从战略和学校生存发展的角度思考和处理问题，而不仅仅是关注眼前、敷衍了事，这将不可避免地使管理者改变他们原来的想法。在操作管理中，大学管理者按照"学校管理是一个有效实现学校工作目标的组织活动"的理念行事，围绕所有目标的"实现"使工作符合自己的"目的"。管理者的行为是分析思维的表达。分析思维习惯于逐一区分认识完整的事物，虽然它更精确，但很容易变

为零。具有战略意识的教学型大学管理者通常可以按照学校管理的观念行事,即指导学校教育实践的合理性,所谓合理性就是总目的和规律的统一。也就是说,教学型大学的管理不仅要求实现具体的目标和宗旨,还要把目标放在教育实践的背景下,看其是否符合教育的客观规律。如果不符合教育的客观规律,即使管理工作能够满足管理者自身的需求(合目的性),也无法得到承认,因为合目的性可以通过诸如"杀鸡取卵"和"竭泽而渔"等短期行为来实现。

可以看出,教学型大学的战略管理坚持全面的、综合的思维方式。指导教学型大学的管理人员掌握大学战略管理的要求,将使他们了解如何减少短期行为,这对于中国现有教学型大学的管理尤为重要。因为随着教学型大学自主权的进一步增大,以前被上级领导者代替思考的一些战略问题已经摆在学校管理者面前。因此,高校战略管理的实施可以改变教学型大学管理者的思维观念,有利于他们以一种负责的态度思考和解决问题,树立科学的发展观。

学校成功的关键首先是要解决"怎样做正确的事",即战略决策要对,而不是"怎样正确地做事",即战术方法要好。只有首先做到战略决策正确,好的战术才能发挥正效应;否则,战术越好,效率越高,浪费就越大,后果就越糟。在现代管理中"只低头拉车,不抬头看路",对教学型大学的发展来说是非常危险的。

(三)有助于提高学校管理工作的绩效,促进教学型大学持续健康快速发展

传统的大学管理是目标管理,注重功能管理,强调的是管理内容和具体目标,强调内部管理,注重内部单元的整合,而不是站在环境变化的视角,强调组织如何把握外部机会,寻求发展空间。战略管理则强调外部管理,强调实现长期和具体目标,即从他人或外部环境的角度和脱离自我中心来看组织问题,而不是从组织内部去

解释外部问题。战略管理是组织寻求成长和发展机会并识别威胁的一个过程。战略管理的基本原则之一是利用外部机会（external opportunity）来解决或避免外部威胁（external threats），它侧重于外部环境变化对组织发展的影响。[1]

从管理的角度来看，任何组织都在努力从各个方面减少环境的不确定性。在稳定的环境中，这并不困难。因为在一个稳定和特定的环境中，组织可以制定具体的政策、条例、规则、规章和法规来处理日常事务，但是在一个动荡不安的环境中，这种形式的内部管理不起作用，组织必须建立一个更具适应性的反应系统。战略管理可以确保组织与环境之间的良好战略合作，使组织的能力与环境的要求相匹配，并安排组织的内部结构和运作机制随战略变化而变化，开发新的、随机应对未来挑战的能力。

教学型大学实施战略管理，可以大大提高学校管理工作的绩效，促进教学型大学持续健康快速发展。首先，战略管理强调战略分析，特别是预测、提前规划和仔细计划。在教学型大学中实施战略管理，可以有效减少短期行为造成的损失和盲目性造成的工作失误。其次，战略管理要求教学型大学管理者敏锐地意识到环境的各种变化，并对自己的战略进行必要的调整和改变，以确保学校能够在外部环境有利于发展时及时采取措施，在环境中存在不利因素时灵活地采取对策，有效避免不利因素。

（四）有助于拓宽学校战略管理的研究领域，丰富大学管理理论

移植于企业战略管理的学校战略管理始自20世纪90年代，现在基本上形成了一个相对系统的学校战略管理理论体系。对于高等

---

[1] 刘向兵，李立国.高等学校实施战略管理的理论探讨[J].中国人民大学学报，2004（5）：141.

教育战略管理的研究仅限于对高校战略管理内涵及管理过程的初步研究，缺乏系统的理论思考，至于对教学型大学战略管理问题的研究更是闻所未闻，而教学型大学又是我国大学的中流砥柱，因此，选择教学型大学战略管理作为研究课题，不仅符合我国高等教育发展的实际需要，而且可以拓宽学校战略管理的研究领域，丰富大学管理理论。

五、国内外研究综述

（一）国外研究综述

战略管理作为一种管理理念和管理思想，可以追溯到战国时期的孙武。他是中国古代第一个形成战略管理思想的人。但战略管理理论的形成、战略管理学的产生是在西方。20世纪30年代，美国管理学家巴纳德在《经理人员的职能》一书中，首先把战略思想引入管理领域进行研究。1975年安索夫的《战略规划到战略管理》一书的出版，标志着现代战略管理理论体系的形成。他认为，战略管理与以往经营管理的不同之处在于面向未来，动态地、连续地完成从决策到实现的过程。

到了20世纪70年代，随着管理环境从封闭到开放，管理领域从内部转向内部和外部相结合，企业生存环境竞争加剧，这使管理不仅要做好当前的管理工作，还要把握未来。在这样的背景下，战略管理问题成为关注焦点，且出现了一些理论流派，如以安索夫为代表的资源配置学派、以安德鲁斯为代表的目标战略学派、以波特为代表的产业组织战略学派等，从不同视角、层次揭示了战略管理的真谛。

安索夫所代表的资源配置学派认为：战略管理是通过规划、研究企业未来的外部环境及其与资源配置的相互作用来指导和解决企业发展中的所有主要问题。资源配置是一种策略，是战略管理的核心，特别是在环境变化日益复杂的背景下，企业拥有无法模仿的可持续竞争优势和合理配置资源变得越来越重要。战略管理是组织通过改变内部资源分配和行动模式，使其与环境相互作用。该理论有助于管理者确定竞争优势的来源，但它并未提供有关确定战略资源的指导和判断战略资源是否有效的标准。以安德鲁斯为代表的目标战略学派认为：企业的整体战略是一种决策模式（mode of decision），它决定并揭示企业的目标和目的，提出实现目标的主要指导方针和计划，并确定企业的运营业务和内容。企业应该把公司的目的、政策、方针和业务活动有机结合，形成自己特殊的战略属性和竞争优势。战略管理的核心是确定和实施组织的长期目标。以波特为代表的产业组织战略学派认为：战略管理的关键是建立组织的竞争优势，通过开发和创造企业核心竞争力和战略资产，为企业创造价值，企业将持续快速发展。战略管理的渐进主义思想认为：由于人类自身的局限性，人类很难预测复杂多变的环境，因此，要提高企业效率、改变组织、调整企业发展方向，就要针对形势采取循序渐进的方式，这样，企业的战略调整阻力最小、成本最低、效率最高，通过逐步提高企业素质，调整自己，跟踪环境变化，以实现企业持续稳定发展的目标。

这些理论学派的观点有其自身的理论基础和适用范围。他们研究如何进行战略管理和促进企业发展，从不同的方面展开研究外部环境、组织结构和组织文化等。这些不同的视角实际上是关于企业战略管理的影响因素，即实施条件的研究，这为分析影响学校战略管理的因素和改进学校战略管理的实施条件提供了思路。

自20世纪70年代以来，美国许多管理学家开始尝试将企业的战略规划和管理模式应用于大学研究。哈顿、申达尔、道格拉斯·科利尔、罗伯特·科普等人在这些方面都已经取得了许多研究成果和成就。美国州立大学协会和美国全国高校管理系统中心等组织也加强了理论和实践研究，以便将战略规划应用于大学管理实践。自80年代初引入战略规划以来，大多数美国大学都试图建立某种形式的战略方针和战略规划。许多大学都适应了战略方针和战略规划的原则和理念，通过一系列创造性决策使它们接近管理机构的管理风格、学校内部的管理流程和校园的主流文化，从而赢得更精明的管理团队、更高的教学质量、更好的声誉、更多的学生、更有活力的教师队伍和更大的资金投入。如今，美国教育机构应用战略管理思想和技术的能力已领先于其他组织。卡内基－梅隆大学前校长理查德·萨尔德直言不讳地说："我相信我们在战略管理方面的表现要比我所知道的任何公司都好。"

从世界范围来讲，战略管理应用于大学工作，仍然是一个比较新的事物。通过对 Internet 的检索看来，有关这一领域的文献大都集中在商业学校如何开设战略管理课程和建设这门课程上，而谈论大学关于战略管理内容的文章仍然很少。但是，有关推动学校市场化，改善学校的教育改革实践已有20多年的历史。1988年，英国颁布的《教育改革法》明确指出学校应该走向市场。1999年，由社会经济生产性本部社会政策特别委员会发表的《选择·责任·连带的教育改革——以学校的机能恢复为目标》指出：利用市场约束和均衡管理，恢复教育市场活性，释放部分教育自由，让家长和学生自主选择投票支持学校的教育服务，并将公立学校置于与私立学校相同的市场竞争环境中，使学校能够不断发展特色，满足学生和家长的需要。在这种情况下，关于学校战略管理问题的研究在世界范围内逐步展开。

（二）国内研究综述

20世纪80年代后期，中国学者开始研究大学发展战略相关问题，研究主要集中在国家制订发展计划和规划的高等学校宏观管理层面上。90年代中后期，人们开始意识到战略管理不仅是政府主管部门宏观管理者的责任，也是高等教育机构的责任，许多大学理论研究者和管理者对大学的战略管理问题进行了理论研究和实践探索。然而，一方面，由于缺乏系统和深入的研究，大多数人都停留在企业的战略管理理论中，只是复制了企业战略管理模式的层次；另一方面，许多大学的发展战略和规划研究人员的研究，仅限于教育管理学的教育学属性，或与大学管理的实际脱节，或缺乏系统的管理知识等，使得中国大学战略管理的理论研究和实践探索远远落后于西方。

在21世纪，大学的战略管理越来越受到重视。由于教育部直接要求各直属大学制订科学的发展规划，通过教育创新实现新的跨越式发展，许多大学已经从发展规划开始进行战略管理实践。人们逐渐意识到中国大学实现跨越式发展的有效途径之一是实施战略管理。因此，近年来，不少高等教育管理方面的理论和实践专家对高校战略管理问题，如大学战略管理内涵、大学实施战略管理的重要性、基本步骤、基本内容和基本特征、实施模式等方面，进行了深入的研究，比较有成就的有华东师范大学的熊川武、中国人民大学教育科学研究所的刘向兵、华中科技大学的刘献君等。此外，程振响、刘五驹、田建荣等学者也从不同的角度研究了上述问题，提出了自己的观点。但是，从总体上看，对教学型大学战略管理问题进行的研究却不多见，因此，对教学型大学战略管理问题进行理论和实证研究，将是一项很有意义的工作。

六、研究方法和技术路线

（一）研究方法

1. 文献法

本研究涉及企业战略管理理论、高等教育管理理论，可供研究的资料大都隐于其中，只有通过对重要文献的发掘、整理和分析，才能得到有价值的研究资料。因此，本研究把文献法作为重要的研究方法。通过回顾有关企业战略管理、学校战略管理研究等方面的研究成果，构建教学型大学战略管理理论体系。

2. 实证法

为了使研究成果更具有科学性，本研究选择在国内具有一定代表性的两所教学型大学为对象，采用实证分析的方法，将构建的教学型大学战略管理的理论模型应用于教学型大学的管理实践中，验证该模型的应用和推广价值。

3. 调查法

本研究还通过问卷及访谈形式进行调查，收集省内外部分教学型大学战略管理的一些经验，总结规律，为教学型大学战略管理研究提供现实依据。

（二）技术路线

本研究在界定教学型大学战略管理概念的基础上，分析了影响教学型大学战略管理的内外环境因素，探讨了教学型大学战略管理的基本过程，进而构建了教学型大学战略管理的基本框架。（见图1）

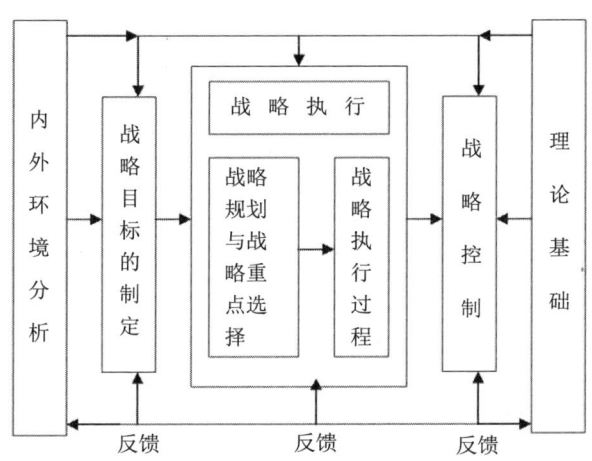

图1　教学型大学战略管理结构框架图

从研究展开的角度看，本研究主要涉及以下主要论题：

1. 教学型大学战略管理的理论基础；
2. 我国教学型大学的战略环境分析；
3. 我国教学型大学战略目标的制定；
4. 我国教学型大学的几种战略模式；
5. 我国教学型大学的战略执行；
6. 我国教学型大学的战略控制；
7. 我国教学型大学战略管理的个案分析。

第一章

教学型大学战略管理的理论基础

从学校管理理论发展的过程来看，战略管理是管理理论经历了科学管理、行为科学、组织行为学、管理科学、决策理论、领导科学阶段后的高级阶段。教学型大学战略管理理论是建立在系统论、组织行为理论、竞争优势理论以及教育管理理论的基础之上的。

一、系统论

（一）系统论的内涵与演进

1. 朴素的系统思想

系统理论是二战后兴起的一门科学。它的卓越贡献是将自然科学、社会科学与技术科学连接起来，将科学家的客观理解从原本的物理学转向以系统为中心，从而促进了现代科学的发展。

"系统"一词由来已久，我国古代的"阴阳五行说"可以称得上是世界上最早的系统理论之一。古希腊的一些哲学家的思想中也体现了系统的观点，如赫拉克利特在《论自然》中提出的"世界是包括一切的整体"的命题和亚里士多德提出的"整体大于它的各部分的总和"的观点都体现了他们对系统思想的阐述。到了19世纪，进化论、细胞学说和能量守恒定律的出现使得人们认识到自然界的相互依存，也开始把科学探索的目标转移到整体的各个部分及其相互作用上。"系统"一词也常被科学家和哲学家用来表示复杂的具有一定结构的整体。

2. 科学系统思想的产生

20世纪人类关于系统的思想有了飞跃性的发展，从朴素的系统思想发展为科学的系统理论，奥地利学者贝塔朗菲是实现这一飞跃的第一人。20世纪20年代，他建立了生物学领域的生物系统概念，并提出了系统理论的思想。从30年代末开始，他开始从生物学转向建立具有普遍意义和世界观意义的一般系统理论。1945年，在《关于一般系统论》一文中，贝塔朗菲率先提出一般系统理论的任务是"确立适用于系统的一般原则"，这可以被视为他对一般系统理论创造的宣言。一般系统理论是研究系统中整体与部分、结构与功能、系统与环境之间的互联互动。贝塔朗菲研究机体论、开放系统和动态系统：他试图通过用机体论来解释生命的本质；他认为开放系统是系统的一般情况，综合考虑开放系统的输入、输出和状态等基本因素；还用数学的方法描述了关于动态系统的各种性质。这些为他的一般系统论奠定了理论基础。与系统论同时形成于40年代末的信息论和控制论也为科学系统论的形成打下了基石。

3. 系统的含义

虽然科学体系理论取得了长足的发展，但科学界和哲学界尚未就该体系达成一致。学者们对该系统的定义有很多，例如：《韦伯斯特大辞典》解释说系统是有组织的或组织化了的整体，是构成整体统一的各种概念和原理的综合，是由有规则的相互作用、相互依存的诸要素组成的集合。贝塔朗菲认为，系统可以定义为几个相互作用的元素的综合体。阿考夫认为系统是两个或多个相互关联的元素的集合。[1]

虽然学者提出的系统定义存在如此之多的差异，但其中有三个特点是必要的：一个是系统具备完整性，一个是系统由相互作用和

---

[1] 黄志成，程晋宽. 教育管理论 [M]. 2版. 上海：上海教育出版社，2001：114-115.

相互依存的元素组成，一个是系统受环境影响并干扰环境。从实际情况来看也是如此，任何系统都必须具备这三个特点，否则它就不是一个系统，也不能谈论系统的作用。它可以促进组织的发展，但也阻碍组织的发展。在某些条件下，它甚至可以在组织的存在和发展中起决定性作用。环境也是组织发展的必要条件，任何与周围环境相互作用的组织都不可能孤立存在和发展。例如，如果一个城市关闭，人流、物流、能源流和信息流都被切断，它将不会保持活力，很快就会成为一个死城。如果一个国家与其他国家的经济交流和相互学习停止了，它就不能迅速发展。系统论认为，在整体与部分的关系中，整体工作不是局部工作的简单总和，整体工作大于孤立部分的总和。系统论的重点是从整个系统出发，发挥各子系统的作用，对子系统进行统一规划和协调，使整个系统的性能达到最优。

（二）系统论对教育管理的影响

自 20 世纪 70 年代以来，在西方管理界普遍存在的社会系统理论、社会技术系统理论和管理科学理论的共同影响下，开放的教育管理学说已经出现。它的特点是组织作为一个开放系统，侧重于组织与环境之间的动态联系。自开放系统理论诞生以来，它对教育管理的理论和实践产生了深远的影响。正如美国管理学家斯科特所指出的那样：开放系统视角很快赢得了大多数信徒的支持，并使"封闭、独立、自给自足的旧系统的形象难以再现"。

1. 巴纳德理论

开放系统教育管理理论的起源可以追溯到 20 世纪 30 年代。1938 年，社会系统学院的创始人巴纳德出版了《经理的职能》一书，指出组织是一个人们有意识地协调的协作系统和活动系统。协作系统有三个要素：合作意愿、共同目标和信息交流。在企业中，不仅有正式组织，还有非正式组织，它们与正式组织互动。60 年代后，巴纳德的管理思想再次受到重视。人们逐渐认识到，相关的管理规则必须与政治、经济、社会环境和历史文化传统密切相关，对管理都有各种制约。将组织视为一个没有与外部环境相连的封闭系统是不切实际的。这种理解是在巴纳德的协作系统概念的影响下获得的。

但是，开放系统学说并不局限于此，而是进一步探究组织的环境、环境因素刺激组织的方式，以及组织在它们的环境中建立起来的种种关系。正是这种研究，构建了教育管理的开放系统学说的基石。

2. 帕森斯理论

开放系统理论的主要代表——美国社会学家帕森斯指出，开放系统组织应具有两个特征：一是组织内各系统之间统一协调，相互依赖；二是组织必须具有高度适应性，能应对系统环境中许多不可预见和受控制的紧急情况。此外，根据帕森斯对正式组织的描述，开放系统组织应该有三个层次或功能：第一层涉及技术职能，包括教师在教育中采用的教学程序；第二层是管理的职能或系统，管理者被视为组织内部事务的协调者，同时也是组织与外部环境之间的中间人；第三层被称为社会化制度，其主要任务是解决组织适应社会环境的问题。这三个层面是渐进的关系，它们彼此依赖并相互作用，但并非"完全独立"。管理体制有三种社会控制：普遍认可的规范或惯例、某种形式的中介组织、某些行政机构。其原因在于组织的管理必须依靠社会系统来获得合法性和强有力的支持，从而实现管理的目标。帕森斯的观点很快被教育管理科学家所接受。帕森斯曾指出"一个稳定的系统可以与环境协调，一个开放的组织可以应对环境的变化"。因此，在教育部门，一般认为教育改革的成功应该是基于教育系统的稳定性。

3. 罗伯特·欧文斯理论

罗伯特·欧文斯在他的《教育组织行为学》一书中将学校教育

过程描述为一个系统的运动过程。这个过程包括：从更大的社会环境中输入信息、能源和物质资源；学校的内部教育活动，包括组织结构、人员、技术和任务四个子系统；向社会提供合格的毕业生。根据他的观点，教育系统作为社会系统的一个组成部分，教育管理应该讨论和处理的问题不能局限于教育中的管理事务，而应该将教育系统内外各种重要因素联系起来。事实上，要探索新的想法和实践，这样做是十分必要的。随着社会的不断进步，公民的基本教育权受到了广泛的关注。家长，教师协会，社区委员会，政府组织和非政府组织，各种利益集团，甚至一些宗教团体正在对教育施加影响，这是不争的事实。教育和教育管理将不可避免地遇到各种外部刺激和挑战，以实现最大程度的发展。这也是开放系统管理理论受欢迎的重要原因之一。开放系统学说的研究人员致力于在组织与环境之间建立动态平衡，这种努力是有效的。正如霍伊所指出的那样："在 20 世纪 60 年代，该组织的开放系统模型开始取代封闭系统模型，到 70 年代末，这种转变的事实已经完成。"但与此同时，开放系统学说也受到了批评，主要来自两个方面：第一，开放系统学说的一些概念在学校环境中非常普遍，使得学校管理者难以准确区分学校和学区环境，松散的整合系统和开放系统有着概念性的区别。第二，在开放系统学说中存在很多变量，它们的相互关系很难确定，让科学研究难以看到希望。我认为，虽然开放系统理论仍然存在不完善之处，但将系统理论应用于教育管理确实提供了一种新的思维方式，更准确地反映了教育和学者的现实状况。

（三）系统论在教学型大学战略管理中的应用

大学是一个具有许多基本要素的系统，其管理是一个复杂的系统工程。特别是随着改革开放的不断深入、科学技术的飞速发展，以及全社会知识和信息化的加速，高校管理已经成为一种开放系统的工程，具有各种变化和不确定性。各种因素对这个项目产生了巨大的影响。因此，对大学管理者来说，关注系统论研究尤为重要。基于以上理解，系统论在高校管理中的应用应侧重于以下3个方面：

1. 全面统筹优化

在管理思想方面，我们必须有一个全面的整体优化理念。我们必须从全面的角度出发，从系统的角度进行权衡，并从长远的角度考虑问题。大学是一个包括多层次（学校、医院、部门、房间等）组织和多序列（教学、研究、工业、物流等）工作的、受多种因素（教师、学生、员工、金钱、时间、空间和信息等）影响的、极其复杂的社会管理系统。历史与现实的经验表明，要管理大学，必须牢固树立系统优化的管理理念，即以大学管理为系统，全面分析问题、发展要素、结构、系统的功能、历史、内部和外部环境，并综合优化。与此同时，大学必须有积极适应社会发展需要的管理理念。现在是改革开放以来的第三次思想解放，经济发展速度将进一步加快，教育改革力度将进一步加强，教育与经济的结合将越来越紧密。在当前教育管理体制改革的新形势下，大学面临着日益激烈的生存竞争和前所未有的发展机遇，如何判断形势、把握未来，在于如何积极主动地走向社会。如何在社会大系统中找到合适的位置，抓住历史潮流中的机遇，这是每个学校必须解决的重大问题。

2. 实行目标管理

在管理方法中，使用系统整体原则和结构最优化原则进行目标管理。系统原理指出，除了要素的性质和功能，还需要整体的性质和功能。整体的性质和功能则依存于要素间的结构。物理学中合力的大小不仅取决于分力的大小，还取决于分力间角的大小。同样，系统整体的性质和功能之所以会产生1+1>2的效果，是因为在要素的性质、功能的组合的基础上进行变化，而且合理的组合方式也起到了重要的"增值"作用。因此，从大学整体来看，将学校整体的目标最优化作为奋斗的总方向，统一协调学校内部各方面的工作是很重要的。根据学校奋斗的总方向和总目标，建立各部门和各基层单元的目标，根据组织程序和责任分工，构建各部门和各部门的工作在全目标上自上而下层级展开和自下而上阶层保证的纵横架目标管理网络，实行系统最优化管理。随着大学内部管理体制的改革，学校使用正确的政策指导、思想教育和物质的激励手段，建立了自我激励、自我限制的新机制，进而激发了教职工的积极性和创造性。由此，通过在学校实行有效的目标管理，可以创造出良好的环境，特别是改革涉及人事分配制度等非常敏感的问题时。人事制度改革作为校内管理体制改革的重点，促进了教职工的优化和素质的提高，起到了积极的作用。定职、定任、全校控制、经济制约和动态平衡的方法与学科建设、事业发展相结合，促进调整、优化，使人才合理分流，集中优势进行重点学科、重大科研任务、重点课程倾斜，保证学校重点工作和目标任务的完成。招聘中，提高应聘者的事业心和责任感，同时打破平均主义和在分配制度上"吃大锅饭"的现象，体现劳动分配原则，引导教职工注意多干、做好工作，在优质高效完成目标任务的基础上，形成一种自我制约、自我激励的机制。这是改革潮流给学校管理带来的有利环境，促进了学校内部构造的最优化，在实现各种管理目标中发挥了重要的作用。

3. 内部管理要构成一个闭合回路

在管理操作中，内部管理必须构成封闭回路，对富于变化的社会环境迅速做出反应，必须形成有效的管理活动。也就是说，大学内部健全、科学、高效的管理系统应该由政策决定中心、管理中心、质量中心以及监督机关和反馈机构等构成。政策决定中心是全体管理系统的"核心"，由学校党政主要领导人构成，其功能以目标管理为重点，把握党的方针、政策，把握学校的运营方向，减少对行政、教育、科研等具体工作的干预，减少学校的整体规则、计划、协调、检查、监督、评价等。在大学实行学院制管理后，各学院成为学校指导下的一级行政管理实体，即管理中心。那么，阶层性管理尤为重要。所以，学校必须简化权力，让学院拥有更多的自主权。同时充分发挥监督机关、反馈机构的作用：一方面，对管理中心（执行机构）进行监督，保证多种指令的正确执行；另一方面，向政策决定中心提供咨询论证和科学根据，并在决定实施过程中继续收集相关信息，通过信息追踪处理为政策决定服务。也就是说，使用系统论的基本原则研究大学管理时，应发挥学校各单元及个人的积极性，保证系统整体的最佳化。

二、组织行为理论

（一）组织行为理论的内涵与特性

组织行为学是研究某些组织中人们的心理和行为的科学。它运用系统的分析方法，综合运用心理学、社会学、人类学、生理学、生物学、经济学和政治学等知识来研究某些组织中人类心理和行为的规律性，从而提高各级领导者的素质，使其能够预测和指导人们的行为，以便更有效地实现组织的预期目标。任何组织都由许多元素、部分、成员组成，以某种形式连接而成。除有形的物质要素外，各要素之间还存在一些相对稳定的关系，即纵向层次关系及其相关关系、横向分工与合作及其相关关系。这种关系构成了一种无形的结构——组织结构，涉及组织管理体系的确定、组织层面的划分、组织的组织以及各个单位之间的沟通。因此，组织结构也可以理解为一种组织形式，它是一个由组织内的部门划分、权力和责任、沟通方向和方法组成的有机整体。从本质上讲，组织结构反映了组织成员之间的分工和合作。设计组织结构的目的是更有效和合理地组织成员，以便他们可以共同努力实现组织的目标并最大化其协同作用。

同时，因为组织结构是随着生产力和社会的发展而不断改变的，所以每个类型的组织结构都有其特点，只适用于特定的范围，不可能存在一个完美的组织结构。因此，最佳的组织结构是最适合组织存在的特定条件的结构，离开具体条件，就无法判断哪种组织结构最好。

所以，根据具体的条件建立结构合理、运转灵活的组织，才能保证组织任务的有效完成。这也是整个组织现象中至关重要的问题，其质量直接影响组织的效率。例如，各级政府行政部门和企业的官僚现象——责任、权力不明确，机构臃肿，员工多余、拖延、互相怀疑，与不合理的组织结构密切相关。组织结构得到认真研究、提高管理工作效率对改变不合理的政府行政部门和企业的组织机构和权限划分具有重要的现实意义。在学术理论中，来自世界各地的学者一直把组织结构问题作为组织理论的焦点。从韦伯早期的官僚组织理论到现代制度组织理论研究，组织结构研究都在组织理论中，是最富有成效和独特的部分。

1. 传统的组织结构理论——封闭系统

事业部结构，职能结构，直线结构，分权结构，矩阵结构以及直线-职能结构，这是传统组织结构大致包括的6种类型。传统组织结构的设计总是力求职能部门的"全面化"，强调组织部门在组织结构中的相对独立性，摒弃了社会环境因素对组织的影响。其自身的封闭性导致传统结构理论在经济全球化的趋势下必然面临越来越多的挑战。

传统组织理论的发展又可以分为古典组织理论、新古典组织理论、系统理论、全体生态理论、资源依赖理论、新制度组织理论与交易费用理论。其中，古典组织理论中的官僚组织理论是传统组织理论的代表。它是由马克斯·韦伯（Max Weber）提出的，他把习惯性服从于一套规则的人类行为作为分析的基础，假设组织概念的本质即需要一套支配行为的特殊规则。其官僚制是完全按照形式合理性的要求建立的，它具备按职务等级序列安排人员、上级与下级是命令与服从的关系、人员死板僵硬、行政管理技术化等特点。[1] 此外，他还认为任何组织都必须以某种形式的权力作为基础，并把社会所接受的权力分为3种：法定权力、传统权力和神授权力。在这种权力之上韦伯提出了官僚组织模式，它过分强调了机械式正式组织的功能和层级等级体制。根据这一原则，下级必须接受上级的指挥、控制和监督，而下级的晋升完全由上级决定。这将不可避免地导致下级人员报喜不报忧，对上级阿谀奉承，并阻碍上下级之间的沟通渠道。过于强调遵守组织规则和制度，会导致面对紧迫和意想不到的问题时，组织僵化，缺乏灵活性，会削弱组织的主动性、积极性和创造性。人们做事只是为了看他们是否遵守规则和规定，无论组织的根本目的如何。层次结构的非人格化也使组织成为一个不注重成员感受而缺乏人情味的团体。所有这些，都必然会影响组织的团结和业务效率的提高。

可见，韦伯理论最大的缺陷也是传统组织理论的共同问题，即缺乏对组织与组织环境相互关系的讨论。这也决定了传统组织结构理论不适合现代社会组织机构发展的需求。

2. 现代的新型系统组织理论——开放系统

传统的组织结构理论存在的重大缺陷，让人们认识到组织的生存发展是在不断地和环境变化发生相互作用的前提下进行的，正是这种相互作用使得组织的功能与外部社会环境之间保持了动态平衡。也可以说，客观世界中任何系统（无论是有生命的，还是无生命的）都必然是与周围环境有着相互依赖和相互作用的开放系统，

---

[1] 龚咏梅.韦伯的理想与现实：对韦伯官僚制理论的一种解读[J].社会科学战线，2001（2）：203-204.

绝对的孤立系统客观上是无法存在的。

真正把组织和开放系统连接在一起的是耗散结构理论，它的出现使系统从无序走向有序，也弥补了传统组织结构的不足，为现代组织理论的发展找到了新的切入点。耗散结构理论是 1969 年比利时物理学家普利高津（I. Prigogine）在"理论物理与生物学"国际学术会议上提出的[1]。这一理论指出，一个远离平衡的开放系统（力学的、物理的、化学的、生物学的乃至社会的、经济的系统），通过不断地与外界进行能量和物质交换，在外界条件和系统内部某个参量的变化达到一定阈值时，通过"涨落"，系统就存在发生突变的可能性，由最初的无序的状态，渐渐变成在时间、空间和功能上都有序的结构，即耗散结构。耗散结构理论所研究的是其形成、稳定和演变的一切规律，这也被称为非平衡系统的自组织理论。

我们可以根据普利高津的耗散结构理论整理出组织结构的特性：

（1）组织结构应具有开放性

耗散结构理论告诉人们，任何系统需求的发展，从无序到有序，或从低级有序到更高级的有序，都必须首先打开系统，这是系统有序的前提。它也是耗散结构形成、维护和发展的主要条件。只有对外开放，从外部吸收负熵流来抵消其自身的熵产生，才能使系统的总熵逐渐减小，从而维持其秩序或实现从无序到有序的进化。

组织需要与环境交换材料，对能源和信息进行维护，因此它也是一种耗散结构。一个好的组织系统必然是一个有序的自组织系统，它不可避免地要求对环境开放。只有当它对外开放时，组织系统才能够代谢并具有适应环境的能力。现代组织系统的开放程度直接决定了管理有效性的规模。

例如，在运营过程中，组织必须在人员、材料和资金方面与外

---

[1] 田嘉琦. 现代管理中的系统科学 [J]. 天津成人高等学校联合学报，2002,4（3）：94.

部环境进行沟通，以维持其结构。具体而言，在人员管理方面，组织者应不断更新员工，以消除那些不称职的员工，同时及时将组织中表现杰出的人才吸纳到管理团队中。新成员带来了不同的价值观，对现有的组织文化有一种新的视角，可能会做出大胆的尝试，并且对原有体系没有太强的依赖性。典型的内部员工已经完全被组织文化所吸收，在惯性思维的影响下，他们看不到企业的进步，也没有改变和自我提高的意识和动力，整个组织缺乏竞争意识和氛围，难以产生创新。从外部招聘的优秀的技术人才和管理专家，始终在向组织的原始员工施加压力，鼓舞士气。在资金和物资管理方面，组织和环境进行资金交流，一方面可以从环境中获取资金，保证管理活动的正常开支；另一方面，通过花费部分资金可以改善管理环境或购买各种设备。该组织不断从环境中引入先进技术和设备，可以更新现有技术和设备，使组织能够随着生产力和社会的发展而发展。实践表明，建立一个相对稳定的开放系统是确保组织不断适应新环境的必要条件。

（2）组织结构应远离平衡态

如果系统处于无差异状态，则意味着系统中没有潜在的提升空间。耗散结构理论告诉我们，没有电位差的平衡系统遵循最小势能原理，因此它将是一个低功能系统。因为在平衡状态下，系统内部混乱且无序，组织最简单，信息量极小。一旦系统进入这种死循环结构的平衡状态，它将很难实现进步和发展。这种看似平衡的平衡将极大地阻碍现代管理，使组织系统一步步走向死亡而无动于衷，缺乏竞争，陷入低功耗、低效率的局面。这也是现代管理的禁忌，我们称其为官僚主义。因此，组织中的人员、结构、权力必须遵循远离平衡的原则。也就是说，构成管理系统的人员必须具有不同的能力和水平，管理者应该具备掌握整体情况的能力和资质，而其他成员则只需要有能力和权力把握大局的某个方面即可。系统的所有成员在能力、权力和专业知识方面不可能都相似,否则就会出现争论和不一致的情况,从而影响管理系统的运作。在组织权力的构成中,人们无法掌握所有的权力,管理系统的权力分配应该是分散、平衡和相互制约的。为了满足现代经济社会发展的要求,有必要逐步从集权的、分层的权力结构演变为分散的、网络化的权力结构。因此,远离平衡状态是组织系统有效运作的另一个必要条件。

(3)组织结构内部应适应非线性调节

组织走向有序耗散结构还必须通过组织内部的非线性相互作用来完成,即通过调整系统内的非线性机制来实现自我改进。也就是说,构成管理系统的成员根据某些规则或程序受制于彼此的约束和监督,这样系统的每个成员(包括最高层)都不会做出超出管理权限的行为来破坏组织。目前,一些组织管理者腐败的一个重要原因是系统成员之间缺乏这种相互制约和监督的机制。结果,掌握权力的主要管理者可以做任何他们想做的事情,没有任何限制,整个管理系统的正常结构和功能被破坏。因此,非线性调节也是发挥组织有效功能的一个必要条件。

(二)组织行为理论对教育管理的影响

20世纪40年代后期,教育管理领域开始引入韦伯的组织理论。自60年代后期开始,教育管理学家和学校组织的研究人员将"如何将学校进行科技化管理"作为一个重要的研究课题。随后,阿博特提出并证明学校"可以被描述为一个高度发达的官僚机构"。[1]总之,在教育界,人们开始把学校看作一种特殊的组织,并用组织的理论来指导学校的实际管理,在此基础上也形成了各种学校组织观,影响着管理人员对学校组织的管理,具体如下:

---

[1] 张广斌,谢延龙,赵承福.教育管理组织:技术理性的视角[J].当代教育论坛,2003(8):50.

1. 学校是工厂

赞成这一观点的人主要是从古典科层组织论的角度来分析学校问题的。卡伯雷就曾说:"在某种意义上,我们的学校就是工厂。原始产品(儿童)被造成成品以满足各种生活需要。20世纪的文明对产品制造的规格提出了要求,根据规格的规定来塑造学生是学校的职责。"支持者认为学校和工厂具有一些类似的组织特征:它们有特定的目标。为了实现目标,工作任务需要分为不同层次,并作为既定职位的官方职责。它们按等级排列,并具有明确的权威关系。在很大程度上不受个人情感影响的一般组织规范以及最初在其官方职位上主导组织成员的工作也在很大程度上形成和规划了组织中人员之间的界限。

2. 学校是集合体

人际关系-行为科学理论则把学校看作一个社会系统或社会-政治系统,但实际上,学校组织成员对学校的经营也具有相当大的支配权,因为他们是专业的,并且学术可以自由地被研究。它强调的是士气、团体的内聚力、合作、非正式组织的动力、组织结构的特性、组织中个人的特性和需要、工作中个人的特性和需要、工作中的行为及其相互关系。在这种理论的影响下,人们不再把学校看作权力结构,而是在公共利益基础上联合起来的个体和团体的集合体。而学校管理人员的任务就在于谋求把各种利益集团连接成网,并以半协调的方式去达成学校组织某种程度的稳定或发展。

3. 学校是有组织的无政府主义

在探讨学校组织是如何运作与管理的问题上,组织管理的权变理论则认为,没有一种在所有情况下适用于所有组织和管理的最好方法,只是某些组织结构的设计和管理方法在某种具体情境中能发挥实效。这种理论认为所有的教育组织都是松散结合的系统,学校的不同部门有其各自不同的特点,而教育组织本身的特点(如教育目标的不明确和经常变化、教学方法的不确定性等）决定了教育组织是有组织的无政府主义，管理者只能控制他们自身的失误而不可能知道自己周围发生的一切事情。这些都决定了没有一种适用于所有学校组织和管理的最有效的方法，学校管理者在管理的实践中需要花大力气，具体问题具体分析。

这几种组织理论尽管没有给学校找到一个具体的管理和决策的方法，但都从不同角度说明了学校管理的特点和应当注意的方面，也提醒学校管理者在这三种理论的基础上具体问题具体对待，有针对性地做好学校组织的管理工作。

（三）组织行为理论在教学型大学战略管理中的应用

1. 大学是二元权力结构的组织

作为一个组织，大学内部结构中的部门和成员之间也存在分工和合作。在组织结构的上下层次关系中，包括相应的权力分配；在组织结构的横向分工中，包括权力等级的划分。这就是大学这一组织中的权力系统，它包括行政权力和学术权力。学术权力的存在改变了原官僚主义的等级关系。社会学家帕森斯认为，具有技术专长的人之间不会有这种严格的地位和权威级关系，而是具有大致平等地位的同伴关系。米切尔认为，学术团体将取代等级权威成为大学中的主要组织。在这个群体中，权力由教师、管理员、学生和校友共享。因此，大学的组织基础是权力社区而不是权力等级。在这个权力社区中，价值观、学术规范而不是权力水平起着主导作用。因此，实施战略管理的关键是获得教师的认可，让他们认识到战略的价值。为此，有必要加强与他们的沟通，特别是发挥学术权威的作用。

2. 大学是高度异质化的组织

在研究社会结构时，社会学家布劳利用不平等程度来表明社会的垂直分化程度，表现社会层面分化程度的异质性程度。大学组织的纵向差异较小，权力关系模糊，但横向分化程度较高。除了核心教学和研究系统，大学还拥有庞大的管理系统和各种辅助支持——后勤系统。当代大学组织中这些不同的系统是相互依存的，但不同系统在大学组织中的作用和地位却大不相同，其工作模式和价值观也大不相同。因此，可以说大学组织是具有高度异质性的组织。大学组织内这些不同系统的巨大差异和矛盾是大学组织的一个重要特征。因此，如果一所大学想成为一个有效的竞争者并成功实施自己的战略计划，它不仅要发挥垂直系统的作用，还要发挥横向系统的作用；它不仅要发挥上层组织的主动性，还要发挥基层组织的积极性。

3. 大学是高度趋同化的组织

组织学研究者迪马西奥和鲍威尔认为，模仿机制导致了系统的融合，也就是说，每个组织都模仿同一领域中成功组织的行为和实践。模仿机制出现的一个重要原因是环境的不确定性。当环境不确定时，组织可以通过模仿成功组织的做法来减少不确定性，因为它们不知道该怎么做。模仿的方式有两种：一种是竞争模仿，另一种是制度模仿。所谓竞争模仿，是指在某一个领域中模仿自己的竞争对象，即在竞争压力下产生的模仿；制度模仿是模仿已成功合法化的机制。由于大学战略管理是组织寻求增长和发展机会以及避免威胁的过程，因此它关注外部环境变化对组织发展的影响。当外部环境不确定时，大学制定发展战略时，如何模仿已有的经验和实践，提出自己的特色战略，是战略管理的核心问题。因此，大学战略管理的重点之一是如何利用自身优势与外部机遇。[1]

---

[1] 刘向兵，李立国. 高等学校实施战略管理的特点和效果 [N]. 中国教育报，2006-02-04.

4. 大学组织是一个松散耦合系统

从组织行为的角度来看，大学组织没有严格的控制结构，而是主要依靠组织的共享价值和信念体系进行整合。共享价值需求和信念不是一套强制性规范，而是依赖于组织成员的意识和自律。因此，大学组织成员之间、组织的各个子系统之间只存在松散的关系。这种松散的教育组织被韦克称为"松散耦合系统"（loosely coupled system）。[1] 这就要求在对教学型大学实施战略管理的过程中，也要重视隐性观念和价值体系的作用，创建有特色的大学精神、校风和校貌。

三、竞争优势理论

（一）竞争优势理论的产生与发展

1. 行业结构学派的竞争优势理论

竞争优势理论最初也来源于企业管理理论。它是由哈佛大学商学研究院教授、行业结构学派的代表、著名管理学家迈克尔·波特提出的。波特于1983年被任命为美国总统罗纳德·里根工业竞争委员会主席，该委员会率先推行企业竞争战略理论，并引发了世界对竞争力的讨论。截至目前，波特出版了14本书，其中影响力较大的是1976年的《品牌间选择，战略及双边市场力量》、1980年的《竞争战略》以及1990年的《国家竞争力》。波特对竞争战略理论做出了非常重要的贡献。"5种竞争力"——分析产业环境的结构方法是他的杰出思想。他最有影响力的贡献是在《竞争战略》一书中明确制定了3个通用战略，并以此建立了行业结构学派的基本框架。波特认为，在与5种竞争力的斗争中，有3种类型的成功战略思想：

---

[1] WEICK K E. Educational organizations as loosely coupled systems[J]. Administrative Science Quarterly, 1976, 21(1):3.

（1）总成本领先战略

成本领先需要建立高效、规模化的生产设施，并加强对成本和管理的控制，以最大限度地降低研发、服务、销售、广告等成本。为了实现这些目标，有必要优先考虑管理成本。虽然质量、服务等方面不容忽视，但最重要的是要使成本低于竞争对手。组织的低成本意味着当其他组织在竞争过程中损失了利润时，组织仍然可以获利。总成本的领先地位非常有竞争力。一旦组织赢得这样的位置，获得的较高利润就可以投资于新设备和现代化设施以维持成本领先，而这种再投资通常是维持低成本状态的先决条件。

（2）差别化战略

差别化战略是提供产品或服务的独特性，在整个行业中建立独特的东西。实施差别化战略的方法有很多，如设计品牌形象、技术独特性、绩效特征、客户服务、商业网络等。组织在多个方面都具有差别化的特征是最理想的方式。

如果差别化战略能成功，它将为整个产业赢得高水平收益，也由它建立起对付5种竞争力的防御阵地。差别化战略的成功也为组织成功地塑造了一种品牌形象，形成了组织与众不同的品质特征，这往往会给组织带来更大的销量，赢得更多的利润。

（3）专一化战略

专一化战略的重点是关注特定的客户群、产品线的一部分或区域市场。低成本和差异化战略都旨在实现整个行业的目标，专一化战略则以服务于特定群体为中心，并且围绕其发展，每项政策都必须考虑这一中心思想。这一战略的前提依赖于：组织业务的专一化可以提高效率，更好的效果服务于一个狭隘的战略目标，从而超越服务目标更广泛范围的竞争对手。其结果是组织通过满足特定对象的需要来实现差异化，或者在服务于该对象时实现低成本，或者两者兼而有之。这样的组织可以使其盈利潜力超过行业的总体水平。

这些优势可以保护组织免受各种竞争力量的威胁。但是，具体化策略通常意味着限制可以获得的整体市场份额。具体化策略必然包括利润率与销售额之间的关系，而代价是相互牺牲。

波特的竞争战略研究对于企业经营来说开辟了一个新的战略领域，为全球企业发展和管理理论研究的进步做出了重要贡献。从那时起，西方经济学和管理学者一直把企业竞争战略理论置于学术研究的前沿，有效地促进了企业竞争战略理论的发展。这一阶段产生了3个具有竞争优势的战略学方向作为研究重点，即波特的工业结构、普拉哈拉德和哈默尔的核心竞争力、科利斯和蒙哥马利的战略资源，进一步完善了企业战略理论体系。

2. 核心能力

1990年，普拉哈拉德和哈默尔以特色能力概念为基础更进一步地提出了核心能力概念，代表作是在《哈佛商业评论》上发表的《企业核心能力》。他们提出的观点为：企业是核心能力集合体，核心能力分布在组织内部，超越组织界限，紧密协调组织各项业务，是企业持续保持竞争优势的源泉。小艾尔弗雷德·D.钱德勒的《企业规模经济与范围经济：工业资本主义的原动力》中也提出组织能力是现代大企业的竞争优势源。1992年，《基于能力的竞争公司战略的新规则》在《哈佛商业评论》上发表，其作者认为成功的企业应该注意其行为方式，首要的战略目标应该放在改善生产能力的组织活动和业务流程。

3. 战略资源

企业是将战略资源整合的组织，这个观点是以资源为基础的战略理论的核心内容之一。1959年，潘若斯在《企业成长论》中提出，企业内的资源和能力是企业获得和维持竞争优势的源泉。1984年，伯格·沃纳维尔特发表了《企业资源基础论》，这成了20世纪80年代企业资源最具影响力的学术论文，同时为企业战略理论提供了新的研究模式。战略资源观强调了在要素市场而不是产品市场上形成了决定企业成功的环境。1995年以来，科利斯与蒙哥马利发表了《凭借资源展开竞争：90年代的公司战略》和《创造公司优势》等论文后，出版了《公司战略：企业的资源与范围》，全面系统地阐述了基于资源的企业战略理论。该理论提出了评价公司优势的独特框架"公司战略三角形"，三角形的中心是公司的前景，是公司的目标和目的，这三条边分别是资源和业务、结构、体制和过程。这个理论重视公司的特定资源和竞争力，认为把资源和实力作为公司竞争力的核心取决于3个基本市场力量的相互作用：需求（公司能否满足客户的需求，是否具有竞争优势）、稀少性（是否简单地被模仿或代替，是否有持久性）和专用性（谁掌握利益）。20世纪营销管理最受瞩目和有影响的理论——定位理论的发展把竞争优势理论又向前推进一步。它最先在1972年由杰克·特劳特（Jack Trout）和阿尔·赖兹（Al Ries）提出。90年代末，特劳特对定位理论进行合理逻辑演绎，提炼出聚焦原则。聚焦就是经济主体将经济资源集中于有限范围从而产生足够的竞争优势的策略。有限的范围是相对的，可以是行业领域，可以是产品品种，可以是品牌，可以是概念，可以是地域，等等。这种集中的范围随着市场的发展而变化。判断是否聚焦，则以资源使用的集中程度是否产生足够的长期竞争优势为依据。在现代市场环境下，资源越少，经营必须越集中；资源越多，可以适当扩展，但是聚焦仍然是必须的。聚焦是现代市场竞争必须遵循的基本原则。就教育行业而言，为赢得市场，聚焦同样是必须的。

（二）竞争优势理论对教育管理的影响

党的十一届三中全会确定了把工作重点转移到以经济建设为中心的轨道上来，一刻也不能放松发展生产力的根本方针，提出了逐步建立与我国生产力发展、生产状况相适应的有计划的商品经济的发展战略。这是我国在建设社会主义国家的过程中一次具有战略意义的变革，也使得我国的教育不会也不可能离开商品经济社会而存在。

1. 教育的外层

一方面，教育的"产品"——在学校培养的人才，其中相当一部分被视为商品一样进入劳务市场，这是受商品经济的供求规律制约的。劳务市场的出现改变了过去的人才部门的所有制、部门垄断结构和状况，从而影响了学校的分配制度，招聘公司可以选择优秀的人才进行招聘。另一方面，教育的"生产"也与其他生产一样，需要投入大量的财力、物力和人力。在商品经济条件下，竞争优势理论也影响了教育的管理，根据价值规律计算投入和产出的比率，要求以最小的投入获得最大量的产出。因此，如何降低成本，如何创立学校的品牌形象、有特色的教育服务以及如何培养出有专业才能的人才等问题都成为学校在办学过程中需要考虑的问题。这种商品经济对教育的影响是方方面面的，其中包括专业结构、课程设置、教学内容以及学校教育管理等较为内层的方面。

2. 教育的中层

尽管学校不是一个经济体，不需要承担为社会累积经济的责任，但不可否认的是学校的教育事业也需要一定的经济为其做保证，而且教育事业的发展往往需要经济为基础才能实现。这促使我国在改革教育体制时将学校内部的经济活动与经济行为纳入商品经济的范畴，主要表现在以下4个方面：一是校园物资的使用与管理是以商品经济的标准进行核算的，实行企业化管理；二是校内津贴也是以按劳取酬的原则进行分配的；三是学生奖学金的发放也改变了过去平均主义的做法，注意运用商品经济下的竞争原则来择优汰劣；四是在商品经济影响下出现了按商品经济的规律去创办经营的勤工助学、助研、助教等校园经济。

3. 教育的深层

教育的深层是教育观和教学意识，这也将在商品经济的影响下发生改变，例如教育的人才观、功能观、竞争观、管理观等都因为商品经济而发生转变。

在商品经济对教育的普遍影响下，竞争也在教育中普遍存在。学校教育除了要重视教育活动过程本身，也不能忽视学校其他方面的利益、效率和经济收益。因此，在学校管理的过程中也要引入企业管理中的竞争优势理论。

（三）竞争优势理论在教学型大学战略管理中的应用

1. 大学的市场化形成了教育在外延上的竞争

目前，社会对教育产业化还存有一定争议。教育不可能是完全的公共品，不可能完全与企业一样进行生产经营，只能在一定程度上进行市场化操作，但教育面向市场却是必须的。比如基础教育，国家要为此提供基本的资源，同时又有一部分人希望并且有能力享受更好的基础教育。这个时候满足这部分要求的就可以由市场来提供，所谓的"贵族学校"就是其表现之一。基础教育尚且可以有一定的市场操作，其他的职业教育、专业培训、高等教育就有更大的市场运作的空间。伴随着我国市场经济的不断发展，教育行业市场化也在逐渐成形。因为学校引入了私人资产，将国家投入与私人投入结合起来，所以教育已经逐渐失去了原来的公共性，它正在从计划经济体系转为一个"产业"体系。这一点在大学上体现得很明显：一方面，大学教育在学校体制方面，公立和私立同时存在，从垄断转向市场化；另一方面，学生通过高考的淘汰后，从享受国家免费教育转向由个人支付部分甚至全部培养费的教育形式。

大学的市场化转变形成了大学的外延型竞争，即在大学的校门以外发生的竞争，使国家垄断教育的局面发生了根本的变化。同时，大学内也形成了竞争态势。首先是国家与国家之间人才的竞争和争夺。例如，欧洲的一部分国家，大洋洲的澳大利亚、新西兰等国家陆续来中国招生，或者和中国的某大学共同经营学校，争夺生源等。其次是各大学之间人才的竞争。各大学通过各种优惠政策来吸引考生：一方面，通过学校的排行榜，以招生广告等形式互相夺取生源；另一方面，通过对优等生减免学费等方面的优待，以高额奖学金招募优等考生。最后是学科、专业的竞争。在这种情况下，大学管理者也要运用企业中的竞争优势理论，使学校在竞争中发挥组织内部最大的能力，享有持续的竞争优势地位。对于教学型大学来说，确立自己的发展方向、树立品牌形象、发展有特色的专业、加强学科的专业建设等都是在学校的战略管理中对竞争优势理论的实际应用，也能够切实地提高学校的竞争力。

此外，竞争的存在将使大学少投入、多产出，或者降低政府投入的成本。因此，大学的竞争必须由外到内，在教育过程中建立综合的、全面的竞争机制，使外部竞争与内部竞争共存，成为大学发展的推动力。

2. 学分制是建立大学教育过程竞争机制的重要手段

教学型大学在外延竞争上运用竞争优势理论，能够在降低成本和吸引生源方面取得一部分竞争力。但大学毕竟不同于企业，学生既是大学的消费者，又是大学的教育对象。因此，把学生培养成何种人才，使学生具备怎样的能力和素质，也是能够使大学在竞争中处于优势地位的一个重要因素。只有把学生这个"产品"生产好了，才能与同行在就业率的竞争中取胜，为自己赢得好的名声。这也是树立学校品牌特色的一种手段，同时也为吸引更多的生源打下了基础。

在大学教学过程中实行完全学分制，形成大学教育过程的竞争机制，既可以充分调动学生的积极主动性，又可以更有效地利用资源，促成大学内部竞争局面的形成，从而优化大学内部机构的核心力量，取得竞争优势。这是因为：

第一，完全学分制与学年学分制不同，它是一个宽进严出的教学体系和教学制度，采用弹性学制。在一些院校，本科生的学习期限为3至8年，这在学生中形成了一种竞争态势，表明成绩不良的学生将延长学习时间，而那些成绩优异的学生可以提前毕业和参加工作。

第二，完全学分制有利于形成学生相互竞争的学习制度，是真正以学生为主体的现代学习体系。在课程设置上，学分制突破了学年制的固定课程结构，突破了学科之间的界限，学生可以根据社会需求和自己的兴趣爱好选择相应的课程并获得学分，真正体现了宽口径、厚基础、广适应等特点。

第三，完全学分制反映了学位制度的竞争性和灵活性。在完全学分制的指导下，学生可以独立自主地选择自己的专业，有足够能力的学生可以选修第二学士学位。优秀的专科生可以直接升入本科，本科生可以直接升读研究生课程，展现学生自主性、主动性和创造性的学习情况，体现学生在整个教学过程中的主体地位，真正实现现代教育思想和教育理念。

3. 以课程为中心是形成竞争机制的重要管理形式

学分制是一个以课程为中心的学习制度，它要求改变原有的行政管理中心，将教学管理和行政管理转变为课程管理，从根本上改变学校各部门的职能，从行政管理转向为学生全方位服务。主要体现在以下5个方面：

（1）以课程为中心，学校需要充分开发课程资源，并提供和开设足够的课程，为学生提供选修课。同时，所有课程都包括在选修范围内，包括原来的必修课程、公共课程和专业课程。学生可以自行选择学校提供的课程和开课教师。

（2）以课程为中心，体现了学校为学生服务的指导思想，体现了教师、学校管理和服务部门之间的竞争。在课程选择中，教学效果差的教师将面临越来越少的选修课，甚至会被淘汰。这迫使教师在教学中提高教学质量，并与其他教师形成竞争关系。在课程中心原则的驱动下，学校必须根据课程的需要和所选学生的数量来引进人才。同时，教学设施、教材等也必须改变原有的订购情况。学校学生管理部门也必须改变管理模式，实行导师指导制度。

（3）以课程为中心，提高了教师为学生服务的要求。由于学分制打破了原来的学年制教学计划，选课成为学生进入大学的第一个重大活动。然而，鉴于目前中学的教学体制与学分制的选修课不相容，学生进入大学后面对数以千计的课程，可能无从下手。因此，导师制是从课程中衍生出来的必然形式，新生进入学校后，学校应立即指定一名导师指导该学生大学的学习和生活，使得新生能够有序地选择课程，形成合理的知识结构，培养自学能力和终身学习的习惯。学生也可以选择导师，促使导师能够不断提高对学生的指导质量和水平，改善导师的工作作风。

（4）以课程为中心，也可以促进专业优化。教育市场化是一种竞争评价体系，它可以通过外在的投入和毕业生就业来指导大学的自身建设，也可以通过学生选择课程给那些夕阳专业和长线专业给予警示。因为学校可以根据学生选修课程的情况和选择课程的学分总数给老师们计算报酬，这样有更多课程被选择的教师将获得良好的奖励，学科就会优于其他学科。

（5）以课程为中心，有助于改进课程内容和教学方法。受学生选择课程的影响，在教学过程中，教师必须努力提高课堂质量。而教师要想提高课堂质量，必须不断改进教学方法、引进新知识、更新教学内容、组织讲授材料，要加强对现代媒体的使用，使课堂教学内容更具洞察力、更直观、更丰富、更生动，引导学生独立思考，提高学生分析问题和解决问题的能力。建构主义学习理论认为，基于问题的教学方法可以促进学生自主学习效果的实现。然而，教学的效果首先应该基于学生而不是教师，因为标准是外在的。当然，有很多教学方法，但教学效果却是共同认定的。因此，以课程为中心将是在教学过程中形成竞争机制的有效途径。

4. 考核是建立竞争机制的杠杆

在教学过程中建立竞争机制，必须让学生评估教师课堂教学质量，落实学校、院系对教师的评价与考核，改变学生学习质量评价标准。在教育市场化的背景下，教师评估是形成竞争教学过程系统的主要方面。同时，建立健全合理的教师评估制度也是优化大学内部资源、保持大学竞争力的一种手段。教师评估与考核分为两个方面：一方面是对教学绩效的评估，是衡量教师教学工作最基本的方面，也是教学型大学着重强调的。另一方面是对教师科学研究绩效的评估。科学研究绩效的评估标准由外部条件和内部条件两方面组成。从外部条件来看，它是科学研究和社会生产相结合。从内部条件来看，它是教师研究对教学的助推力。从评估考核本身来看，学校对科研绩效的评估与考核比较明确，而对教师教学绩效的评估与考核则较为模糊。因此，对教师教学工作的评估与考核是一项相对艰巨的任务，必须考虑到各个方面，使院系评估考核与学校评估考核小组相结合，同时结合学生对教师的评估考核，采用各种加权方法，更公平地反映教师教学的绩效。评估考核教师工作绩效的目的是鞭策落后、激励先进，形成一种奖惩机制，调整少数不适应教学业务的人员的工作岗位，提高培养人才的素质与质量。此外，在教学过程中建立竞争机制还必须改变学生原有的评价标准。学生评价标准直接影响毕业后学生的就业，切实影响学生的自身利益。因此，评价标准对学生学业过程中的竞争起着根本性的指导作用。过去，对学生的评价仅限于考试成绩，未能关注学生各方面的能力和素质。

因此，要改变学生的评价标准，必须注重学生的学习质量、组织能力、道德品质，以及学生思考问题和解决问题的能力。学生可根据学校的服务情况提出自己合理的要求和建议，从而促进学校的教学和管理。

四、教育管理理论

（一）教育管理理论的内涵与演进

教育管理学是一门基于教育学和管理学两个学科的交叉学科，它主要运用教育学和管理学的理论和原则、基本思想，研究教育系统中的教育活动和管理问题，揭示教育管理的一般规律。现代的教育管理是指国家或地方政府对教育系统进行的计划、组织、协调、控制等一系列活动。从管理职能与管理过程来看，现代教育管理主要包括两个方面：教育行政管理和学校管理。此外，教育管理学还涉及众多其他学科，如社会学、心理学、人类学、经济学、系统科学、组织行为科学、计算机科学等。[1] 并且，随着社会、经济、文化、科技的发展，也形成了现代管理理论学派林立的局面。

1. 教育行政管理与学校管理

教育行政管理是指国家各级教育行政部门对学校教育的管理。主要内容包括：实施教育法令，制定教育规章，编制教育计划、教育发展和改革规划，审核教育经费，任用教育行政人员，视导和审查所属单位的工作，协调教育与其他部门和社会其他方面的关系。学校管理是指学校的内部管理，是学校领导和管理者根据教育政策和教育规律，通过一系列协调活动，有效地整合、利用校内外各种教育资源，形成学校组织文化，提高办学水平和教育质量，促进教

---

[1] 黄志成，程晋宽.教育管理论[M].2版.上海：上海教育出版社，2001：5-7.

师专业发展，促进学生全面发展的创造性实践过程。[1] 主要内容包括：制订教学计划，安排教学、科研任务，制定学校规章制度，协调学校各部门的工作，管理学校其他工作，协调学校与社区、学校与社会其他部门的关系。

2. 现代教育管理理论

现代教育管理理论主要来源于管理理论，其主要的理论流派都可以在现代管理理论中找到一一对应的模式。现代管理理论阶段主要指行为科学学派和管理理论丛林阶段。研究团体行为、组织行为和个体行为，重视研究人类心理和行为对组织目标有效实现的影响等是行为科学学派研究的主要内容，行为科学的主要成果有马斯洛（A. H. Maslow）的需要层次理论、梅奥（Mayo）的人际关系理论、麦格雷戈（D. M. McGregor）的"X理论－Y理论"、赫茨伯格（F. Herzberg）的双因素理论等。

20世纪40至80年代，除了行为科学学派的快速发展，许多管理学者从不同的角度对管理学提出了自己的观点与看法。主要的代表学派有管理过程学派、管理科学学派、决策理论学派、权变理论学派、经验主义学派等。这些管理学派有很多不同的研究方法，管理理论也不统一。每个学派都有自己的代表人物，每个人都有自己的概念、理论和方法。哈罗德·孔茨（H. Koontz）称其是管理理论丛林。

美国加利福尼亚大学的教授西里尔·奥唐奈里奇和哈罗德·孔茨是管理过程学派的创始人，该学派认为：无论组织的环境和性质如何，管理者执行的管理职能都是相同的。他们将管理职能分为5类，即计划、组织、人事、领导和控制，并把协调作为管理的本质。孔茨还继承了法约尔（H. Fayol）的理论，使其更加条理化、

---

[1] 范国睿.学校管理的理论与实务[M].上海：华东师范大学出版社，2003：11.

组织化和系统化，这使得管理过程学派成为各管理学派中最具影响力的学派。

管理科学理论是指从系统的角度应用统计学和数学方法以及电子计算机技术，为现代管理决策提供科学依据，通过规划和控制解决企业生产和管理问题的理论。这一理论是泰勒科学管理理论的继承和发展，其主要目标是找到最有效的工作方法或最佳解决方案，并以最短的时间和最少的开支实现最好的效果。

第二次世界大战后，决策理论学派在系统理论、行为科学、计算机程序和运筹学等学科内容的基础上发展起来。决策理论学派的主要代表人物是美国计算机学家、管理学家和心理学家西蒙（H. A. Simon）。决策理论学派认为，管理的核心是决策，管理过程是决策过程。西蒙强调决策职能在管理中的重要地位，绝对理性的人被有限理性的人取代，"最优原则"被"满足原则"取代。

权变理论学派的代表人物是卢桑斯（F. Luthans），系统论述权变管理的代表著作是他在1976年出版的《管理导论：一种权变学》。权变理论学派认为，企业管理应根据企业的内部条件和外部条件而定，并没有普遍适用的"最佳"管理理论和方法。企业管理层应根据企业的内部条件和外部环境决定其管理方法和手段，即根据不同类型的企业、不同的情景、不同的价值观和目标采用不同的管理方法和手段。

（二）现代教育管理理论对学校管理的影响

1. 由重视学校的功能管理转到重视学校的效能管理

在早期教育管理中，管理者研究管理问题的角度主要是学校特有的功能，即学校的社会功能、政治功能、文化功能和经济功能等。学校管理实现学校的功能是通过教学计划、教育过程、课堂内外的活动以及各种形式的教学组织。"有效管理"理论是由美国管理学家德鲁克（P. F. Drucker）提出的，从此掀起了管理学术界的"有效热"。如何提高教育管理的有效性成为教育管理界感兴趣的一个话题。教育管理者将教育功能的目标转变为效能的目标。换句话说，即从"应该做什么"到"如何做到最有效"。学校组织的价值在于它的有效性。目前，学校管理中流行的质量管理、教育评估和目标管理等都是以有效性的大小为管理行为的起点。

2. 由重视部门优化管理转到重视整体优化管理

早期教育管理的工作重点主要是放在部门，只要各部门和团队的工作做得好，整个学校的工作自然会更好。如果部门出现问题，领导者将解决某个部门的问题，这是一种"头痛医头"的方式。这种分工的组织其内部管理非常详细，每个部门都有不同的职责，并且具有不同的权力。例如：人事部门有权招聘、任命、评估、培训和提升教师，但没有权力教学、组织、指导和协调；教学部门有权组织、指导和协调教学工作，但没有人事和财务权力。这种管理具有分工明确、专业性强的特点，但各部门之间易发生矛盾和冲突。当代教育管理理论认为总体目标是最重要的，每个部门在整体上都是不可或缺的，但各自的地位和作用各不相同。为了实现总体目标，领导者在决策论证中应为关键部门提供优惠条件，使其更好，而次要部门只需要保持一定的水平，必要时做出牺牲，将资金和物资转移到关键部门进行整体优化。规划理论、决策理论和对策论在教育管理中是基于整体优化和反对平等主义的原则。

3. 由重视教育管理过程的监督转到重视教职工的自我激励

早期教育管理强调管理职能主要有三大类，即计划、检查和总结，经常对教职工进行监督检查。当代教育管理理论认为，教学过程中教师和学生共同创造质量，而不是被检查强迫。教育管理工作的重点是采用心理导向的方法让教职工追求完美，激励教职工自觉开拓进取，外部激励被深化为内在的自我激励，这也是管理主体的变化。

4. 由重视教育管理的规范化、制度化转到重视灵活管理

早期教育管理非常重视管理工作的标准化、制度化和规范化，因此有遵循的规则和法律，但是没有足够重视特殊或非常规工作的管理。当代教育管理理论认为，教育存在于一个复杂多变的外部环境中，不断变化的不稳定因素往往会打破既定的平衡、秩序和稳定。为了能够适应这种不断变化的环境，教育管理者必须有权变观念和想法，对不同类型的人和事采用不同的处理方法，以达到最佳效果。

5. 由重视行政管理方式转到重视行政方式与科学手段相结合

早期教育管理大多采用行政管理方法，上级的指示、法律、法规以及决议被用作管理行为的基础，并强调组织内外的职责、权力和利益之间的关系。当代教育管理理论认为，有必要采用行政管理方法进行管理，但这种方法有其局限性。因此，我们有必要将行政方式与科学手段相结合，把管理对象作为科学研究对象，对每个人都采用教育预测量、教育调查、教育统计、教育测量、教育诊断、教育实验、教育评估等技术和方法，并将定性分析与定量分析相结合，寻求教育管理中的新方法。

（三）教育管理理论在教学型大学战略管理中的应用

21世纪是一个充满挑战的时代，一方面，社会知识化与信息化的不断发展与深化，导致组织环境快速变化；另一方面，大学的学科专业继续细化，追求大学教育的专业化和办学效益的提高仍将是一种趋势。在这种情况下，教育管理如何做出新的应对措施，既是对教育管理学继续发展提出的问题，也是大学有效发展所必须面对的问题。尤其是教学型大学，如何在国内外高等教育逐渐市场化的趋势下获得稳定的发展呢？答案只能是充分有效地利用教育管理理论，在教学型大学的管理中实行创新性的、战略性的管理。

1. 制订战略性的管理计划和目标

建立企业使命是企业战略管理的一个重要方面，根据企业的内部运营因素和外部环境设定企业组织目标，确保目标的正确实施，最终完成企业的使命。对于教学型大学来说，实施战略管理也要认识到时代发展和大学发展的总趋势，把握大学发展的方向和道路，研究大学发展的前景和规划，明确定位，制订可行的、可持续发展的大学短期、中期和长期计划。要预见未来社会对人才素质的总体需求，结合学校特点，确立全面的、有特色的培养目标。同时，重视对教师队伍的建设和管理，根据大学的整体发展战略，分析学校师资的现状和需求状况，把师资的管理作为制订和实施战略计划、目标的一项重要内容。

2. 实行信息化管理，将大学创建为学习型组织

信息化要求大学更快地适应市场需求、响应市场变化、传达相关主题，不断适应形势变化、调整自我；不仅要调整组织结构和组织过程，还要改革和影响组织运作的各种内部因素，包括组织思维模式、价值观、基本假设和目标。对教学型大学来说，如果没有持续的学习，学校就没有发展的前景。因此，要把教学型大学建设为学习型组织。

在管理决策方面，要注重提高管理者的决策水平和工作效率，提高决策的科学性、可靠性，建立一个整体处理大学与其外部环境相互关系的战略性的动态信息系统，实施信息化管理，及时做好沟通工作。此外，传统的大学机构是一个机械型组织，其特征是：相对封闭；对环境的适应性差；过分强调明确、独立的职能和分工；上下级层次和管理层次多，组织权力结构集中；缺乏纵向的沟通和协调。因此，在管理组织方面，必须加快再造项目，减少管理层次，彻底更新管理流程，加快信息传递和反馈，提高管理效率，充分利用信息技术来提高大学的整体管理水平。具体可以采取以下措施：

利用互联网等现代技术及时了解各种教育的新理论、新观念和新信息；提高及时地收集、加工、处理和利用各种信息的能力，把信息贯穿于大学管理工作的全过程，了解外部竞争环境的变化，准确评估本校面临的机会和威胁，正确分析竞争态势，及时调整管理规划；广泛开展与其他大学的交流与合作，互相交流信息，取长补短，提高资源的有效利用。

3. 优化资源配置，提高竞争实力

哥伦比亚大学教育学院的莱文教授在2002年的中外大学校长论坛上提出了"替代增长"的概念。其基本含义是用有价值的活动取代无价值的活动。学校必须学会合作，学会放弃，并学会将资源用在最具潜力的方面。因此，如何在资源不足的情况下优化资源配置、提高竞争实力也是教育管理理论在教学型大学战略管理中实际应用的一个重要内容。资源的优化要从效率出发，合理安排。在资源的使用上，要力求达到资源共享，使有限的投入最大限度地发挥其应有的效用。在设备资源上，要打破部门所有制，尽可能地减少重复购置，整合调控，促进资产存量优化配置。在人力资源上，力求规范与灵活相结合，把教职工教学、科研、社会服务的潜能充分发挥出来。同时，树立开放办学的观念，实现学校资源的社会化。在教育资金方面，要重视资金利用的科学安排，加强对资金的监控力度，提高资金的运营效率和效益，实现资金收益最大化。

4. 重视人的因素，实行民主管理

"以人为本"是科学发展观的基本价值取向，也是大学改革和发展的核心思想。在大学管理中，要重视人的因素，正确认识、评价和充分发挥人的价值与人的主观能动性；要认识到所有教职工都是大学利益共同体中的成员，大学的发展有赖于教职工创造性智慧的发挥。在实际的管理中，不是采取由上到下控制导向的传统管理模式，而是采取鼓励教职工对工作认真思考，促使他们自觉和自主工作的模式，强调团队文化和人人参与，强调合作精神和社会责任，并实行民主化的管理。对于大学领导来说，要以人为中心，注重开发人的潜力，不断追加对教职工的人力资本投资，引导教职工增强责任感和使命感，提高民主意识，并为民主管理提供良好的政策环境。

五、本章小结与创新

教学型大学战略管理的理论基础是系统论、组织行为理论、竞争优势理论和教育管理理论。按照系统论的观点，教学型大学也是一种开放系统。在教学型大学战略管理中运用系统原理，就要实行全方位统筹优化，实行目标管理，内部管理要构成一个闭合回路。按照组织行为理论的观点，教学型大学是二元权力结构的组织，是高度异质化的组织，是高度趋同化的组织，组织结构具有"松散关联"的特点。按照竞争优势理论的观点，大学的市场化形成了教育在外延上的竞争，学分制是建立教育过程竞争机制的重要手段，以课程为中心是形成竞争机制的重要管理形式，考核是建立竞争机制的杠杆。教育管理理论整合了以上三种理论的观点，为教学型大学战略管理提供了战略性发展方向，指导其资源配置的优先顺序，促进组织的变革，提供管理控制与评估的基础。

本章的创新点在于全面深入地分析了教学型大学实施战略管理的相关理论，分析说明了这些理论对教育管理以及教学型大学战略管理的影响和指导意义，以更广阔的视角论述了我国教学型大学实施战略管理的客观必然性。

第二章

我国教学型大学的战略环境分析

战略环境分析是指一个组织通过对其所处的内外部环境进行扫描、综合分析和评估，以识别该组织对于其竞争对手所具有的优势、劣势以及所面对的外部机会和威胁的过程。教学型大学战略环境分析主要是对特定战略时期（一般指3—5年或更长一段时间）教学型大学的内外部环境进行综合调查、分析，确定这些因素对教学型大学战略过程的影响，从而为教学型大学的战略管理过程提供指导的一系列活动。教学型大学战略环境分析主要包括教学型大学外部环境分析和内部环境分析。环境分析的目的是使教学型大学在制定和实施战略管理措施时，更清楚地了解哪些因素会影响到教学型大学未来的活动，并了解这些影响因素的性质，以便及时应对，保证教学型大学的战略管理相对稳定。

一、教学型大学外部环境分析

（一）教学型大学外部环境的构成及意义

1. 教学型大学外部环境的构成

教学型大学外部环境是指存在于教学型大学周围、影响教学型大学战略管理活动和发展的各种客观因素的总和。这些因素一般不在教学型大学决策者和管理者的短期控制范围内，但又实实在在影响着教学型大学办学活动的开展和办学的直接效果，是教学型大学进行战略管理的依据和条件。

教学型大学的外部环境是一个多维度、多层次和多主体的发展和变革体系。由于研究环境的任务、目的和要求不同，因此划分环境的方法也不同。一般说来，外部环境包括外部宏观环境与外部特定环境两大部分。外部宏观环境是指一般办学环境因素或力量，这些因素对大学短期办学活动影响不大，但对大学长期办学决策会产生深刻影响和制约，主要包括政治法律环境、经济环境、科学技术环境和社会文化环境。外部特定环境是指直接影响教学型大学办学活动，同时也受这种办学活动影响的外部因素或因素的集合，主要包括行业环境和自然环境两个方面。（见图2）

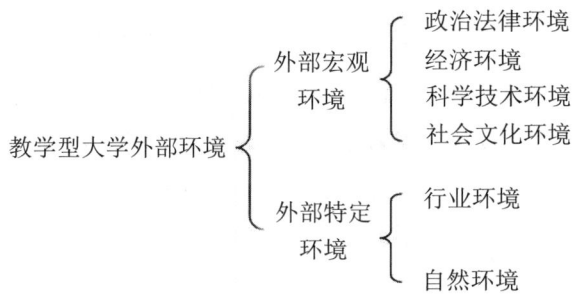

图2　教学型大学外部环境的构成

这些外部环境因素就是教学型大学外部环境分析的主要内容。教学型大学的办学活动受外部环境的影响和制约，但由于这些环境及其所包含的因素对办学的影响不尽相同，有的产生直接影响，有的产生间接影响，而且各种环境因素之间也经常相互影响，从而形成了大学与外部环境的复杂关系。对于一个特定的教学型大学来说，因其所属主管单位、专业特点不同，办学规模、人才培养方式不同，毕业生去向不同，所处地理位置不同，其特定的环境因素也会不同。因此，进行环境分析时，必须深入了解教学型大学外部环境的总体结构，以便根据教学型大学的自身特点和需要，选择并重点分析对教学型大学的办学活动影响较大的因素。

2. 外部环境对教学型大学的影响

在现代社会里，教学型大学的外部关系已经伸展到社会生活的各个领域（包括科技领域、文化领域、生产及流通领域、政治领域、军事领域等），在社会中已经很难找到没有大学活动踪迹的角落。就大学与产业的关系而言，许多教学型大学已经突破了同主管部门和对口行业的单一关系，形成了"吃百家饭"的格局。教学型大学高墙深院的形象正在改变。既然现代教学型大学的活动范围愈来愈广泛，那么，其外部环境对教学型大学的影响力和制约力无疑也将愈来愈大。在市场经济条件下，某些外部环境的变化将对教学型大学的生存和发展产生巨大的影响。外部环境对教学型大学的影响有两种：一种是外部环境的变化给教学型大学带来不利影响，这种影响常会对教学型大学的办学活动及生存和发展构成威胁。如 20 世纪 80 年代末，随着国家对地勘行业的调整，地勘行业对大学毕业生的需求量锐减，这样，新中国成立初期建立的一大批地质院校及综合性大学地质系的毕业生供给远大于需求。面对十分严峻的就业形势，相当一部分地质专业的毕业生不得不改行，重新学习工作所需的知识，从而造成极大的浪费。地质院校的办学活动也因此受到很大冲击，举步维艰，陷入招生难、分配难的困境之中。许多院校不得不进行专业调整改造，以适应形势的发展。而专业改造和新学科群的建设又受到师资、财力、实验设备、图书资料等多方面因素的限制，这就使学科单一的地质院校的生存和发展处于重重困难之中。另一种是外部环境的变化对教学型大学的发展产生有利的影响。如随着国家的改革开放，科学技术迅猛发展，在科教兴国战略方针的指导下，扶持高新技术产业园区的一系列优惠政策和措施相继出台，不少大学利用这种有利环境，抓住时机发挥优势，根据现代社会中教学、科研、生产一体化的规律，成立了学校产业集团，取得了明显的经济效益和社会效益，办学效益随之大大提高，同时也提高了教师队伍的素质。

对所有大学而言，外部环境的机会和威胁所产生的影响和制约是客观的、经常发生的。教学型大学战略管理的任务，就是正确识别外部环境对教学型大学是机会还是威胁，做到善于寻找和利用各种有利机会，及早发现并有效控制各种不利环境的威胁，努力适应外部环境的变化，避免或减少由环境变化所带来的损失。

需要注意的是，从动态的观点看，外部环境的机会与威胁也在不断变化，有时还可以互相转化。当教学型大学不能及时把握住有利机会时，就可能对教学型大学构成威胁；反之，当教学型大学遇到外部威胁时能及时避免，实施有效控制和处理，威胁也可能会转化为机会，为教学型大学的发展提供良好的条件。如我国的师资培养已经由独立的教师教育院校为主的定向型师资培养体系转为非定向型师资培养体系，即师资的培养不单由教师教育院校来完成，综合性大学同样可以培养师资。所以，无论综合性大学还是教师教育院校，都应该及时把握机会，制订专业调整计划，实施新的办学战略，以适应这一客观环境的变化。

3. 分析教学型大学外部环境的意义

教学型大学是开放的系统，其活动和管理不可避免地会受到客观环境的影响和控制，分析和研究教学型大学外部环境，对教学型大学的办学决策具有十分重要的意义。

（1）有助于根据外部环境的变化制定正确的发展战略

通过外部环境分析，教学型大学决策管理人员可以敏锐地观察环境的变化，了解党和国家的路线、方针、政策、法规的精神和内容实质，了解国内外政治、经济、科技等的发展动向，了解人才市场的需求和供应情况及其发展的趋向，从而使教学型大学办学决策具有扎实的客观基础，避免决策管理人员主观片面思想的影响，并根据外部环境的变化制定发展战略，保证决策的正确性。

（2）有助于及时把握外部环境发生的变化

通过外部环境分析，教学型大学可以在外部环境发生变化时准确地把握这些变化，及时做出相应的决策，开展既适应外部环境又有利于学校成长、发展的办学活动。即在外部环境出现了有利于教学型大学的条件时能及时了解这种信息，适时采取措施，把握机遇，以达到更高的办学目标；当外部环境对教学型大学构成威胁时，能敏锐地掌握环境的变化，及时调整战略，避开威胁，减少损失。

（3）有助于做出比较稳定的决策

通过外部环境分析，教学型大学可以在复杂多变的外部环境中以小变应大变，在调整中求稳定。教学型大学的办学活动必须随着外部环境的变化及时进行调整，但外部环境的变化是频繁而迅速的，如果教学型大学也像外部环境的变化那样频繁地进行调整，就会使教学型大学的办学活动处于极不稳定的状态，是不利于教学型大学的成长和发展的。因此，教学型大学的决策者应高瞻远瞩，做出比较稳定的、符合外部环境长远趋势的决策。

（4）有助于把握未来环境中的不确定因素

通过外部环境分析，教学型大学可以深入探讨未来环境中的不确定因素，决策者可以在对教学型大学外部环境深入调查研究的基础上，探索未来环境的发展趋向，树立超前意识，做出长远预测，提前做出准备和规划，创造条件以改善并适应外部环境。

（二）教学型大学外部宏观环境分析

教学型大学外部宏观环境中包含许多战略要素，但影响较大的环境因素有政治法律、经济、科技、社会文化4个方面。教学型大学与这4个方面的因素存在着相互联系、相互作用、相互制约的关系。

1. 政治法律环境

在教学型大学的外部宏观环境中,政治法律环境对教学型大学的影响最大。现代大学的办学活动受政治及法律的影响是多方面的,政治制度、管理体制、法律规章都会影响到教学型大学的办学及战略发展。

(1) 政治因素影响、制约和决定教学型大学的生存和发展

政治是一种重要的社会现象。教学型大学宏观环境的重要组成部分是政治因素及其运行状态,它是影响、制约和决定教学型大学生存与发展的非常重要的外部环境因素。教育的阶级性决定了政治制度在教育中起着决定性的作用。它体现在国家机构的法律、行政法规、监督和指导以及教育政策上。政治因素对学校教育生态环境的影响有3种形式:一是规定学校教育义务的强制性法律手段,如《中华人民共和国高等教育法》中关于改变课程计划和学年制度的规定;二是限制性条款制约教育,如从社会的总体需求和全局角度出发,加强职业技术教育,协调教育与政治、经济和社会发展之间的关系;三是鼓励发展教育的措施,如改革学校的办学体制。政治因素抓住了国家教育的生命线。一个社会的政治目的制约着教育的目的,在一定社会中,具有政治取向和意识形态的人的培养是由这个社会的政治制度决定的。具体地说,政府可以通过制定相应的法规和政策影响教学型大学的办学活动,以此增加教学型大学发展的机会,或者限制教学型大学的某些行为并对大学的发展构成威胁。

同时,代表国家政权的政府至少可以从5个层面对教学型大学施加影响:人事任免、财政投入、行政许可、规范制约以及评价评估。显然,建立教学型大学制度的决定性因素是从政府的角度推动,然而约束或限制政府对大学的影响则是真正意义上现代大学制度的需要,这构成了一个根本的矛盾。

（2）法律环境对教学型大学起着规范、制约和引导作用

教学型大学的法律环境是指与教学型大学相关的社会法制系统及其运行状态。它规范、制约和引导教学型大学，要求教学型大学的一切办学活动都必须符合人民和社会的根本利益，有利于社会主义市场经济的发展，为社会主义事业培养建设者和接班人。

一些政治法律规章和政策措施可以为教学型大学的办学活动提供更多的有利机会，如1992年第4次全国高等教育工作会议提出"规模、结构、质量、效益协调发展"的方针，根据当时的规划，到2000年普通高等院校在校生将达到350万人，这样就为教学型大学的发展提供了良好的契机。国家关于校办产业的有关优惠政策也为科研成果转化为生产力、兴办高新技术产业、增加资金来源渠道创造了有利的条件。同时，一些政治法律规章及政策也会影响、限制教学型大学的生存和发展，如有关教学型大学办学规模、办学效益的政策也会对规模小、效益低的教学型大学的生存和发展构成很大威胁。

为了促进教育与社会的同步发展，教育决策必须坚持科学、民主和务实的原则，以减少教育的政策失误。由于政治条件的不同，影响教学型大学生存与发展的其他社会因素也会对教学型大学产生不同的影响。

综上所述，教学型大学必须认真分析和及时把握政治法律环境及其变动趋势，寻求政府政策、法规提供的有利时机，同时确定政治法律环境对教学型大学战略的限制条件。

2. 经济环境

经济环境是指影响教学型大学生存与发展的社会经济形势和国家经济政策。社会经济形势包括经济要素的结构、性质、变动趋势、水平等诸多方面。国家经济政策是国家履行经济管理职能、实施国民经济发展战略、规范宏观经济水平和结构的指导方针。

教育与经济相互影响，相辅相成。教育为经济提供了动力，人才的经济选择影响着教育的发展方向。市场经济的市场调节、等价交换、竞争机制等规律对教育价值观、教育发展观都有着深刻的影响，德行与能力的矛盾、功利与价值的矛盾、自我性与社会性的矛盾从某种意义上说即是这些规律的反映。因而，为了适应市场经济的发展，教育必须突破矛盾，实现德能统一，在教育关系、知识结构、人才素质上，正确处理好伦理关系与经济关系、基础与应用、功利与理想的矛盾，实现自我与他人、自主与自律、社会至善与个体至善的完美统一。

当经济发生变革时，教学型大学的办学活动也必将随之发生变化。因此，要研究经济规律与高等教育规律的作用机制，探索教学型大学的自适应规律。对于经济环境分析，主要应从以下3个方面考虑：

（1）经济发展水平

经济发展水平是指一个国家经济发展的速度、规模和成就水平。经济发展水平高，对各类人才的需求也大，人民群众要求接受高等教育的愿望将更加迫切，这将有效地促进教学型大学的发展。反之，教学型大学的发展将受到严重影响和限制。

（2）产业结构变化

产业结构属社会经济结构的内容之一，产业结构变化是直接影响大学制订战略规划的重要经济因素。随着我国高新技术产业的不断发展、产品技术含量的迅速增加，企业不但需要大量高级技术人才和管理人才来有效地运用新科学、新技术开发附加价值高的新产品，而且更需要大量高素质的技术人员。教学型大学是培养高级专门人才和技能型人才的场所，其专业结构的调整必须适应企业产业结构的变化。

（3）通货膨胀及办学成本

通货膨胀严重及原材料成本上涨，无疑是困扰教学型大学发展的不利因素。通货膨胀严重时，物价飞涨，必将严重影响教学型大学仪器设备和图书资料的更新，而原材料的成本上涨必将导致产品的价格上扬，在教育投资不足的情况下，随着教学型大学办学成本的增加而毕业生又不能作为"商品"进入市场，教学型大学生存和发展的困难也将加剧。

需要说明的是，上述经济环境对不同类型的教学型大学的影响是不同的，有的因素可能对某些教学型大学非常重要，而对另一些教学型大学则无大影响。经济环境中某些因素的改变对一部分教学型大学可能是提供了发展机遇，而对另一部分教学型大学则可能是致命的打击。教学型大学的决策者一定要明确何种经济因素是制约教学型大学发展最重要的因素，从而及时准确地预测经济环境可能发生的变化及其影响，制定针对性的发展方略，实现自身的发展目标。

3. 科学技术环境

当今世界正处于技术革命的变革时期，科学技术的急剧性变革不断出现，知识的更新速度明显加快，"知识爆炸""信息爆炸"是当今时代的一个重要特征。作为人类知识保存、传播和创造的中心，教学型大学必将体现这个时代的特征，并始终受科学技术环境的影响和制约。教学型大学的课程体系和教学内容必须及时快速地增加新的内容，反映科学技术的新发展，建立新的学科（群）。由于知识的快速积累，即使是传统的基础课程，也必须改变原来的体系。这就要求教学型大学提高其获取信息和知识的能力。教学型大学不可避免地要建立信息网络和国际信息高速公路，建立现代化的信息获取手段。为使教学和研究适应科学技术的发展，教学型大学必须注重更新设备和仪器，但这无疑会增加投入。

现代信息技术的应用也对传统的教学方法和办学模式产生了巨大的冲击和影响。"教师讲、学生听"的传统教学方法长期以来一直没有得到维持,个别化和个性化教学将成为一种必然的发展趋势。教学管理方法和教学组织也发生了变化。未来教学型大学将由之前的学校选择学生转变为不仅有学校选择学生,更有学生选择学校和教师。信息技术和高技术的发展将使教学型大学必须在教学观念、教学思想、组织和管理方面做出适应性调整。所有这些都对世界科学技术和经济社会产生了巨大影响,同时也给教学型大学的办学活动带来了前所未有的机会和挑战。

随着科研技术转化成产品的周期缩短和速度的明显加快,教学型大学必须采用现代教学方法和手段,建立新的课程体系和人才培养模式,以适应科学技术对人才的需求。现代科学技术既向高度分化的方向发展,也向高度综合的方向发展,从而导致了边缘学科、交叉学科的不断出现,这就要求教学型大学的学科建设、专业设置必须随之进行调整改造。一些基础薄弱、规模较小、学科单一的教学型大学将面临严峻的考验。科学技术的飞速发展无疑为现代教学方法的改革提供了可能,如计算机辅助教学(CAI)等。但要求设备的增添、专业的调整、教师队伍素质的提高和人员的精简等,也将使某些教学型大学处于困境之中。

一种新技术的产生与出现有时会形成一门新的学科(专业),但与此同时又摧毁了另一门相对落后的学科(专业)。因此,教学型大学必须预测科学技术的发展及转化更新的趋势,预测科学技术环境的发展变化,并根据这些变化不断进行学科(专业)和人才培养模式的调整,才能蓬勃发展。

4. 社会文化环境

(1)人口因素

中国作为世界第一人口大国,只有发展教育,努力提高全民族的素质，才能把沉重的人口负担转变为社会资源。随着国民经济建设的发展，社会对人才的需求将会增加，对高等教育的需求也将不可避免地增加。通过接受高等教育来提高人们在未来社会中的竞争力，改变人们的社会地位和形象，成为人们的共同需求。与此同时，世界高等教育的大众化趋势也刺激了外界对这种需求的增长。目前，我国高等教育总规模已达2000万人，毛入学率达到了19%。在2005年亚洲教育北京论坛上，教育部部长周济在主题演讲中明确表示，中国将继续推进高等教育的普及，在2020年实现高等教育的毛入学率达到40%的目标。在我国高等教育大众化发展的过程中，教学型大学发挥着举足轻重的作用，需求拉动和规模扩张将为教学型大学的发展提供有利的外部环境。但在教学型大学产生规模效应的同时，又受到投入和就业的制约，同时，生源质量的下降及生均经费的减少也必然会对教育质量产生不利的影响。面对这种需求压力，教学型大学必须制定相应的战略对策。

（2）人力资源开发

根据《2004年全国教育事业发展统计公报》，2004年，基本普及九年义务教育、基本扫除青壮年文盲的县（市、区）达到2774个，人口覆盖率从2000年的85%上升到93.6%。随着社会经济的不断完善和发展，中国的农村教育和文化教育也面临着许多新问题。由于国力相对落后、人口众多，中国大陆依然有许多成人文盲，其中包括青壮年文盲。还有一些地区尚未普及和推广九年义务教育，几乎都集中在西部较贫困的地区。农村教育最重要的任务依旧是大力推进西部"两基"攻坚任务。粗略估算我国知识分子为2000万人，约占总人口的2%－2.5%，而这其中经过大学教育的知识分子所占比例则更低。职工素质低下，已成为我国经济建设迅速发展的瓶颈。而对于教学型大学的发展来说，人力资源的匮乏必然导致生源质量的下降，进而影响教学型大学的整体发展水平和社会服务的质量。

(3)对大学毕业生及继续教育的新需求

随着社会主义市场经济的发展,我国人民的生活方式及工作方式都发生了较大变化,迫切需要不断研制生产新的生活资料和生产资料,这就要求教学型大学必须培养出基础宽厚扎实、综合素质较高、创造性较强、适应各种工作环境的应用型、复合型人才,以满足社会发展的需要。教学型大学正是培养此类人才的摇篮。更深入地了解社会的新需求,主动调整人才培养方案,培养出适应社会需求的人才是教学型大学刻不容缓的任务。

(4)价值观

价值观是社会文化环境的重要因素。改革开放以来,西方文化及其价值观不断涌入全国,高校是首先受到影响的学校。大学生中的"弗洛伊德热""尼采热",教师中的"经商热""下海热"以及高等教育界的"教育市场化""人才商品化"等都给教学型大学的教育教学工作带来很大冲击。如市场经济条件下,人们的价值观有了变化,参加高考的学生选择专业十分慎重。因此,教学型大学所设的专业,会直接影响学校的生源和就业。同时,大学作为人类文化和文明的集中反映场所,各种文化观念和思潮将不断涌入,为保证国家和社会的长远利益不受损失,保证国家建设和发展急需人才的供给,教学型大学必须采取适当的优惠政策和教育方法,加强对学生世界观、人生观、价值观的教育。

(三)教学型大学外部特定环境分析

外部特定环境是指直接影响教学型大学办学活动的环境因素。一般来说,教学型大学外部特定环境包括行业环境和自然环境两个方面。

1. 行业环境

行业环境是指整个教学型大学所面临的共同环境。经过近几年来的努力，我国教学型大学总体规模得到稳定发展，体制改革不断深入，长期以来的"条块分割"的隶属关系已经淡化，不同行业和地方所属的院校通过联合、共建使办学效益、学术水平、教学质量都有了较大提高。尤其是普通高等学校本科教学工作水平评估的启动，进一步推动了教学型大学的内涵建设，其主管部门也注重加大对所属教学型大学的资金投入，各教学型大学之间的竞争也愈加剧烈。

在现今乃至之后相当长一段时间内，教学型大学办学经费短缺无疑是制约其发展的最主要的因素。教职工工资增加，使人员性支出所占总支出的比例正在增加。20世纪80年代早期，在高等教育方面，学校人员性支出约占学校支出的40%，到90年代则达70%甚至更高。同时，现代化教学设备和手段的应用、物价上涨等因素都使得教学型大学的办学成本不断增加。解决办学经费短缺的问题，单纯依靠政府财政投入是不符合实际的。近年来，扣除价格上涨指数后，每所教学型大学的生均经费没有增加，有的年份甚至出现负增长。因此，有必要扩大经费来源渠道，通过发展校办产业等途径来解决困扰教学型大学发展的关键问题。

在全国高等教育大环境相似的情况下，不同行业所属的教学型大学及同行业不同的教学型大学的特定环境对学校的发展有着很大的影响。在国民经济发展中处于上升状态的行业，对人才需求量大，质量要求高，同时经费来源渠道也较多，经费较充裕，有助于所属教学型大学的发展。反之，萎缩行业所属的教学型大学则举步维艰。即使是同一行业的教学型大学，由于其在行业内的地位、所处的地理位置不同，其生存和发展的条件也大不相同。在目前情况下，行业内实力相当的教学型大学的竞争将是最主要的竞争。因此，要认真分析其所处的行业环境，正确定位，充分有效地利用学科优势及大学所在地区的有利条件，将学校发展和行业及区域经济发展有机地结合起来,只有这样,才能促进学校发展。由此可见,在高等教育部门中,各个教学型大学要正确地制定办学战略,就必须对高等教育的大环境即行业环境进行深刻分析。

高等教育的特性决定了除高等教育行业中现有各大学之间的竞争外,其他因素是很难存在的。在我国,大学之间是相互影响的,一所大学采取某种竞争性行为必然使其竞争对手产生强烈反应,并采取某些积极或消极的行动以避免或减少该大学带来的威胁。就教学型大学来说,学校间竞争的激烈程度取决于两个因素:①竞争者的数量和能力。大学数量越多,竞争越激烈。随着我国高等教育体制的改革,大学的数量将逐渐减少,但处于势均力敌地位的教学型大学之间的竞争将更加激烈。②竞争者的办学战略。如果竞争对手从战略上特别重视生源数量和质量、设备仪器的更新改造、师资队伍的建设、资金的获取、人才市场占有份额等,则这类教学型大学之间的竞争必然激烈。

2. 自然环境

自然环境包括地理位置、气候、资源、自然灾害等各种因素。这些因素在一定程度上也会对教学型大学的办学活动产生影响。

中国的经济区域分为三个部分:东部、中部、西部。东部,特别是东部沿海地区,在国家的支持下,利用政策优势、开放优势、投资优势、外资优势、产业优势和自然优势,使经济高速发展,从而为教学型大学的办学创造了有利的外部环境。而我国中部及西部地区经济发展则相对较慢,尽管近年来国家在政策上给予了许多优惠条件,但由于自然条件所限,经济发展仍存在许多困难,这就使处于这些地区的教学型大学在发展上受到限制和影响。这种由于地理位置所造成的区域经济上的差异直接影响了教学型大学的办学活动。如许多考生愿意报考东部沿海城市的大学,而且教学型大学中许多优秀教师也愿意到东部沿海地区去寻求发展。

教学型大学是位于城市还是乡村，是位于大都市还是中小城市，这对其发展有很大的影响。大都市有信息量大、交通便利、通信方便、生活设施齐全、人文环境良好等许多有利于教学型大学发展的条件，而任何中小城市的教学型大学的发展将会受到许多不利条件的限制。

气候条件对许多教学型大学的办学活动都有着很大的影响，如恶劣的气候环境会给教学型大学的生活和教学活动带来诸多不便，许多考生及教师都会因气候及生活不适应而另择他校。因此，宜人的气候将成为教学型大学发展的良好条件。

总之，认真分析自然环境的影响是十分重要的，教学型大学的决策者应全面分析自然环境，以确定办学的机会与威胁。

（四）教学型大学外部未来环境的预测

对教学型大学未来外部环境进行预测，在教学型大学进行未来外部环境分析及制定教学型大学发展战略时具有重要地位。环境分析就是为了预测和适应办学环境的变化，以制定未来的发展战略。而环境预测则是提供办学战略决策所需信息和客观依据的必不可少的环节。教学型大学成功的办学活动取决于对学校外部环境因素做出全面的、恰当的综合分析，而这综合分析又依赖于对环境因素做出较为准确、恰当的预测。在当今迅速变化的世界中，能否预见并适应环境的变化直接影响到教学型大学的生存和发展。市场经济条件下，作为面向社会自主办学的教学型大学，必须根据预测和一系列有关未来的假设制订未来5—10年的中长期发展战略规划，以适应新的形势要求。

1. 外部环境信息的收集

进行环境分析及预测的首要条件是必须充分调查现存外部环境的状况，尽可能地大量收集有关的战略信息，以便为有效地进行战略决策提供依据。

外部环境信息的获取应主要依靠国家和地方统计部门公布的统计数据。此外，上级召开的各种会议、教学型大学积累的公开和内部的资料，以及其他各种口头信息均具有不可忽视的作用。尽管目前要取得系统的、正确的环境信息仍存在较大困难，但随着国家、社会对信息的日益重视，信息来源缺乏的状况必将有较大的改观。制定教学型大学发展战略必须尽可能地占有大量资料，获取有关信息。

外部环境信息的来源一般可分为口头信息和书面信息两种。口头信息来源主要包括：广播媒体（如收音机、电视等），教师和其他教学型大学的同行，人才市场和用人单位对毕业生需求的反馈，政府和科研学术机构人员，咨询顾问人员，等等。书面信息来源主要包括：各种统计公报和资料，各级政府及主管部门的文件和报告，有关高等教育的各种报刊或学会出版物，各种教育手册、年鉴，其他各竞争大学的相关材料，等等。

为确保战略决策人员及管理人员能够及时获得可靠、适用、系统的有关战略信息，教学型大学应建立综合的战略决策支持系统。通过计算机处理，将各种分散繁杂的信息源有机地联系起来，形成自动传递和反馈的综合信息系统，以便为准确、及时、有效地预测外部环境提供信息，制定未来发展战略。

2. 外部环境变量的预测选择

对教学型大学产生影响的外部环境因素是十分复杂的。对影响教学型大学未来发展的外部环境因素进行预测，是应由教学型大学高层领导人判断决定的问题。对教学型大学的发展有影响的外部环境变量很多，因此，应特别注意选择对教学型大学有重大影响的、发生概率很大的环境因素进行预测，忽略那些对教学型大学未来发展影响不大而且发生概率也不大的环境因素，根据实际情况，把预测对象的环境关键变量压缩到很少几个。预测外部环境变化主要包括：预测国民经济发展的趋势，预测科学技术发展的趋势，预测人才市场需求的趋势，预测竞争对手发展的趋势，预测国际经济发展的变化。

外部环境预测的任务就是预测环境由现在到将来的发展变化趋势，这就需要预测人员必须具有敏锐的观察能力，合理地进行假设，由此及彼，由表及里，去粗取精，去伪存真，正确地进行判断。

需要注意的是，在正确预测环境变化时，除注意选择环境关键变量及有效地利用现有政治、经济、科技变化预测成果外，还要选择正确的预测方法。一般说来，政治、法律、技术、社会文化因素预测可采用定性或主观预测方法，人才需求量及经济方面的预测则多采用定量或定性与定量相结合的方法。

3. 外部环境的预测方法

环境预测是在获得的各种信息和资料的基础上，运用科学的方法和手段，经过分析研究，掌握外部环境中某些主要因素未来的变化趋势，为教学型大学正确地做出办学决策和制定发展战略提供依据。预测方法种类繁多，据美国斯坦福研究所的统计，共有150多种，但对于教学型大学来说，主要可分为定性预测和定量预测两大类。

（1）定性预测

定性预测的方法通常是采用直观材料和靠个人经验来主观判断事物的未来发展趋势，主要有德尔菲法、头脑风暴法、远景方案法。

① 德尔菲法

德尔菲法亦称专家调查法。德尔菲是希腊一座美丽的古城的名字，是传说中阿波罗神殿所在地。在希腊，阿波罗神被人敬为众神之首，既是太阳神，也是预言之神。传说众神每年都要来德尔菲聚会，以预测未来，德尔菲法由此而得名。该方法是美国兰德公司于

20 世纪 40 年代末开发出来的一种预测方法，它是针对所要调查的问题（主要是对影响未来发展的技术和市场等长期变动问题），先选择一组相关专家（通常 15—20 人为宜），然后向他们提供问卷和一些背景信息，并反复寻求专家的预测。经过几轮的调查，当专家的意见趋于一致时，即汇总调查资料并获得预测结果。

德尔菲法的实际调查包括以下 5 个具体步骤：一是提出要求。也就是说，向专家提出明确的预测问题和预测目标，并提供有关问题的背景信息。二是进行预测。即要求每位专家根据他已掌握的资料，提出初步预测意见，并说明是怎样结合这些资料进行预测的，以及为了完善初步预测，还需补充哪些资料。三是修改预测。即要求每位专家根据收到的补充材料（主要是其他专家的预测意见）修改自己原来的预测，并可提出新的要求。修改预测可进行若干次，当专家意见趋于一致时则可转入下一步骤。四是最终预测。即要求每位专家在前几次预测的基础上，根据全部资料重新审理，做出最终预测并说明预测的依据。五是归类整理。最终预测完成后，由调查人员对各位专家的预测意见进行统计，归类整理成报表或文字报告。

运用德尔菲法时应注意 3 个问题：一是匿名。德尔菲法不把问题公开提出进行讨论，而是要求专家们以匿名的方式提出书面意见。二是反馈。也就是说，咨询是一个重复的过程，参与应答的专家各自从返回的问卷中获得集体意见和当前状态，以及同意或反对各种意见的原因，从而形成专家之间的匿名互动。三是收敛。经过几轮反馈后，专家的意见相对集中。

德尔菲法是一种常见的预测方法，它的优点是预测结果由专家共同确定，可以达到头脑风暴的效果，而且费用较低。缺点是该方法毕竟是人们的主观判断，有时仍可能出现偏见。

② 头脑风暴法

1938年，现代创造学的创始人、美国学者亚历克斯·奥斯本首次提出头脑风暴法（brainstorming）。头脑风暴最初是指精神病患者会产生许多胡思乱想。奥斯本借用这个概念来隐喻思维是高度活跃的，打破了传统的思维方式并产生了许多创造性的想法。头脑风暴法是通过公开谈话集体发展创造性思维的一种方式。头脑风暴法的特点是允许参与者打开他们的思想，并使各种想法在他们的碰撞中启发他们的创造性风暴。它可以分为质疑头脑风暴法和直接头脑风暴法。前者是一种质疑前者提出的想法和方案并发现其实际可行性的方法，后者是一种在专家组决策的基础上激发创造力并产生尽可能多的想法的方法。

头脑风暴法试图通过某些讨论程序和规则来确保创造性讨论的有效性。有效实施头脑风暴法的关键因素是讨论过程。从程序的角度来看，使用头脑风暴法的关键是做到以下6点：

第一步：确定解决问题。一个好的头脑风暴法从准确澄清问题开始。因此，在会议之前确定目标非常重要，这样参与者才能清楚地确定需要通过会议解决的问题，同时不限制解决方案的范围。通常，更具体的主题可以使参与者更快地生成想法，并且主持人更容易掌握；较抽象和宏观的问题思考的时间可能更长，但创造力可能更强。

第二步：在会议前准备。为了使头脑风暴会议更加高效和有效，可以在会议之前做一些准备工作。例如，收集一些资料和信息供参与者参考，以便参与者了解与该问题相关的背景材料和外部发展动态。就参与者而言，在会议之前，必须对要解决的问题有一些了解。场地可以妥善安排，座椅布置呈圆形的环境通常比教室环境更有利。此外，在头脑风暴会议正式开始之前，可以给每个人提供一些创造性的测试题，以激活氛围和促进思考。

第三步：确定参与人选。一般来说，它适合 8—12 人，或者可能略有增加或减少（5—15 人）。参与者太少，不利于信息交流、激发思维；参与者太多，则不容易把握整体进程，而且每个人表达交流的机会都相对减少，这也会影响会议的氛围。在特殊情况下，参加人数可以不受上述限制。

第四步：明确责任分工。定一个主持人、1—2 个记录员（秘书）。主持人的作用是重申在集思广益会议开始时讨论的问题和纪律，以激励和指导会议进程，例如：为会议的进展提供信息；总结一些发言的核心内容，提出自己的想法；调动会议的气氛，或让大家冷静下来，认真思考片刻，然后组织下一次讨论高潮。记录员应迅速为所有参与者的想法编号，并简要记录，最好将它们写在黑板上，以便参与者可以清楚地看到它们。记录员也应该随时提出自己的想法，不应该持观望态度。

第五步：规定会场纪律。依据头脑风暴法的原则，可以制定几条会场纪律，并要求参与者遵守，比如：不要消极旁观，应集中注意力并积极参与；不要窃窃私语，以免影响他人思考；说到目标，直截了当，不客套，也没有必要解释太多；参与者互相尊重，平等对待，避免彼此褒贬。

第六步：掌握会议时间。会议时间由主持人控制，不适合在会议前直接明确。一般来说，最好几十分钟。如果时间太短，参与者很难自由发言；如果时间太长，很容易引起疲劳并影响会议效果。经验表明，具有强烈创造力的想法通常在会议开始后 10—15 分钟产生。美国创造学家帕内斯指出，会议时间应安排在 30—45 分钟。如果需要更多时间，应该分为几个小问题进行专题讨论。

③ 远景方案法

远景方案法是一种迂回探索的方法。它的出发点是每个解决问题的方案都有几个前提假设作为基础。解决方案正确与否，关键在于其前提是否已成立以及论证是否可靠。在讨论和选择解决问题的方案时，可以在不讨论方案本身的情况下讨论其前提假设。间接选择方案的目的是通过直接讨论前提假设来实现的。只要前提假设明确，方案选择就是肯定的。在分析讨论方案的前提时，有必要尽可能详细地找出问题的根源，找出前提的前提、根据的根据。

（2）定量预测

定量预测基于统计数据，使用各种数学模型和方法来进行研究，分析和推测事物的结构关系以及未来发展程度。定量预测的关键是原始数据的准确性。定量预测方法主要有回归分析预测法、时间序列预测法。

① 回归分析预测法

回归分析预测法通过分析各种现象与现象趋势之间的关系来预测未来状态的预表现。回归分析指研究随机变量（因变量）和一个或多个其他变量（自变量）之间的定量关系。通过回归分析获得的关系通常称为回归模型。

当使用回归模型进行预测时，正确判断两个变量之间的关系并选择预测目标的主要影响因素作为模型的自变量至关重要。

一元线性回归模型形式：

$$y_i = a + bx_i + \varepsilon_i \,(i=1,2\cdots n)$$

其中，y_i 为因变量；x_i 为自变量，代表对因变量的主要影响因素；ε_i 代表各种随机因素对因变量的影响总和，在实际应用中，通常假定 ε_i 服从正态分布，即 $\varepsilon_i \sim N(0, \sigma_i^2)$；$a$ 和 b 为回归系数。

回归系数 a 和 b 的估计：当使用一元线性回归模型进行预测时，必须先估计模型回归系数 a 和 b。通常，存在许多估计方法，使用最广泛的方法是最小平方法（OLS 估计法）。估计结果是：

$$\hat{b} = \frac{n\sum x_i y_i - \sum x_i \sum y_i}{n\sum x_i^2 - (\sum x_i)^2}$$

$$\hat{a} = \frac{\sum y_i}{n} - \hat{b}\frac{\sum x_i}{n}$$

这里，x_i 和 y_i（$i=1, 2\cdots n$）均是我们已有的历史数据。

模型的显著性测试：建立的一元线性回归模型是否真实，所选变量之间是否存在显著的线性相关性，这需要对已建立的回归模型进行显著性的测试。常用的测试是相关系数检验。相关系数是用于在一元线性回归模型中测量两个变量之间的相关程度的指标，计算公式为：

$$R = \sqrt{\frac{\sum(\hat{y}_i - \overline{y})^2}{\sum(y_i - \overline{y})^2}}$$

其中，$\hat{y}_i$ 为 y_i 的估计值，$\overline{y}$ 为因变量的观察值的算术平均数。通常，相关系数越大，两个所选变量之间的相关性越高。模型预测值：在回归模型通过显著性检验后，该模型可用于预测。对于自变量 x 的每个给定值 x_0，代入回归模型，可以获得相应的回归预测值 $\hat{y}_0$，$\hat{y}_0$ 称为模型的点估计值。当然，该模型也可用于估计预测目标的区间。

② 时间序列预测法

回归模型预测的使用必须找到影响预测目标的主要因素，但是经济现象的复杂性，使得有时难以找到影响预测目标的主要因素，或者即使找到了，也可能存在缺少主要因素必要的统计数据。此时不能使用回归分析预测法，但可以使用时间序列预测法。

时间序列预测法是按时间顺序，将预测目标的历史数据排列成时间序列，然后随时间的变化趋势，分析并推断预测目标的未来值。时间序列预测法有确定性时间序列预测法和随机时间序列预测法。

确定性时间序列预测法有指数平滑法、移动平均法、差分指数平滑法、直线模型预测法、自适应过滤法、指数曲线模型预测法、多项式模型预测法、成长曲线模型预测法、季节变动预测法和修正指数曲线模型预测法。

随机时间序列预测法是通过随机时间序列模型进行预测的方法。随机时间序列模型的建立需要更多的历史数据和深入的数学知识。该方法复杂且计算量大，但在短期预测中具有较高的精度，因此应用得越来越广泛。

二、教学型大学内部环境分析

教学型大学未来的发展在很大程度上取决于当前的基础，明确地分析和评估现实，并掌握其优势，对于正确制定学校的发展战略、创造美好的未来是极为重要的。研究教学型大学的内部环境，重点是要分析那些对教学型大学未来的发展具有决定意义的战略要素。这些战略要素主要指教学型大学的资源环境、管理环境和学校文化环境。

（一）教学型大学的资源环境

一所大学要发展，必须具有充足的资源。决定一所教学型大学未来发展的内部战略要素除了人、财、物、信息四大资源要素，还有教学型大学的知名度即校誉，或者说是一所教学型大学对外界的影响以及外界对这所大学的评价。因此，教学型大学的资源环境基本上可概括为人、财、物、信息和知名度 5 个方面。

1. 教学型大学的人力资源

人力资源是教学型大学办学的重要条件。办好一所教学型大学的关键是要遴选好校长，配备好学校的领导班子和管理人员，此外还要有一批素质优良的教学、科研辅助人员。各方面的人才荟萃才能办好一所大学。

（1）杰出的校长是办好大学的关键

①大学的发展和崛起与大学校长密不可分

世界上大学众多，著名学府光辉灿烂，在每一所名牌大学的发展史上无不铭刻着大学校长的丰功伟绩。

执美国工程教育牛耳的麻省理工学院（MIT）的开创者威廉·罗杰斯具有深厚的学术造诣，丰富的教学、工业经验和卓越的行政组织才能。他曾经在 MIT 担任了两届校长，把他的后半生都奉献给了 MIT，为 MIT 跻身国际知名大学打下了坚实的基础。在他担任大学校长期间，他立意创建一个不受约束的教育机制，强调有效性和实用性。他认为，专注于现实世界的问题，结合教学和研究可以更好地发展专业能力（professional competence）。因此，他率先建立了一个教学实验室（teaching laboratory）。他十分关心校园社区建设，以便每个成员能够高效、创新、聪颖地为人类进步而努力。他坚持"崭新的科学理论与工程实际相结合"的办学指导思想，并且在 MIT 创造了一种宽松的环境，尊重知识，鼓励发明创造，鼓励教师结合实际开展科学研究活动。罗杰斯的这种开创性办学精神和他对学院的贡献使得他的思想成为这所学院生存和发展的巨大精神力量。也正是这种力量鼓舞着后来的校长们为了实现 MIT 的宏伟目标坚持不懈地努力，终经近百年的奋斗，MIT 发展成了以理工为主的多学科综合性的现代研究型大学，成为世界一流大学的佼佼者。

美国著名的斯坦福大学的成功发展也与其校长的能力有着莫大的关系。该校前后八任校长，就是该校百年大业中八座里程碑。首任校长乔丹是美国科学界的知名人士，他有着绝妙的文学表达能力、卓越的组织才能，待人友善。在斯坦福大学遇到地震、遭到严重损失的困难时刻，乔丹谢绝了斯密生博物馆的邀请，坚定地表示他将与斯坦福大学共存，在他任斯坦福大学校长的22年间，为斯坦福大学奠定了发展的基础，使这所新生的大学度过了它的创业年代。在斯坦福大学的八位校长中最令人瞩目的还是被称为"硅谷之父"的一位副校长兼教务长，即大名鼎鼎的特曼教授。斯坦福大学能够从美国的二流大学跃升为世界一流大学，与特曼的决策和努力奋斗是密不可分的。斯坦福大学的历史转折点是时任校长的史德龄客观、公平公正地让特曼出任副校长兼教务长的时期。第八任校长肯尼迪曾说："斯坦福大学能有今天的原因很大程度上归功于特曼的非凡愿景。"具有战略眼光的特曼将大学的发展上升到一个国家的战略高度来考虑。特曼清晰地预见到："政府的资金肯定会用于大学里有实力的系科和有实力的大学。"所谓的实力则表现为要有一批第一流的教授。为了改变斯坦福大学对知名教授没有吸引力的状况，特曼提出了"学术尖顶"概念与构想。特曼与史德龄校长一起做出了出租学校地产的决策，同年，他用租赁土地预付的2000万美元聘请了一批权威学者进行教学。同时，兴建的工业园区本身也吸引了众多的优秀人才前来施展才华。其中就有获得诺贝尔物理学奖的肖克利，他为电子行业的发展做出了巨大贡献，也为工业园区的繁荣和硅谷的发展做出了重要贡献，被人们称为硅谷的奠基人之一。这些有才华的教授给工业园区带来的繁荣增加了斯坦福大学的经济实力和吸引力，并加强了该大学的教职员工队伍。特曼"学术尖顶"概念与构想的另一个含义是建立一些学术顶尖科系，他以电子工程、物理和化学为突破，聘请著名的专家学者，从而实现了尖顶的目标。同时，注重学科发展与工业园区发展的同步，使二者互相促进、共同繁荣。化学聘到了著名化学教授卡尔·杰拉西和威廉·约翰逊及一批新秀。1952年，布洛克发现核磁共振现象，获得诺贝尔物理学奖。这是斯坦福大学在半个世纪中赢得的第一个诺贝尔奖，它已成为该大学进入名牌大学的象征。而电子工程是最大的成就。斯坦福大学电子工程系的发展与工业园区及整个硅谷的发展同步，由于斯坦福大学电子工程系的教学和科研成果以及工业园区顺利发展，电子工业和硅谷得到了特曼的迅速推动和支持。这一发展为电子工程系的教学和科学研究提供了便利条件。可见，特曼校长的领导能力和英明决策是促成斯坦福大学名声崛起、走向成功的直接动因。

大学校长为学校谋得巨大发展的例子不胜枚举。比如，美国哈佛大学的校长埃利奥特、中国北大的校长蔡元培也都在他们所任职的大学做出了开创性的工作，直接促成了大学的成功发展。这些都说明要办好大学离不开一位杰出的大学校长。

②新时代对大学校长提出了更高的要求

过去，我国的高等教育深受计划体制的影响，大学的经费、教师的工资以及办学的自主权等都一度牢牢掌握在政府手里，大学校长的责任和权力没有充分体现出来。近年来，随着高等教育的改革，校长的权力增大了，学校有了很多的自主权。但这种变化也更加突显了对大学校长能力和素质的要求，尤其是在教学型大学，在市场经济条件下面向社会自主办学，既要面对研究型大学带来的压力，又要在同一层次的教学型大学中立于不败之地，获得生源。此外，大学里有教师、学生、职工各方面人员，学校同社会、企业有广泛的联系。如何处理和协调各种关系，如何为学校制订战略性的发展规划以及如何筹措更多的资金等问题都对教学型大学校长的能力和素质提出了更高的要求。正如耶鲁大学的校长莱温所说，现代大学的校长不能再只专注于日常事务，而应该在更高层次上，做好制度的设计者和资源的调配者。

在第二届中外大学校长论坛上，许多知名的大学校长也探讨了现代大学校长应具备的能力和素质。莱温校长就提出了大学校长必须具备的8个品质："第一，制定引领大学前进和准确传达的愿景；第二，制定一个影响深远且可实现的目标，逐步推进，一旦有机会，就必须立即抓住，促进快速变革；第三，校长应该把大量时间集中在积极行动上，尤其是在一些战略问题上；第四，敢于冒险；第五，多次尝试好的设想，不怕阻挠与失败；第六，知道何时采用自下而上或自上而下的方法影响变革；第七，选择强有力的领导作为副手，给予他们足够的自由权力；第八，制定激励措施，确保个人目标的实现和学校的成功发展紧密结合。"[1]

美国当代高等教育学专家克拉克·克尔也曾经谈到大学校长承担的角色和应具备的能力问题，他认为：大学校长角色的本质是"调解员——指导者"，最高标准是维护"和平"；大学校长也是大学形象的创造者、改革的发起者、为质量和自由而战的斗士。他认为大学校长同时扮演一系列角色非常困难。许多大学校长花了很多时间做的"实际上是调解员"，作为调解员必须具有坚忍、决断和勇敢的美德，其中坚忍是最重要的。此外，大学校长应该是软专家的管理能手和硬专家的学术权威的融合者。大学首先应该是一个学术组织。校长作为学术权威的影响力和作用是不言而喻的。与此同时，大学正在成为一个复杂的社会轴心组织。仅仅依靠校长的学术权威来管理日益复杂的结构和日益多样的功能是不可能的。阿什比认为，作为一个大学校长，应具有以下能力和素质：一是必须有能力做出决定。他既不能无所建树，也不能责任分摊。二是必须避免应该由他人决定的问题而自己做出决定。他既不能无所事事，也不能越俎代庖。三是必须微妙和含蓄，不能轻易亮明自己的观点。四是必须承认双重忠诚，以便学校中向心力（教师忠诚于他所服务的大学）与离心力（教师忠诚于自己的学科）之间保持平衡。要达到上述要求，校长应该是一个以计算机式为基础的领导者，他可以随时将各

---

[1] 耶鲁校长开列大学领导必须具备的八大素质 [EB/OL]. （2004-08-06）[2021-09-27]. http://edu.sina.com.cn/l/2004-08-06/78397.html.

种信息综合成简单的公式,以促进管理大学的实际措施的发展。

总之,时代的发展和大学组织的发展呼唤着专业型大学校长的出现。在我国的教学型大学中,这种职业型校长是比较缺乏的,大学校长们仍然沿用着计划经济的管理模式,其思维定式严重影响着其水平的发挥。因此,本人认为,要想使我国的教学型大学得到好的发展,在选聘校长上要解放思想,不拘一格。首先,他应该受过专门的高等教育管理培训,具有独特而坚定的教育理念和长期的大学发展目标。其次,他应具备出色的组织和协调能力。最后,凭借出色的社会活动和公共关系能力,可以确保大学和社会在人力、物力、财力、能量和信息交流渠道中畅通无阻。

(2)优秀的师资是办学的根本

教学型大学要实现社会服务、科学发展和人才培养三大功能,就必须依靠教师。教学型大学永恒的主题之一是教师队伍建设,这也是教学型大学最主要的基本建设。国内外一流大学的形成和发展历史表明,高校最重要的办学资源是师资力量,这是建立、维护和巩固其一流地位的基础。一流的师资队伍建设才能促使建立一流的学科和大学。因此,世界一流大学和国内外有远见的教育工作者把建立一流的师资队伍作为办学的重中之重。

教学型大学的职能和任务实际上由大多数教师承担。学校的教学质量由教师的教学水平决定,学校的科研成果由教师的学术水平决定。因此,教师是教学型大学重要的人才资源,师资是学校办学的根本保证。从某种意义上说,师资阵容、师资队伍结构、师资的素质和水平决定了一所大学的办学水平。著名教育家、前西南联大校长梅贻琦有句名言:"所谓大学者,非谓有大楼之谓也,有大师之谓也。"看一所大学的师资力量,不仅要看这所大学师资的数量,更要看这所大学师资的质量,是否有在学科发展上处于前沿的带头人、冒尖人才。"山不在高,有仙则名",一所大学得以出名,从某种意义上来说是这所大学拥有的名师成就的。

目前，我国的教学型大学缺乏的就是拔尖人才和名师。近年来，教学型大学普遍认识到了这个问题，都思贤若渴，千方百计招聘人才，这是具有远见卓识之举。但是，作为学校的领导层，在分析学校的人力资源环境时，除了要重视学科带头人的作用，还要对青年教师的未来发展给予特别的关注，反思是否为其健康成长创造了条件，是否为其可持续发展奠定了基础。因此，对学校师资队伍的分析不仅取决于其现有的师资力量，还取决于其吸引优秀教师的条件和政策。如果学校环境优越，学校领导重视人才，相关政策、措施和条件有利于人才的成长，即使这所学校的师资力量暂时不是很强，但一些有名气的专家、学者会被吸引过来，现有教师也会快速成长起来，这所学校也就具有了发展壮大的潜力。

除校长、教师以外，大学里还需要许多各种各样的人才，如教学、科研辅助人员，校园建设后勤保障人员，等等。学校具有一支高素质的职工队伍对于办好大学也是不可缺少的重要条件。因此，分析一所教学型大学人力资源的优劣要看校长是否杰出，师资是否优秀，职工素质是否高。

2. 教学型大学的财力资源

世界各国高等教育发展的历史证明，办大学需要耗费很多资金。办学经费不充足，几乎不可能办好一所大学。人才加钱财是办好一所大学的两个重要条件。因此分析一所教学型大学的内部条件除了看人力资源，还要分析教学型大学的财力资源。

教学型大学的财力资源主要是指教学型大学所具备的资金实力。资金是大学办学和发展的血液，是获得先进的教学和研究设备、开展教学和研究活动、吸引更好的人才的经济保障，是制定和规划学校未来发展战略的基础。分析一所教学型大学的财力资源主要看这所大学的年度办学经费额、获得经费的渠道以及对大学未来获得资金潜力的预测。

(1) 年度办学经费额

由于国家不同，大学的层次不同，大学的资金来源和投资渠道不同，大学之间的资金数量差异很大。许多世界一流大学都有巨额的年度经费作为支撑，如：麻省理工学院1989-1990年度经费额达14亿多美元，伯克利加州大学达到10.8亿美元，牛津大学达到1亿6200万英镑，剑桥大学1991-1992年度办学经费额达到1.044亿英镑，东京大学近年来每年的经费额都超过1000亿日元。而我国的大学甚至一些名牌大学的年度经费额都很少，教学型大学则更少。年度获得的经费额是教学型大学制订战略规划的一个重要指标。因此，在制订战略规划时，分析一所教学型大学的财力资源首先要看这所大学的年度经费额。

(2) 经费来源渠道

在市场经济条件下办学，大学的经费来源已经不仅只有政府投资一个渠道，还可以多渠道筹措办学资金。因此，看一所教学型大学的财力资源还要看这所大学经费的来源渠道。仔细考察教学型大学的资金来源渠道以及这些来源的经济实力，便可以看出一所教学型大学的财力资源情况。

改革开放前，政府财政拨款是我国高校资金来源的主渠道。1995年在第八届全国人民代表大会第三次会议上通过的《中华人民共和国教育法》建立了财政拨款制度，并辅以其他各种渠道筹集教育经费。目前，除了国家财政拨款，教学型大学的融资渠道还包括：

① 向学生收取学费

目前，通过向学生收取学费已成为重要的融资手段之一。

② 横向科研经费

教学型大学拥有先进的仪器设备、快捷的信息渠道，聚集了一大批具有一定科技领域技能的专家、学者，有较强的科研力量。教学型大学充分利用自身的优势,加强与社会合作,挖掘专家、学者的潜在价值,形成以学校为中心的科技开发园区,吸收社会资金作为研究经费。目前,大多数教学型大学通过挖掘自身的科研优势,将其作为辅助融资渠道,增加了研究收入。

③ 学校服务社会的回报

教学型大学的重要功能是服务社会,这项服务是有偿劳动。教学型大学是社会知识创造、传播和应用的重要中心。通过发明专利,新知识被创造并转化为生产力,产生一些经济效益,从而实现经济回报。随着知识经济时代的到来和知识更新速度的提高,各单位和部门都处于人才或技术无法满足发展需求的境地。为了给教学型大学提供筹集经费的渠道,教学型大学必须向员工提供培训、技术指导或引进科技成果等。

④ 社会和个人捐资助学

在发达国家和地区,大学努力争取社会捐赠是一种传统。一些国际知名大学每年获得数亿美元的资助。经过多年的国际交流和改革开放,中国的一些教学型大学已经开始借鉴国外的先进经验,开始向社会争取捐赠,为社会和个人的教育筹集资金,作为弥补缺乏资金的重要渠道。

此外,教学型大学经费筹措的渠道还有财政信贷、学校创收和企业赞助等。

(3) 大学筹措资金的能力

大学办学经费是要靠筹措而来,不会像天上下雨一样自然落入校园里。因此,一所教学型大学筹措办学经费的能力也是很重要的。大学校长除了把握办学方向、罗织人才、加强师资,主要的任务就是要筹措办学经费。教学型大学筹措办学经费的能力取决于校长的活动能力、学校的知名度、学校的教学科研实力、校友的情况等。因此,教学型大学筹措经费的能力也是教学型大学财力资源的重要方面。

3. 教学型大学的物质资源

一所教学型大学未来的发展与现在的基础密切相关，其中物质基础是极为重要的。校舍、建筑、实验室、图书馆、校产都是办学的必要条件。研究表明，现代大学有向巨型化发展的趋势。很多大学占地面积庞大，如美国著名的康奈尔大学，仅其植物学研究机构就拥有占地1214公顷的植物园，内有森林、峡谷、溪流，是一座自然和园艺资源的活博物馆。许多著名大学有许多历史悠久的建筑。现代大学一般都拥有一流的实验设施。

这些都说明物质资源对大学的发展是很重要的。教学型大学未来的发展战略只能建立在现存的物质基础条件之上，而不能凭空想象。对教学型大学而言，基础差、底子薄，可利用的物质资源比较贫乏，学生人数又较多，这是现实状况。分析教学型大学的物质资源，应从实际出发，既要看到其资源短缺的一面，更要分析使用的状况，看其是否让有限的资源发挥了尽可能大的价值，这才是分析教学型大学的物质资源的根本出发点。

4. 教学型大学的信息资源

信息资源的利用对于教学型大学的发展尤为重要。一所教学型大学的信息资源除了图书馆占有的图书资料为教学科研提供信息，还体现在两个方面：一是教学型大学对外的联系与交流，二是教学型大学内部的信息系统。

一方面，现代大学都是开放型的，封闭式的办学在现代信息社会是不可能的，因此教学型大学同社会、同企业均应有广泛的联系，在学术上大学之间以至于同整个行业领域都必须有频繁的交流，这是教学型大学获得新的信息、促进自身发展必不可少的条件。这种联系越广泛，交流越及时，占有的信息量越大，对外交流的层次越高，对大学的发展越有利。另一方面，许多大学建立计算机校园通信网络，可以直接获取世界上许多新的信息，这对教学型大学的发展和提高是十分有利的。

5. 教学型大学的知名度

教学型大学的知名度即校誉，是指一所教学型大学对外界的影响以及外界对这所大学的评价。教学型大学的知名度是长期积累而形成的，是人们对于一所教学型大学培养的人才和所创造的科学成果、为科学技术发展和经济建设所做出的贡献的总体评价和印象。一所教学型大学的知名度反映了这所大学所处的竞争地位。知名度高的教学型大学会获得更多的投资，资金来源渠道多，筹措资金容易，容易聘到有成就的专家、学者到校任教，招收的学生好，毕业生很容易找到工作，并得到国家和社会的重视和支持。而知名度低的学校其竞争地位就有明显的不同。因此，一所大学的知名度是无形财产，是一种巨大的资源。

一所教学型大学的知名度可以从4个方面去考察：首先，要看这所教学型大学在大学林中所处的地位。有的国家用排行榜的办法来表示大学的排序。而有些国家尽管没有排序，但在人们的心目中每一块大学的牌子都是有自己的位置的。其次，要看这所教学型大学所培养的人才，尤其是有突出成就的人才。再次，要看这所教学型大学对科学技术和经济社会发展所做出的贡献，所取得的科学成就。最后，要看这所教学型大学对外界的影响。

总之，一所教学型大学的知名度是很难用定量的方法去描述的，但它是实实在在的资源，是一种无形财产。

（二）教学型大学的管理环境

在教学型大学的内部环境因素中，教学型大学的管理状况是一项很重要的因素。如果说教学型大学的资源是硬件的话，那么教学型大学的管理则是学校办学的软件。有了软件和硬件的配合，大学这部机器才能够正常运转。因此一所教学型大学办得如何、发展如何，不仅取决于其所拥有的资源，更取决于其内部的管理。

教学型大学的管理环境是指教学型大学的管理者按照学校办学的客观规律，科学合理地计划、组织、指导、协调、控制和使用人力、物力、财力等资源，有效地实现目标的活动程序。它包括管理体制、管理目标、教师在学校管理中的作用以及管理手段。

1. 教学型大学的管理体制

教学型大学的管理体制实际上就是教学型大学的组织结构。它是教学型大学各个研究所、部门和各职能部门之间联系的骨架或模型。管理体制对教学型大学的教学水平和办学效率非常重要。

在我国，教学型大学实行党委领导下的校长负责制。学校的政治核心是党委，校长负责学校的行政工作。在中国的一些大学里，也有一些学校成立了董事会、校务委员会作为学校的最高决策机构。在组织结构方面，大多数学校设立三级管理，分别是校、院和系；还有很多学校设校、系、教研室三级管理。

随着科学技术的发展，在教学型大学里出现了一些交叉的、跨学科的组织，这些组织表现出很强的生命力，因而在教学型大学内部的组织结构上出现了矩阵结构组织。矩阵结构组织是一种组织结构，它结合了组织管理中的"水平"联系和"垂直"联系，以及分权化和集权化。具体做法是：在垂直领导体系中部署各单位和职能部门的人员，形成以项目和任务为目标的临时或长期机构。不过，管理体制、组织结构只是一种人为的组织形式，看一所教学型大学管理体制的优劣，主要看其是否能够适应、保证并促进教学型大学任务的完成。

2. 教学型大学的管理目标

任何一个组织的管理活动都必须有明确的管理目标，看一所教学型大学的内部管理状况还要检查它的管理目标如何。具有开创性的、明确的管理目标，教学型大学才能发展前进。

由于大学的复杂性和多样性，一所教学型大学可能会出现多种目标，如科学研究目标、人才培养目标等。了解是否存在反映学校整体办学理念和指导方针的管理目标是至关重要的。并且还要看这种目标是否已经成为学校工作和管理活动的重点和主攻方向，并逐步形成本校的办学特色。例如麻省理工学院（MIT）始终有一个明确的、开拓性的管理目标，即办第一流的工程教育，培养世界上第一流的工程技术人才。在这种目标的激励下，MIT的校长和教师都形成了一种强烈的责任感，具有很强的第一流的意识。在这种意识和责任感的促使下产生了一种顽强奋斗的精神，激励并引导学校不断向前发展。

3. 教师在学校管理中的作用

一所教学型大学办得如何，不仅取决于学校的领导，还取决于广大教师，因为教学型大学的教师是办学的主体。大学教师在学校管理中作用发挥得如何往往是一所教学型大学办学质量的关键。

因此，世界上一些著名大学都十分注意教授在大学管理中的角色。这些大学的教授不仅在科研和人才培养方面取得了突出成就，而且为大学的发展战略和长远规划做出了突出贡献。为了充分发挥大学教授在大学管理中的作用，一些大学里专门设有教授会，学校所有的教授都参加教授会。教授会不是一个虚设的机构，而是具有很大的权力，它成为和学校领导关系非常密切、相互制约并且有相当实权的机构。美国加州大学伯克利分校前校长田长霖曾说："在美国，大家有一种认识，哪一所学校的教授会力量大，哪一所学校将来就会成为最著名的学校。"可见教授在大学管理中的作用十分重要。

大学教师在学校管理中发挥作用，体现了大学教师是学校的主人，调动了广大教师办好大学，为实现大学的战略管理目标而奋斗的积极性，能够形成一种内聚力，形成一个共同体。同时，大学教授都是教育的内行，又在教学、科研的第一线，对于如何办好学校自然有很好的见解，把这些智慧和意见集中起来并形成大学发展的战略是十分重要的。大学教师参与学校管理体现了民主办学，同时对于学校行政当局也形成了一种监督和制约的机制，这对于学校领导勤政、廉政也是十分必要的。目前，在教学型大学里普遍设有工会和教代会，各个学校的教代会的作用发挥的情况不尽相同，从总体上看有进一步加强的必要。

分析教学型大学的管理中教师作用是否得到发挥，主要看在教学型大学的发展中教师是否积极参与，有无参与意识；有没有健全的组织，这种组织的作用是真正发挥了，还是形同虚设；广大教师与学校是否互相理解、支持，是形成了一种为实现发展目标而共同奋斗的内聚力，还是众说纷纭，形成内耗。这是一所教学型大学是否有希望、发展快慢的关键因素之一。

4. 教学型大学的管理手段

随着时代的发展、科技的进步，教学型大学的管理手段也在不断地更新，普遍建立了计算机信息管理系统，形成了校园网络。管理手段的现代化对于提高教学型大学的管理水平和管理效率、实现信息的及时反馈是十分重要的。

现代教学型大学的管理手段是反映一所大学管理水平的一个重要标志，而管理水平从某种程度上说必将决定学校未来的发展速度，这也是制定学校未来发展战略应当考虑的一个重要因素。通过近几年的快速发展，教学型大学已经积累了一定的管理经验，管理手段也得到了相当的改善，运用计算机管理已成为基本的管理方式。但是，在实际运用中，由于技术问题、人员问题、设备问题等，利用率并不是很高，效果也一般，更有一些流于形式的表现。因此，更新观念，提高管理者的素质水平，加强技术培训，是教学型大学管理手段提升的关键。

(三)教学型大学的学校文化环境

教学型大学的学校文化环境是教学型大学内部环境的重要组成部分,但它又不同于一般意义上的学校内部环境,是教学型大学内部各种环境因素的综合体现,在教学型大学的发展中发挥着十分重要的作用。

1. 教学型大学学校文化的构成

教学型大学的学校文化是由多种要素进行充分整合而形成的。美国学者华勒(W. Waller)最早在《教育社会学》(1932年)一书中运用了"学校文化"一词,把学校文化定义为"学校形成的特别文化"。在《教育社会学新论:我国社会与教育关系之研究》中,台湾学者林清江指出:"学校内有关教学及其他一切活动的价值观念及行为型态,都属于学校文化的范围。"[1] 在《学校管理论》中,朱颜杰有一个专门的章节——"塑造学校文化:一个生存战略",探讨学校文化。他认为:"所谓学校文化,是指一所学校内部所形成的为其成员所共同遵循并得到同化的价值观体系、行为准则和共同的思想作风的总和。"[2] 随着时代的变化,"学校文化"的含义不断得到丰富和发展。

借鉴以上定义,本人认为,教学型大学的学校文化是在长期教育实践中积累和创造出来的,是教学型大学成员认同和遵循的物化环境风貌、行为规范和价值观体系的整合与结晶,表现出来为教学型大学的"综合个性"。学校文化建设不仅指通常意义上的环境面貌,教育空间中鼓励人们进取、教导人们和谐发展的所有软件建设和硬件建设都可以包括在这个范围内,可以具体到学校的总体规划、

---

[1] 林清江.教育社会学新论:我国社会与教育关系之研究 [M].台北:五南图书出版公司,1981:74-75.
[2] 朱颜杰.学校管理论 [M].沈阳:辽宁教育出版社,1988:131.

学校的教育教学特色、校风、校训、有效的学校管理制度、重大节日活动和学生的团队实践活动等。

教学型大学学校文化分为隐性文化和显性文化两个方面，包含精神形态和物质形态两个范畴。其学校文化的结构是这些内容的有机结合及其相互影响、相互作用的结果。学校文化的隐性结构表现为学校精神、学校办学思想、学校价值观念和学校管理观念，学校文化的显性结构表现为学校组织原则、学校环境、学校管理行为、学校标识和学校制度。

教学型大学的学校文化也是一个自由循环的、封闭的"引力系统"。它的张力程度受到学校精神、学校规则和学校形象的综合力量的影响，特别是受到精神形态的影响。教学型大学的学校文化是以活动形式和物质形式承载着价值体系，以价值观为核心，是教学型大学校园中的一种精神气氛或氛围。一方面，它是学校历史传统的积累；另一方面，社会文化反映在校园里，这本质上是一种社区文化。从本质上说，它属于社会意识形态。从功能上说，它最终通过概念形式或精神因素对校园人产生心理的、政治的和道德的影响。（见图3）

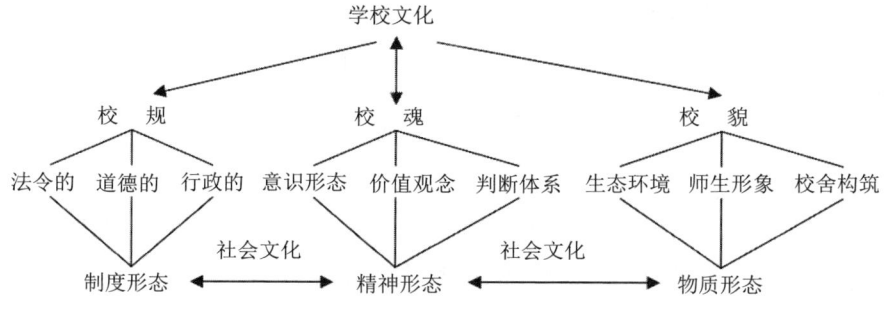

图3　学校文化结构

从表现形态上来看，教学型大学的学校文化可看作是由三个同心圆组成的整体。外层是学校的物质文化。它属于学校文化的表层，包括校容、校貌、教学设备设施、校园建筑、师生形象等，它们是教育和教学管理活动中的物质基础。中层是学校的规范文化，属于学校文化的制度层面。它包括学校管理体制、规章、制度、课程、教材、人际关系的模式以及组织机构与结构等，它们是学校发挥教书育人作用的制度保障。内层是学校的精神文化层面，是学校文化的概念层和观念层。它包括教育观、价值观、道德观、思维方式、办学指导思想、行为习惯和校风等，它们是学校文化的核心和灵魂，是学校组织发展的精神动力之源。

本人认为，在构成教学型大学学校文化的要素中，反映学校文化最重要的因素是教师文化、学生文化和学校物质文化。

（1）教师文化

教师文化是学校文化中不可忽视的因素，对于学校的长远发展、教师和学生的专业成熟具有重要意义。越来越多的教育管理者开始意识到教师文化的重要性。教师文化主要是一种精神因素，在学校管理、教师发展和学生受业等方面起着极其重要的作用。从教师文化的纬度来评价学校管理，可体现管理方式的伦理化、管理手段的柔性化、管理方法的艺术化。教师发展的支柱是职业精神，教师专业发展的动力源泉是教育信念。教师文化具有示范作用，是教师专业发展的助推器，是良好学生文化形成的榜样。教师文化是社会主流文化的代表与缩影，教师的价值观念、处世方式、人格魅力、行为模式和思想品德都对学生有着潜移默化的影响。

教师文化是学校文化群的重要组成部分，它具有整个学校文化的示范、导向、预警和整合等功能。教师文化是教学型大学激发和激励师生的动力源泉，也是发展的重要战略任务，还是学校文化的重要组成部分。高品位的学校人文环境和文化氛围是一股无形的力量，它从内到外渗透到学校的各个方面，对教师和学生产生深远而微妙的影响，是开展文化素质教育的基础和前提。保证文化素质教育可持续发展的基础是充分发挥教师文化在学校文化建设中的主导作用。

综上所述，教学型大学教师文化代表了社会文化主导价值的最高水平，体现了文化发展对社会的力量。加强教师文化是校园文化发展的基础，也是繁荣发展校园文化的重要组成部分。教师文化与学生文化、学校物质文化共同生存，共同繁荣，共同成为教学型大学文化发展水平的重要标志。

（2）学生文化

作为学校的两大主体之一，学生所呈现出来的文化，毫无疑问是学校文化的重要组成部分。学生的精神风貌、学习态度、主体意识等，反映着学校的办学精神，映射着学校培养人才的质量和素质。学生在理想信念、道德修养、心理品质、课业学习、业余活动、人际交往等方面的表现，无不渗透出学校的办学思想、教育理念和战略管理思想。因此，营造健康向上、充满活力的教学型大学学校文化不可能不把学生文化作为学校文化建设的一个重要方面。

（3）学校物质文化

学校物质文化也是学校文化的重要组成部分。校园是教职工生活和学习的地方，如果没有一个布局合理的校舍，没有一个整洁优美的环境，就很难创造高雅的人文环境、和谐的人际环境及健康的心理环境。校园内的学校建筑，所有教学、生产、科研、生活、宣传、文化活动、休憩等设备设施及校园人文景观、花圃和雕塑等构成了学校教书育人环境的物质基础。高品位的学校文化氛围和人文环境，有利于教职工高尚情操的熏陶、美好品格的养成、积极向上学习氛围的营造。

2. 教学型大学学校文化的特征

学校文化是一种社会组织文化，取其社会组织文化的精华，去其社会组织文化的糟粕，通过学校教育和管理活动加以整合和转化，形成自己的特色。教学型大学学校文化的特征主要体现在以下4个方面：

（1）亚文化

教学型大学的学校文化是一种亚文化，一方面反映了社会主流文化的基本精神，另一方面又具有独特性。教学型大学的学校文化基本上接受、选择、批判和传播社会的主流文化。同时，它受两个因素的影响，并显示出其独特性：一是它的教育功能。学校教育功能的滞后使得它必须关注未来，不能完全认同目前所有的社会文化。二是学生团体形成的文化。年轻一代的文化体系总是与众不同，尤其是社会变革时期。

（2）综合文化

教学型大学的学校文化是一种综合文化，表现在两个方面：一方面，它包括世代之间的文化。教师有流动的变化，学生有入学毕业的变化，但教书育人总是存在于教学型大学的社会系统中。另一方面是校内、校外文化的综合：一是校外社区文化的影响。学校的行政管理、传统以及教学内容等，都受国家和社区价值观和文化模式的深刻影响。二是教师文化的影响。教师作为教书育人的教育者，他们的行为方式和价值观代表着校外文化和学校内倡导的文化。三是学生文化的影响。学生来自不同的社会背景，在学校教育中，他们也会受到同伴群体的影响，形成自己独特的学生文化。因此，教学型大学的校园文化是三种文化的融合，即社区文化、教师文化、学生文化。

（3）对立与统整互见的文化

教学型大学的学校文化是一种对立和统整互见的文化。学生和教师是学校的两种主要成员，他们的行为模式和价值观，甚至内部期望都不可能完全一致，在教学型大学内两者不可避免地存在着冲突。在分析这种矛盾现象时，华勒指出："权威掌握在教师手中，教师永远胜利。事实上，教师必须获胜，否则他将无法继续担任教师。"他认为教师可以合理、适当地使用权威。冲突的学校文化可以变为统整文化。文化统整后，新的文化冲突仍然存在，教师仍需要利用自己的权力实现进一步的统整。在这种依次化解文化冲突和统整的过程中，教育功能得以发挥。对立与统整互见是教学型大学学校文化的一个重要特征。

（4）有计划有目的形成的文化

教学型大学的学校文化是一种有意安排或指导学校发展的文化。教学型大学作为育人的场所，在校园文化的形成中力求用积极的因素减少甚至消除消极的因素。只要我们努力从学校实际出发，从育人的角度出发去设计改变，学校现存的物质文化、制度文化或精神文化就会改变。学校文化具有较大的惯性，而且具有可塑性，这是教学型大学学校文化的另一个重要特征。

3.教学型大学的大学精神

作为不断创造和传播现代科技文化的地方，作为继承和弘扬传统科技文化遗产、培育社会主义现代化事业的建设者和接班人的重要基地，在谋求社会和文化发展的过程中，教学型大学应始终代表人类社会的最高努力，以及人类对文化和社会的最新理想的孕育和产生。从这个意义上讲，探索、研究和提升教学型大学校园文化的核心——大学精神，无疑具有非常重要的现实意义。

（1）大学精神的含义

大学精神实际上是一种非物质的精神文化，在长期的办学实践中逐渐形成了集体意识和学校氛围，得到了全体大学人的认可。这种文化是通过历史的选择、积累、继承和发展，以及学校成员的共同实践活动而形成的。大学精神是大学整体氛围的体现，也是学校校风的核心。大学精神具有广义与狭义之分。广义的大学精神是大学的共同精神，是指各类大学中普遍存在的、相对稳定的心理状态，如为人师表之风、团结友爱之风、勤奋好学之风等。狭义的大学精神是指具有独特个性的大学精神，是大学特定品位的个性化、人格化，是最具特色的精神特征，如南开之笃实，清华之严谨，北大之创新，就是其狭义的含义。在现代社会，大学能够赢得人们的普遍赞誉，不仅因为它有各种功能，更重要的是因为它具有坚持不懈的精神，这使得大学的品格更加崇高。现代大学发展的历史表明，作为一个追求真理的高层次、高水平的教育科研机构，如果一所大学没有昂扬向上的理想，没有鼓舞人心的精神，它就会沉寂甚至沉沦。只有建立或保持崇高的目标或理想，大学才能在坚持不懈和努力的精神支撑下，继续取得重大的成就。

作为一个多学科的研究对象，大学精神具有不同的称谓，如大学理念、大学理想、大学性质等。《简明不列颠百科全书》认为，大学（university）"通常包括一所专业学院、研究生院和文理学院，有权在不同学科领域授予学位"。它与传统的西方专门高等学校（college）不同，与中国古代书院也不同。虽然前者构成了现代大学发展的基础，但它并没有形成大学的现代内涵；后者植根于自给自足的小农经济，在其土地里发展和衰落，没有并且也不可能成为现代大学的母体。因此，现代大学精神应该是大学从近代社会向现代社会转变的过程中积累的稳定生命力和时代特征的内涵，它是在工业社会中产生和发展，并与知识经济相联系的价值准则。因为直到工业经济时代，高等教育开始逐步进入经济社会，并为工业生产提供服务，才揭示了知识在经济发展中的重要性。大学的现代意义起源于哈雷。早在17世纪，他就放弃了宗教的正统观念，开始倾向于唯物主义和客观主义，坚持自由进行调查和研究，并教导学生以科学的观点。几十年之后,这种办学理念影响到了整个德国的大学。威廉·冯·洪堡在 1809 年创建了柏林大学,提出了"教学与研究统一"和"学术自由"的办学原则,使教学和研究成为大学的两大基本功能,确立了现代大学的基本功能结构。20 世纪初,威斯康星大学倡导为经济发展提供高等教育服务的概念,很快得到了其他大学的积极响应。大学正式与社会积极主动结合,形成了大学的第三个功能——服务社会。经过数百年的发展,现代大学形成了教学、科研和服务社会三大功能。事实上,大学通过科研创新文化,通过教学弘扬和传播知识,以科技、知识和人才的优势向社会提供智力支持,并成为公民和政府的智囊团和思想库。在知识经济和信息时代,大学作为科学技术和知识的密集体,不仅与社会生活有关,而且还保持着先进性和独立性,具有促进社会主流文化进步与发展的作用。继承、传播和创造科学文化知识是大学一贯的宗旨,现代大学在社会系统中的地位由其自身的三大功能所决定。在现代社会结构中,只有大学才能与社会生产直接联系,成为知识经济的重要组成部分。马克卢普是美国的经济学家,他认为,知识产业已经成为社会进入后工业时代最重要的生产系统。作为一所生产知识、传播知识、开发与发展知识的大学,它终将成为社会和知识产业的核心部分。因此,从这个层面来看,"现代大学精神"不仅是社会主流文化的产物,也是大学在发展的过程中形成的独特气质的精神成果;它是整个人类社会文明的高级形式,也是科学精神的凝聚和时代的标志。

(2) 大学精神的主要功用

大学精神,作为一个大学的教育水平和心理面貌的整体反映,是衡量教师和学生的需求、行为、信念、情操、道德、价值观和理想的标准。大学精神作为一种心理资源,是抽象的、无形的;作为一种规范力量,又是具体的、可感的。它可以被内化为强大的动力,鼓励所有师生取得进步,为争取实现办学的共同目标奋发进取;它可以被外化为特定的学校校风,在学校教育过程中发挥巨大作用。

具体而言,大学精神通常具有规范导向功能、凝聚感召功能、驱动激励功能和熏陶同化功能。一旦形成大学精神,就会对教师产生团结合作的效果,对学生产生潜移默化的作用。这种积极向上的表象所体现的精神价值,在学校的办学过程中,可以更大程度地规范行为和调整心态。即从学生的学习方法、学习态度和学习动机到教师的教学风格、教学态度和教学思想,再到职工、干部的行为作风,都表现出良性循环的态势。更重要的是,大学精神必将以其先进性对主流文化产生巨大的影响。因此,随着大学人主体素质的提高,它将辐射社会,成为先进文化的创造者和主流文化的先导者。从哲学的角度来看,哈佛大学前校长尼尔·陆登庭认为,大学追求理想的内容包括"唤起我们的好奇心,拓宽视野,激发思考,审视信仰、价值观,检验设想"。由此,我们可以将大学精神视为办学实践中的一种追求、一种理念、一种向往。事实证明,缺乏这样的追求、理念和向往,大学的工作将会由于缺乏精神支撑而出现松散和混乱的现象。大学精神植根于各项工作和任务的目标中,与此同时,大学精神也是大学内成千上万个具体生动的个人理想的统一体。在大学里,有的人想撰写出重要的学术著作,有的人想攻克重大的科技难关,有的人立志为国家培养人才,有的人希望传承民族优秀传统文化,有的学生想在这里读研考博、拼搏成才,有的领导想从管理的角度改造大学……由于不同个人理想的蓬勃发展和自由释放,整个大学的精神追求才会呈现出华丽多彩的魅力,成为推动社会发展进步的动力。因此,可以说,一个国家无论多么贫穷或落后,只要它拥有一批仍然积累理想和活力的大学,那么它就有了走向振兴、繁荣发展的希望。20世纪上半叶,我国陷入贫困和灾难,正是一些先驱者高举理想的旗帜,从五四运动到新中国成立,我们终于拯救了国家和民族危亡,维护了国家和民族的家园。这与清华大学、北京大学和南开大学不可分割,因为这些大学当时是以民族复兴为理想的。由此可以看出大学精神的作用极其重要。

(3) 现代大学精神建设的意义

随着人类社会进入知识经济时代,大学已经从社会边缘走向社会中心,现代大学在政治和经济生活中的作用日益突出。霍尔登是英国学者,他认为"文化是一个民族的灵魂""国家和民族的灵魂在我们的大学中反映出来"。大学通过文化的继承和创新促进社会发展。纵观中国大学发展的历史,它充分体现了主流文化在不同背景文化的选择、整合和批评过程中的推动。在研究了中国大学发展的历史后,加拿大许美德先生指出,中国大学不仅应该为快速经济发展所需的科学技术知识做出贡献,还应该为确保正义、公平的社会科学知识做出贡献,将各种正义、公平、公正牢牢扎根于中华文明的文化知识之中。因此,现代大学作为传播和弘扬中国特色社会主义文化的主阵地,在继承和创新社会主流文化和先进文化中应具有重要的地位和作用。"发展中国特色社会主义文化,就是以马克思主义为指导,坚守中华文化立场,立足当代中国现实,结合当今时代条件,发展面向现代化、面向世界、面向未来的,民族的科学的大众的社会主义文化,推动社会主义精神文明和物质文明协调发展。"这是目前中国先进文化建设和发展的方向。因此,始终代表先进文化前进方向的关键,在于进一步加强社会主义精神文明建设,也就是教育科学文化建设和思想道德建设。在这方面,与其他任何组织相比,大学的作用都是无可比拟的,也是无法替代的。作为精神文明建设的重要场所,大学肩负着培养高级科学文化素质的专门人才、发展科学技术文化和培养具有高水平的思想道德素质的人才的重要任务。大学能否培养出社会需要的合格人才,将直接影响中国现代化建设进程的快慢和未来国际竞争的成败。所以说,我们必须清楚地认识和了解一所学校是办成什么样的大学,怎样坚持正确的办学方向，如何培养人才，以及培养什么样的人才，这是办学的根本问题。因此，社会主义精神文明建设的推进，不仅是人类社会文明的需要，更是社会主义大学的根本要求。从现代大学功能的角度来看，大学培养优秀人才和发展先进文化并行不悖，在培养优秀人才的过程中创造先进文化，在先进文化的影响下培养优秀人才。在建设先进文化方面，每所大学都有着辉煌的历史使命。作为一所知名的大学，它必须高举先进文化的旗帜，占据时代文化的制高点，始终代表先进文化的方向，努力培育人文土壤，成为培养优秀人才的摇篮。因此，在创造先进文化的同时培养优秀人才的现代大学，才是当今社会所需要的大学。

目前，我们正面临技术创新、文化创新和知识创新的时代，最重要和最核心的方面是文化创新。创新是一个民族进步的灵魂，是发展先进文化的不竭动力。缺乏创新意识和精神的文化，难以代表先进文化前进的方向。与此同时，作为一种先进文化，它既应该是国家和民族的，也应该是世界的，更应该通过跨国文化的整合，吸收和借鉴人类社会所有的优秀文化产品成果。中国加入 WTO 之后，在世界经济一体化格局的影响下，文化跨国交流、意识形态的渗透和反渗透、价值观的碰撞将变得越来越复杂和激烈。在国际经济与综合国力日益激烈的竞争中，在世界各种思想文化相互激荡的条件下，教学型大学不仅要面向世界，还要创新性地吸收和发展世界文化，以及优秀的科技成果。培养拥有社会主义信念建设的优秀人才，不仅是教学型大学的目标，更是教学型大学建设学校文化的新课题。

学校文化是社会主流文化不可分割的一部分。学校文化使得生活在其中的大学人有意或无意地在价值取向、思想观念、心理素质、行为方式等诸方面接受教育和感染，并以既定的文化产生认同，从而实现性格、心灵和精神的净化和美化。学校文化是一种丰富人们精神内涵和境界的文化。加强学校文化的建设，营造独特的大学精神和氛围，倡导先进的文化理念，形成特定的文化环境，是精神文明建设的一个重要方面。然而，在学校文化中，最核心的内容或最高表现形式是大学精神，大学精神是大学的灵魂，在学校的发展中起着重要的作用。A.弗莱克斯纳是一个美国学者，他认为"大学精神比任何设施和任何组织都更有效地保障了大学的高水平"，原因在于，大学精神是所有师生以及员工都认同并且遵守的精神支柱和理想目标。与此同时，现代大学精神作为一种高层次和高水平的先进文化，可以辐射到整个社会，对整个社会的思想观念、思维方式、行为方式产生积极影响。因此，建设和培育现代大学精神，不仅可以为大学发展创造一个合适的环境，为建设一流大学创造条件，而且会对社会主流文化建设起到积极的推动作用，使得大学成为先进文化的建设者。总而言之，今天，守望和弘扬大学精神，建设现代大学精神，是不言而喻的。

三、本章小结与创新

教学型大学战略环境分析主要是对特定战略时期教学型大学的内外部环境进行综合调查、分析，确定这些因素对教学型大学战略过程的影响，从而为教学型大学的战略管理过程提供指导的一系列活动。教学型大学战略环境包括外部环境和内部环境两大部分。一般说来，教学型大学外部环境包括外部宏观环境与外部特定环境。外部宏观环境主要包括政治法律环境、经济环境、科学技术环境和社会文化环境。外部特定环境主要包括行业环境和自然环境两个方面。教学型大学的内部环境主要指教学型大学的资源环境、管理环境和学校文化环境。分析教学型大学的战略环境，可以更好地了解对教学型大学未来活动产生影响的因素及其性质以及教学型大学应对的措施，从而高瞻远瞩地把握大学未来的发展方向。

本章的创新点在于：一是全面系统地分析了教学型大学的战略

环境，指出了这些环境因素对教学型大学战略管理的影响；二是深入分析了教学型大学的学校文化环境，提出大学精神是大学整体氛围的体现，是学校校风的核心所在，更是科学精神的凝聚和时代的标志。

第三章
我国教学型大学战略目标的制定

战略目标是战略管理的核心，是教学型大学奋斗的方向。战略目标是通过战略期内的战略行动达到预期的结果。教学型大学的战略目标是对教学型大学未来发展趋势和方向的预见，是对学校持续发展的创造性思考。它是根据教学型大学的使命和目的延伸展开确定的，是教学型大学的具体期望和努力方向。它关系着教学型大学发展的全局性和方向性，是教学型大学前进的推动力，是凝结各种力量、各种资源的内聚力，是各级管理者和员工积极性和创造性的激励。战略目标不仅使整个学校有了正确的发展方向，而且还使学校的各个方面如办学方向、发展规模、人才培养质量、科研水平、办学特色和学校声望与地位等方面都有了奋斗目标。因此，战略目标的制定至关重要。战略目标是教学型大学战略的重要组成部分，它不仅反映战略思想和学校使命，而且也是战略制定与抉择、战略执行与控制的依据。

一、我国教学型大学的战略思想

教学型大学的战略思想是制定教学型大学战略目标的指导思想和基本依据。我国教学型大学的战略思想主要包括以下 3 个方面：

（一）全面贯彻党的教育方针

教育方针是根据国家的政治与经济等因素，为实现教学目的所制定的教学总方向，是教育政策的总纲领，从原则上规定着教育应培养什么样的人、怎样培养人、培养的人为谁服务等重大问题，包括教学的指导思想、培养人才的方向及实现教学目的的基本途径。所以，教育方针将是制定教学型大学战略目标最重要的依据。

教育方针是国家在一定历史时期的教育基本政策的总结，是各级各类学校教育的总导向。教育方针具有普遍性和包容性。制定教学型大学的战略目标时，仅仅通过对教育方针粗浅的了解是不够的，创造性地运用是很重要的。必须认真研究国家的教育方针和大学教育的目的，同时分析教学型大学的特点和学校的具体情况，才能制定出有针对性和可操作的战略目标。

（二）确立高等教育思想观念

思想观念是人们经过长期的理性思考和实践所形成的对事物的基本看法和信仰。高等教育思想是教育主体在高等教育实践及教育思维活动中形成的对"高等教育应然"的理性认识和主观需求，对"高等教育应然状态"的判断，渗透了高等教育的价值观和价值倾向。高等教育管理者在学校教育管理的实践过程中和对教育的深刻思考中形成了对教育的应然认识和实然要求，不但体现着管理者的精神向往、理想追求和哲学信仰，而且体现着社会发展的需要和时代的教育精神。管理者的教育思想对学校的发展起着举足轻重的作用。教学型大学管理者的教育思想是教学型大学战略目标制定的依据之一。

在制定战略目标时必须深刻理解和把握管理者的教育思想观念，并深入认识和探讨各种高等教育思想观念。从宏观上看，教育思想观念主要包括价值观、目的观、发展观、本质观、功能观、人才观、管理观等；从微观上看，教育思想观念主要包括学校观、办学观、知识观、课程观、教学观、学习观、教师观、学生观等。其中，教育的功能观、价值观和人才观对教学型大学战略目标的制定起着决定作用。

1. 功能观

教育的功能观，是指学校管理者对教育功能和作用的观点和立场。一般来说，就是管理者对于在学校里可以做什么或者应该做什么的价值判断。人们对大学的功能或作用的认识素来就是不同的。学者纽曼认为，大学的功用在于传授知识。他认为："大学是一个传授知识的场所，这意味着，一方面，大学的目的是理性的，而非道德层面的；另一方面，其目的纯粹是传播和推广知识，而非发展知识。"学者弗莱克斯纳则主张"研究性大学"，认为"现代大学最重要的功能"在于"研究物理、社会和艺术现象，不断地努力深入探索事物之间的关系"，"大学只追求科学和学问，而不包括传授技术、职业和大众教育"。学者范海斯及其所领导的威斯康星大学则更侧重于"服务于社会"。范海斯指出，大学的基本任务有三项：① 把学生培养成有知识、能工作的公民；② 进行科学研究，发展、创造新文化、新知识；③ 把知识传授给广大的民众，使他们能够运用其解决经济、生产、社会、政治及生活等方面的问题。其中，最为重要的是第三项任务。不过，现代大学更多地表现为"多种功能的机构"，而很少只拥有单一的功能。它被学者克拉克·克尔称作"多元化巨型大学"。那是因为，"它有若干个目标，不是一个；它有若干个权力中心，不是一个；它为若干种顾客服务，不是一种"。[1]

不同的研究者和学者对大学的功用有不同的看法。而作为学校的管理者会根据对教育功能的看法去决策学校的发展和努力方向。在制定教学型大学战略目标时，要深入研究管理者对教育功能所持的看法，审视"教学型大学是什么和应该是什么"或者"教学型大学能做什么和该做什么"，以教学型大学的战略思想和使命为指导，

---

[1] 克拉克·克尔.大学的功用[M].陈学飞，陈恢钦，周京，等译.南昌：江西教育出版社，1993：95-96.

制定合理的战略目标。

2. 价值观

价值观即价值取向，是客体满足主体需要的关系在主体观念上的反映，也就是主体的价值判断。不同的主体对客体需要的关系不同，就会产生不同的价值判断，因而表现出不同的价值观。教育价值观即人对教育活动满足其生存需要的关系，在人的观念上的反映。大学管理者的教育价值观是指管理者关于大学教育的价值倾向，即大学教育应该如何做或怎样进行的问题。教学型大学的管理者的教育价值取向关系着教学型大学的命运。教学型大学在教育促进社会的发展还是促进人的发展问题上持什么样的观点，决定着教学型大学的前进方向。

持有社会本位论的人认为，个人的发展完全依赖于社会，受到社会的制约，真正独立的个人是不可能存在的，人之所以被称为人，只因为他生活在人类这个群体之中，参与社会性活动。人的身心发展在各个方面都需要靠社会来提供能量，人的一切都是从社会中得来的。教育就是将个人逐渐社会化。单一个体不过是教育的原材料，不具备任何决定教育方向的价值。因此，教育的真正价值在于使个体适应群体社会生活，成为合格的公民，为社会的稳定、进步和发展贡献自身。

持有个体本位论的人认为，无数个体组成社会这个群体，社会的发展是由于个体获得了充分而自由的发展。教育是将儿童的能力完全激发出来。为了使人的本性得到最完善的发展，必须遵循自然原则，即顺应儿童的天性，按照自然发展的要求和顺序进行教育。教育的价值在于将所有人都培养成完善的人，使每个人的才能都得到和谐的发展。

由此可得出结论，社会本位论和个体本位论是两种极端的价值观，在现实生活中也极为鲜见，所以在制定教学型大学战略目标时，怎样依据合理的教育价值观设定战略目标,需要战略制定者进行慎思,因为管理者的教育价值取向指导着教学型大学如何做。本人认为,教学型大学战略目标的确定,要在正确处理社会和个体两者关系(关注个体发展的基础上促进社会的发展)的基础上,抓住教学型大学的关键,发挥优势,克服劣势,抓住机会来确定战略目标。

3. 人才观

人才观是学校管理者以何种标准来评价学生质量的问题。人才观和教育质量观密切相关,不同的人才观具有不同的教育质量观。如果说优秀的专业人才是知识丰富的学者,教育的质量观往往以大学生掌握知识的程度、深度为基准;如果说优秀的专业人才是从事工作的技术人才或社会活动家,教育的质量观往往会根据能力高低进行评价;如果人才观是德才兼备,具有知识程度、工作能力、社交关系等全方位的素质,那么教育的质量观就要以智力要素和非智力要素的协调发展为基准,对大学生的质量进行评价。因此,教学型大学管理者的人才观体现着教学型大学的人才培养质量和教育质量,而质量又是教学型大学的命脉。

大学管理者的人才观可分为三大类:一是学术型人才观,二是职业型或应用型人才观,三是综合素质人才观。教学型大学的管理者持什么样的人才观,关系着教学型大学的人才培养问题。事实上,大学最根本、最核心的问题是人才培养的问题,如果脱离或回避人才观,大学和工厂、企业也就没有区别了。培养高级专业人才是大学最显著的特征。高水准的大学经常被认为具有自己的风格和特色。这个风格和特色是从哪里来的呢?主要反映在人才培养的质量中。在教学型大学战略管理中,人才规格和质量无疑是战略管理的核心。管理者的人才观不仅在一定程度上决定着教学型大学的人才培养质量和教育质量,而且决定着教学型大学的办学风格和特色。而人才培养质量、教育质量、办学风格和特色与战略总目标息息相关。因为教学型大学战略总目标只有转化为具体的小目标，成为教学型大学各种具体工作的目标，才能用衡量这些具体目标的成就来评价目标的实现。所以，本人认为，教学型大学管理者的人才观是制定教学型大学战略目标不可缺少的依据。

（三）坚持教学型大学的办学宗旨

宗旨指主要的目的和意图。召开学术研究先河的德国柏林大学，提出社会服务风气的美国威斯康星大学，都来源于本大学的宗旨。美国加州大学设立的宗旨是教育、科研和公共服务。它的前总校长萨克森的解释是：作为从事高等教育的机构，教育确实是基本的目标；科学研究是探索和增强知识，因此高等教育可以不断地传播新知识；教育本身就是大学最根本的公共服务。在中国，蔡元培在担任北京大学校长时，以"兼容并包"为宗旨。他指出："大学者，囊括大典、网罗众家之学府也。"张伯苓以"本土化"为宗旨创建了南开大学，其目的是"痛矫时弊、育才救国"。王大中先生担任清华大学的校长时，以"以人为本"为宗旨，采用"综合性、研究型、开放式"经营模式，试图将清华大学铸造成为世界一流的大学。可以看出，办学宗旨决定着大学领导层的办学思想，影响着大学的办学特色和发展方向，而这些在大学战略目标的制定过程中占据着重要的地位。

教学型大学的办学宗旨决定着教学型大学领导层的办学决策，领导层又是战略目标的制定者。因此，教学型大学的办学宗旨极大地影响着战略目标的确定。教学型大学在制定战略目标时，要认真分析学校的办学宗旨，厘清学校的办学目的和方向，积极动员和组织校内各类人员参与，发扬民主，集思广益，以达成共识，制定出科学合理的战略目标。

二、我国教学型大学的办学定位

美国著名的高等教育家欧内斯特提出：高品质的大学必须有明确且有活力的学校目标。这并不是满足所有人的需求的杂烩，有必要将重点放在很多要求下进行选择，决定哪些方向需要优先考虑。潘懋元认为，无论哪个学校为了维持可持续发展，首先必须明确自己的发展方向，应该根据外部环境和自身特征进行正确的定位。办学定位既是学校的发展方向，也是学校一切教育教学活动的根本。教学型大学以其绝对的数量和庞大的规模成为我国大学的中坚力量，它的发展问题日益成为我国高校发展的核心问题。但由于种种原因，我国教学型大学在对自己发展的定位上普遍存在着很多问题。教学型大学如果不能找准自身的定位、办出特色，就很难持续健康发展。

教学型大学的定位，是指教学型大学根据自己的条件、职能、国家和社会的需求以及学生的需求，按照扬长避短的原则，经过纵横分析和比较，在认识自己的基础、优势和不足的基础上，准确了解自己的角色，并确定服务面向、发展目标和任务而进行的一系列主动战略思考和计划活动。它包括总体目标定位、人才培养目标定位、学科专业定位、办学思路和发展战略定位以及科研方向定位等，其中最为重要的是人才培养目标定位。[1]

（一）我国教学型大学的办学理念定位

学校的经营理念是学者最基本的理性认识和具有一定意义的哲学抽象化概念。经营理念具有指导、调节和评价功能，引导大学发展的出路，影响学校领导的管理，决定学校教师的地位、作用和活动的效果。有些大学缺乏正确的经营理念，一方面形成了长期模式

---

[1] 陈厚丰. 浅论高等学校分类与定位的若干理论问题 [J]. 中国高教研究，2003（11）：48.

化、制度化的思维定式，缺乏"随着时代发展"的创造热情和个性，缺乏行为的创意和变动；另一方面，在很多情况下，大学的特殊性都被置之不理，只能跟随社会的潮流左右摇摆，大学未能成为创新的场所，而沦为某种工具。因此，教学型大学确立前瞻性的办学理念、明确办学思路是制定战略目标的首要任务。

办学理念的建构，要正确掌握学校生存和发展的背景，掌握当前世界高等教育发展的趋势，根据社会政治经济发展的需要，抓住发展机遇，在学校发展的关键时期建立相应的战略重点。特别是在激烈竞争的形势下，要大胆地制订计划，不可安于现状。

根据大学以教学为主的客观情况、追求高质量人才的基本要求，从满足时下社会和经济发展需求的基本点入手，本人认为，办学理念应包含以下3个方面：

1. 自由

办学的自由是由恰当的教育机制形成的一种教育秩序。在这种秩序中，管理者可以根据服务对象来调整自己的意图，培养具有本土化特色的人才。世界上优秀的教学型大学都把"自由"作为自己的办学理念，把培养特色人才作为立校之本。施莱尔马赫（Schleiermacher）认为：大学首要的目标并不在于教给学生知识，而在于培养学生的科学精神，这种精神是无法强制成型的，只能在自由中慢慢产生。要具有自由的理念，教学型大学要明确以下4点：一是要尊重教师、依靠教师，千方百计地调动其主动性和积极性。二是要营造良好的教学环境和条件。三是要协调好校内外各方面的因素，以教学为中心，为教学服务。四是要明确办学自由不是为了摆脱社会约束和社会责任，而是为了更好地服务社会。充分地了解社会和更好地服务社会是办学自由的保证。

2. 服务

服务是指在社会不断发展的过程中对大学的期望和教学型大学

自身发展需要的反映,是以知识和智力为特征的服务,是其他社会机构所不能承担和替代的。教学型大学的社会服务涉及各个领域,服务的形式也不断多样化,主要表现在:①教学服务,包括委托培养、推广教育及举办技术创新人才培训等;②科技服务,包括科技成果转让、技术咨询等;③信息服务,包括共享大学数据库、图书资料等;④设备服务,包括向社会开放仪器设备、实验室、电教中心、计算中心等。

3. 创新

教学型大学要想有效地为社会服务,必须不断革新。革新不仅要培养具有革新意识和个性的人才,还要面向社会,在专业设置、人才培养模式等方面进行革新。为了推动教学型大学不断革新,必须转变管理者的旧观念和模式,采纳新的管理理论,尤其要让管理者和教师具有创造性思维。大学要预测未来知识经济时代的新发展、新要求,不仅要培养适应地方和社会发展需要的复合型、创造型、地区型人才,还要努力使大学成为科技创新的辐射源、知识革新的发源地,加强获得大学知识和信息的能力,更新仪器设备,实现网络化,为自身知识的更新创造条件,使教育科研跟上科学技术发展的步伐。

(二)我国教学型大学的总体目标定位

我国教学型大学主要以本科生的教学为主,有的学校有很少的研究生或专科生。大学专业设置要在适应社会需要的前提下,同时满足学校规模效益和专业规模效益,这是教学型大学提高效益的重要手段。因此,面向本省市经济发展的需要,加强专业面,大幅提高规模效益,是教学型大学发展的基本选择。

我国教学型大学要专精于行业,主要为某一行业培养各种应用型高级专业人才。也可以专业口径广,适应面较广。不但要有一定的理论水平，还要加强通识教育。对于一般的过程、多种技术，需要理解和把握，但并不是全部都熟练。所以我国教学型大学的办学定位应以"育人为本、应用型、区域性"为核心，即以培养人才为本，坚持应用型专业设置与人才培养规格，为一定区域的产、学、研基地建设培养各类人才。

育人为本是科学发展观在高等学校的具体体现，是一种具有时代特征的办学理念，是高等学校履行职责和健康发展的内在要求。坚持加强应用专业设置和人才培养规格，既是目前国家经济建设和社会发展的要求，也符合教学型大学自身特色。坚持区域性是学校扬长避短、发挥自身优势、走特色化发展的必由之路。

（三）我国教学型大学的人才培养模式及培养目标定位

教学型大学是我国高等教育的主力，数量广，水平高，类型多，是培养应用型高级人才的主要力量。教育部在《关于做好普通高等学校本科学科专业结构调整工作的若干原则意见》中提出：社会对高层次应用型人才的需求将更加迫切。高等学校尤其地方高等学校，要紧密结合地方经济建设发展需要，科学运用市场调节机制，合理调整和配置教育资源，加强应用型学科专业建设，积极设置主要面向地方支柱产业、高新技术产业、服务业的应用型学科专业，为地方经济建设输送各类应用型人才。

长期以来，教学型大学的人才培养，在教育功能上主要以传授前人知识为主要特征；在教育教学组织上以教师为中心，教学方式为单向的知识传授型的灌输方式；在人才培养模式上为单一的学科领域中的专业对口教育，以至于人才的知识结构单一、知识范围狭小、适应性差。为了克服这个缺点，各学校以培养应用型、复合型人才为出发点，按照"基础牢固，扩展知识，应用能力强，素质高，有较强的革新精神"的要求，以人为本，让学生会学习、敢创新、会做人。对于教学型大学人才培养中的应用型特色，在学生的知识构建中，应该把握教育和专业教育的关系，为终身教育打下基础。

在确立培养目标上，本科教育培养了具有创新性潜力和技术开发能力的应用型人才，并表现为以通识为基础的技术应用方面的人才。在知识构建中，本科教育为学生建立可塑性知识框架，为学生提供坚实的知识，强调知识体系完善、系统和科学性，以及以通识为基础的深层专业理论基础，强调较宽的专业知识面和较强的科学创造能力。在培养素质和能力方面，本科教育注重培养知识和技术的应用能力，同时构建利用学生知识进行技术创新和技术的二次开发的能力，必须强调培养综合素质。在人才培养模式的实现方式中，重视技术应用能力的培育，不仅重视实践教育，还重视理论教育。

（四）我国教学型大学的科研方向定位

教学型大学的基本学术倾向为学科专业的教育教学研究、科技成果转化及应用性研究。通过对科技成果的开发、推广和服务，主动为地方经济发展和企业的技术发展解决种种科技问题。其科技发展以满足当地需求为主要目的，是该区域经济社会发展的教育、文化和科技中心。

三、我国教学型大学战略目标的抉择

（一）我国教学型大学战略目标的价值抉择

教学型大学战略目标是在教学型大学培养目的的前提下设定的。教学型大学的战略目标内在地体现着培养目标，教学型大学战略目标的教育价值取向透射出战略目标的价值取向，因此，我国教学型大学战略目标的价值抉择就是教学型大学人才培养目标的价值抉择。

大学究竟要确立怎样的培养目标？纽曼认为：大学应该排除功利主义的目的，抵制以科研为中心的大学目标，大学必须是促进知识传播的场所。自由教育是大学的最佳选择。只有自由教育能够更好地承担生活带来的各种责任，因此成为有智慧、责任感和更有活力的社会成员。在纽曼看来，大学教育人才培养的目标是尽可能全面地发展人的理性，形成终身利益良好的品质，如公正、冷静、温和、理性等。韦伯伦认为，大学的唯一目的是进行纯粹的科学和学术研究，按德国带徒弟的方式进行，大学不应该具有培养所有人的责任。怀海德则认为：大学如果不能为国家社会服务，那么扩大高等教育规模只能是镜花水月。研究和教育并非大学的起源，只有通过为国家社会服务，大学才能得到生动的体现和有效的发展。[1]

多元的社会和多元的文化使大学教育的人才培养目标的价值取向也呈现出多元化。教育目标的价值抉择在大学的发展中至关重要，它关系着人才问题、大学的生存问题。因此，在教学型大学的战略管理中，需要对教学型大学的培养目标做出价值抉择。

1. 理论型人才与应用型人才

教学型大学的主要任务是重点培养理论型人才还是侧重于培养应用型人才，这是教学型大学教育的重要选择方向，也是领导者必须面对的问题。

首先，理论和应用类型是人才概念的不同方向。理论型人才培养是要求学生掌握基于学科知识和相应的一般智力的扎实而广泛的知识。应用型人才培养则要求学生有能力运用知识和智慧来解决实际的问题。基础厚实、知识广博仅是解决实际问题的必要条件，并不能很好地解决实际问题；同时，学习能力强是获得知识的基本手段，并不是说学习能力强就等于知识渊博或能力优秀。但不可否认应用能力与基础知识的积累程度成正比，这也是当前许多国家同时

---

[1] 冯增俊.现代高等教育模式论[M].广州：广东高等教育出版社，1993：116-118.

强调加强基础培养和应用能力的原因。[1] 大学教育的时间有限，基础教育与应用能力可能无法兼顾，因此，教学型大学必须在主要培养什么样的人才、怎样处理理论与应用的关系方面找准自己的位置。

其次，理论和应用类型是学校的方向。根据人才培养规范，大学的类型主要有两种：一是培养基础研究人才的学术大学，二是培养实际应用型人才的职业大学。在中国，自1952年调整院系以来，两类大学之间的界限非常明确：一类是拥有文科和理科的综合性大学，另一类是包括工程、农业、林业和医学的专业大学。但是，经过20世纪末到21世纪初的大学合并，大学的规模迅速扩大，大学"类"的界限开始变得模糊起来，学校也有了更多的自主选择，因而今日之中国大学，在培育目标和人才培养方向上都需要做出价值抉择。作为中国大学重要组成部分的教学型大学，在面对外界的多种诱因和经济利益驱动时，怎样把握好自己在培养人才方面所追求的方向，是重点培养理论型人才还是更加注重培养应用方面的人才，还是二者兼而有之，就需要做出选择，以定位自己的办学方向。

2. 通才与专才

自20世纪四五十年代以来，随着现代科学的发展，出现了高度差异化、一体化和综合化的趋势。通才教育已成为当前世界大学共同的选择。通才指"具有广泛知识和才能的人"。从人才和教育的角度来看，它被称为横向型人才（all-round person），即知识面更广、发展更全面、活动领域更广泛的人才。专才意味着"只对某个方面感兴趣，甚至对一个很小的专业有深入研究，知识面较窄"。也可以说，专才指的是专业方向集中并且仅在某个领域的某个方面具有专

---

[1] 王伟廉. 试论高等教育思想中的基本理论问题 [J]. 教育研究，1994（7）：18.

业知识和技能的人。[1]

在国内的教育体系中，专门培养通才或专才都颇具争议。从理论上讲，大多数人都赞成通才教育。在知识爆炸的当下，学习和思考比获取专业知识更重要。但是，从实际的角度来看，大学通识教育的实施并不容易。抵抗力首先来自学校内部。一些专家和教授反对在本科阶段实施通才教育，因为如果这样做，他们必须对自己熟悉或习惯的事情做一些改变。其次，政府部门一方面在努力推动大学改革，将专才教育转化为通才教育；另一方面，在不知不觉中设置各种障碍，如××资格考试，使未经过特殊教育的学生不好找工作。大学本身也无法为改革付出更多，例如投资开设更多新课程。当然，社区中也有一些人持谨慎态度，他们对通才教育是否符合中国国情持怀疑态度。总之，普及通才教育的实施非常困难。

虽然通才教育作为大学教育的一种发展趋势是不可阻挡的，但就目前中国的大学尤其教学型大学在通才与专才教育上的抉择，不是任其所想，而是必须根据中国当前的国情、学校的实际情况、学生的实际发展，以及当地经济发展的眼前需要与长远需要而做出恰当的取舍：通才教育、专才教育还是二者兼而有之。

3. 社会发展需求与个体发展需求

教学型大学要明确自身培养目标是依据社会需求还是个体需求，这同样需要做出正确的取舍。

社会发展需求有与个人发展符合的方面，也存在不一致甚至对立的一面。从一致性的角度来看，个人发展需求和社会发展需求是相辅相成的，互为因果关系：个人发展需求得到一定程度的满足，将极大地调动个人在社会主义建设中的积极性，促进创造力最大化发

---

[1] 李剑萍. 20世纪中国的高等教育：通才教育与专才教育的张力 [J]. 山东师范大学学报（人文社会科学版），2002,47（5）：109.

挥，促进社会发展；社会的发展也为个人的发展提供了丰富的物质基础和条件。

但是，社会发展需求与个人发展需求之间也存在不一致或对立之处，因为社会需求不能等同于个人需求，社会理想不一定是个人理想。因此，社会利益与个人利益之间总会存在一些不一致甚至矛盾之处。在这种情况下，学校的教育有必要在社会需求和个人需求之间做出选择。社会需求导向的培养目标具有以下特点：第一，强调一般理性意识的塑造；第二，培养学生参与、改造社会生活，以及与他人合作的能力；第三，突出个人遵守纪律的重要性。个人需求导向的培养目标具有以下特点：第一，尊重个体生命的价值和人格的尊严；第二，强调个体存在的重要性和人格全面发展的重要性；第三，认为为"人"做教育比做"公民"教育更重要；第四，培养和提高学生的自我选择能力，培养一种真诚、负责任的生活态度；第五，尊重学生的基本自由权利。

4. 统一性与多样性

统一性与多样性不仅涉及大学教育中的人才观、质量观、价值观等基本问题，也涉及人才培养的规格和方法、专业课的设置等具体问题。从多种角度和意义出发，多样性的同义词有很多，诸如弹性、灵活性、多元性、因地制宜、百花齐放等等。同样，说明统一性的词语也很多，诸如刚性、单一性、一致性、标准化等等。

自从新中国成立以来，大学管理中的主导地位往往是刚性或统一性，灵活性和多样性较少。如果这种统一的管理模式在计划经济体制下仍然具有其合理性，那么在市场经济条件下，这可能就是不合理的。因为市场经济与人才的多样性密切相关。一方面，与单一所有制经济相比，多元化所有制经济成分对人才规范的要求也更加多样化；另一方面，市场的竞争和监管以及基于此的优胜劣汰规则将不可避免地导致劳动力竞争和就业的不确定性。教学型大学是否能够适应这种不断变化的经济发展取决于其人才培养模式是否与市场的人才需求的多样性相一致，取决于学校的人才培养规格、培训方法、专业课程和毕业生就业方面是否具有灵活的响应机制。

即便退一步讲，在计划经济时代，教学目标与教学型大学的多样性之间也没有自然的矛盾和冲突。因为多样性是高等教育固有规律的客观要求。作为一个群体，大学生由不同的个人组成。由于先天遗传、后天环境和教育等因素，个体和个体之间存在差异。这种个体差异反映了学生身心发展的规律性。大学的培养目标是否基于学生个体差异的多样性，是衡量大学教育是否遵循内在规律的措施之一。因此，无论计划经济还是市场经济条件，教学型大学培养目标的发展必须反映并遵守这一客观规律。

但是，大学的培养目标必须具备基本和统一的要求。多样性不等于没有标准或低质量，均匀性不是"相同"或"不变"。作为教学型大学的管理者，在建立培养目标时，是否有必要在多样性的基础上寻求统一，或者在统一的基础上寻找多样性？此外，在选择其中一个矛盾方面的前提下，应该在多大程度上寻求矛盾？这确实需要认真考虑和进行价值判断。

（二）我国教学型大学战略目标的抉择技术

教学型大学战略目标的抉择过程中，战略制定者必须对理论型人才与应用型人才、通才与专才、社会发展需求与个体发展需求、统一性与多样性问题做出非此即彼的判断。人们通常把这一过程称为"抉择"。

1. 成立抉择集体

教学型大学战略目标究竟应该由谁来抉择？约翰·怀特指出，学校的培养目标应该由学者来选择。如果说我们不应该在孩子们身上强加一些教学目标，那么我们也有理由认为教学型大学的教育目标不应由学校以外的机构来施加,不管是中央政府、地方当局、学校委员会,还是别的什么机构。因为,"在学术性的研究之外没有什么可以求助的东西,只有学者对学术性的研究最为了解"[1]。

然而,在中国大学的管理中,与怀特想法相同的人寥寥无几。在中国,人们对大学教育目标的理解仍然存在很大差异。有些人认为大学的教育目标太重要了,只有学校领导才有资格做出选择;有些人认为这只是一些小事,由谁来做是无关紧要的。理解的偏差将不可避免地影响实践。因此,在我国大学教育目标的选择上,形成了两种方式:一种是以学校党委书记和校长为首的领导进行选择,另一种是学校教务处来选择。学者们通常被排除在大学教育目标的选择之外。

对于教学型大学战略目标的选择不是个人选择,而是集体选择。个人选择的优势在于选择过程是高效的,但受个人知识、能力以及解决问题的方法和手段的限制,结果往往是不完整或不现实的。集体选择恰恰相反,选择过程的效率不高,但结果更全面、更现实。战略目标的选择是教学型大学战略管理中最重要的事件,它与教育质量和办学方向有关,如果这样一个重大的问题交由某一个人处理,那就像给战争做决定一般,太莽撞了。

本人认为,无论是在领导层面、部门层面,还是学者层面,选择大学的战略目标都需要集体行为而不是个人行为。可以将学校党委委员、校长及其助手、学校教师、学校行政人员、教育或课程专家、社区以及其他人员组成一个混合选拔小组并实施多层面整合的"混合型"抉择。

2. 抉择原则

教学型大学战略目标的价值抉择是学校发展决策的主要根据,

---

[1] 约翰·怀特. 再论教育目的 [M]. 李永宏, 等译. 北京: 教育科学出版社, 1997: 26.

它决定着学校的发展方向。在抉择的过程中必须坚持适时性、前瞻性、特色性、可行性和整体优化原则。

（1）适时性原则

"适时"意味着教学型大学的战略目标必须与时代同步，必须慎重防止思维固化。与时代的同步至少有3个方面的内容：首先，与现在的经济社会发展水平一致。教学型大学的战略目标能否反映经济社会发展，特别是科技发展提出的新要求，是评价"适时"的指标之一。其次，必须与现在的高等教育发展水平一致。因为不同时期、不同阶段教学型大学的战略目标不同，只有与现时的高等教育发展水平保持一致，才会使其具有竞争力。最后，必须考虑现在的大学生身心的发展水平。传统意义上，大学在校生的年龄通常为18-21岁，大学的培养目标是基于这个年龄阶段的身心发展特征制定的。现在大学生的年龄已经显现出结构变化，进大学已经不是青年的特权了。因此，战略目标的选择必须考虑这种变化。另外，即使是处于传统年龄阶段的学生，身心发展的个别差异以及身心发展水平的进化，也是教学型大学在选择战略目标的过程中必须考虑的问题。

（2）前瞻性原则

前瞻性是指教学型大学选择战略目标时不仅要考虑眼前现实的情况，还要有远见，对未来的发展途径和方向做出预测。

教育是面向未来的事业，正所谓"十年树木，百年树人"。大学教育是整个教育事业的有机组成部分，大学拟计划、定目标、做决策或处理其他事务时，既要考虑现实的情况和条件，也要考虑未来的发展和需要。教学型大学的战略抉择事关学校的发展和大学生的培养，应该更多地指向未来而不应仅仅局限在眼前，因为战略目标的抉择是一个短暂的过程，而大学生的培养是一个较长的时期。如果战略目标、培养目标不富有前瞻性和超前意识，教学型大学的发展就会遇到严重的挫折。

（3）特色性原则

"特色"是指教学型大学的战略目标要具有自己的特点和风格。办大学需要特色，没有特色就没有高质量。特色主要在于其人才培养的质量和规格，而人才培养的质量与规格是大学战略目标的主干部分。坚持特色原则，一是要对国情、校情以及经济社会发展总体趋势有较为全面的了解和把握；二是要有独特的教育思想观念；三是要有持久的理想、追求，以及建立在此基础上的踏实的作风。

（4）可行性原则

是否切实可行是衡量教学型大学战略目标优劣与否的重要指标，因而在教学型大学战略目标的抉择中需要仔细斟酌和考虑。战略目标的可行性受制于诸如教师的数量与质量、学生生源及其素质、教育教学的设备与设施、国家政治经济与文化发展背景、学校所处的地理环境等因素。坚持可行性原则，就是要根据学校的实际情况对战略目标做出恰如其分的抉择，即所厘定的战略目标是学校经过努力可以实现和达到的。

（5）整体优化原则

教学型大学战略目标的抉择需要在各个层面上做出，诸如培养什么样的人才（学术型或应用型），人才的标准是什么（通才或专才），按照何种方式来培养人才（社会发展需求或个体发展需求），学校的管理策略是什么（统一性或多样性），等等。整体优化原则指战略的总目标和具体的目标体系是一个有机的整体，各个层面要具有广泛的一致性，不应出现前后矛盾或对立的情况。

3. 抉择方法

抉择该如何进行？在美国大学管理中常用的战略目标的抉择方法有理性抉择法、渐进抉择法、"过得去就好"抉择法、"垃圾桶式"抉择法等。而在其他领域如经济管理中常用的战略目标的抉择方法有头脑风暴法、德尔菲法、教育交流法、集体磋商法等等[1]。本人认为，在教学型大学战略管理中，战略目标的抉择方法主要有两类：一类是民主式抉择方法，另一类是集中式抉择方法。

民主抉择主要包括三层含义：一是指参与抉择的人员构成具有广泛的代表性，二是指参与者能够自由而充分地阐发自己的意见和观点，三是指抉择结果能体现多数人的意愿。民主抉择的前提和基础是"少数服从多数"。集中抉择的基本假设是"真理往往在少数人一边"，因此，抉择常常由一个人或少数几个人做出。

民主抉择和集中抉择各有优缺点。一般而言，前者比较全面、准确，但效率较低；后者效率高却易陷于片面甚至会因抉择失误而造成损失。在现实战略目标的抉择中，为了发挥二者之长、避其不足，就要综合利用它们。

教学型大学战略目标抉择作为学校战略管理中最重大的问题之一，需要抉择者谨慎、周密地思考，切忌武断和轻率，既要民主又要集中，既要质量又要效率。要遵照党的教育方针、社会发展对教育的新需求、高等教育新理念和教学型大学的办学宗旨以及实际情况等，科学、合理、全面地进行战略目标抉择。

四、本章小结与创新

教学型大学的战略目标是对教学型大学未来发展趋势和方向的预见，是对学校持续发展的创造性思考。教学型大学的战略目标内在地体现着培养目标，战略目标的教育价值取向透射出战略目标的价值取向，因此，战略目标的价值抉择就是人才培养目标的价值抉择。在教学型大学战略目标的抉择过程中，战略制定者必须对理论型人才与应用型人才、通才与专才、社会发展需求与个体发展需求、

---

[1] 周三多. 管理学：原理与方法 [M]. 上海：复旦大学出版社，1993：177-179.

统一性与多样性问题做出科学的判断与取舍。要使战略目标抉择科学合理，必须成立抉择集体，坚持适时性、前瞻性、特色性、可行性和整体优化原则，依据党的教育方针、社会发展对教育的新需求、高等教育新理念和教学型大学的办学宗旨以及实际情况等进行战略目标抉择。

　　本章的创新点在于：一是提出了我国教学型大学战略目标的主要依据是党的教育方针、高等教育思想观念和教学型大学的办学宗旨；二是把我国教学型大学的总纲领定位为以培养人才为本，应用型专业设置与人才培养规格并进，服务于区域性的产、学、研基地建设；三是提出教学型大学人才培养目标的选择是集体行为而非个体行为的思想。

第四章
我国教学型大学的几种战略模式

战略模式是在一定的教育思想的指导下，依据学校的办学定位形成的相对稳定的、系统化和理论化的学校发展范型。为了实现教学型大学的使命和战略目标，必须制定有效的、可操作的发展战略。教学型大学在对自己的战略管理思想、使命、战略目标、行动规划和内外环境因素进行反复思考、深思熟虑和统筹谋划的基础上，形成了各具特色的战略模式。这些战略模式主要有品牌经营战略、特色发展战略、和谐发展战略和社区化战略。

一、品牌经营战略

根据世界知名管理咨询公司麦肯锡公司的分析报告，《财富》杂志前250家公司中近50%家公司的无形资产具有市场价值，品牌价值是其中的重要组成部分。同样，在市场经济迅速发展，我国已经"入世"，以及日益开放的教育环境下，越来越多的学校经营者开始意识到强大的品牌学校不仅可以使学校获得更多"超额利润"，还可以不断提高学校质量，带来更好的社会效益。因此，品牌经营战略日益成为人们关注的重要问题。

（一）品牌经营战略的含义

"品牌"一词来源于古挪威文字，它的中文意思是"烙印"。按照现代经营理念，品牌是指消费者和产品之间的全部体验，包括物质体验和精神体验。当类似学校的办学条件趋于同质化时，人们不再将其优缺点与学校的外部特征和物理属性区分开来，而是从学校品牌中选择。品牌经营战略是通过提高学校的知名度和美感，树立良好的学校形象，制定顾客忠诚度的策略，目标是使学校成为知名大学。

对于学生和家长而言，品牌是一种经验，作为教育的消费者——学生和家长凭借自己对学校的印象（过去的经验或别人的经验）做出选择。对教学型大学及其办学者而言，品牌是一种制约，当学校成为被社会、家长和学生认可的强势品牌时，学校的竞争力就会明显增强，而要赶上或超越品牌学校，就需要花费更多的时间和精力。对品牌自身而言，品牌是一种保证，给人以信任。品牌是存在人们心中的学校与教育的消费者之间的一种"契约"。品牌向消费者承诺："我是优秀的，是值得信赖的，选择我就选择了放心。"良好的学校形象是教学型大学巨大的市场资源和无形的资产，对学校的发展有很大的影响。一所知名的大学可以得到社会上的巨额资助，它的毕业生受到社会用人单位的欢迎，可以获得更高的工资，与此同时，其知名度也是吸引国内外优秀学生的强大磁铁。品牌经营战略可以使教学型大学在教育的消费者之间产生巨大的影响力，形成良好的品牌形象，吸引更多的学子，为民族培养更多的优秀人才。

（二）实施品牌经营战略的策略

1. 抓教育质量，创特色优势

教育教学质量是树立大学品牌的基础和根本，是品牌学校的核心与保证。也可以说，教育教学质量是品牌大学的"魂"，没有了魂就无所谓品牌。教学质量的提高不仅要有一流的教育教学设施和办学环境，而且要有一流的教师和管理队伍；不仅要有切实可行、高效完善的管理制度，而且要有明晰的办学目标和先进的办学理念。而学校的教学质量通过培养对象的素质体现出来。教学型大学在树立品牌的过程中，要坚持教学质量第一，转变传统的人才质量观，运用新的教育理念，培养出高素质的复合人才，使教学型大学在高质量人才培养的支撑中得以持续不断地发展。特别是在实施日常质量管理的过程中，学校管理人员和教育教学工作者必须警惕周围经常发生的学校"信誉透支"现象。这种现象集中在学校质量管理惯例的"虚设"，如学生的出勤管理松散、考试作弊纵容、教学辅助工具被滥用、考试成绩缺乏公平性、忽视学生作业检查、教学计划随意变动、扩大班级招生规模和班级容量。

创建品牌学校的关键是特色优势。个性是强势品牌的基本特征之一，品牌学校的建设也应突出学校的个性，教学型大学应该通过强调自己的独特性来创造自己的品牌。教学型大学的特色是共性与个性的统一、是个性与优质的统一、是个性的相对稳定与不断发展的统一。它不仅是时代发展的要求、事物发展规律的具体体现，也是学校生存和发展的要求。从学校特色的表现主体和创建主体来看，教学型大学的特色可具体分为名生策略、名师策略、名校长策略；从学校特色创建的手段与方法来看，可具体分为学校课程开发特色、科研兴校特色、教育理念特色；从学校特色的内容来看，可具体分为德育特色、智育特色、体育特色、美育特色、劳动技术教育特色等。创建教学型大学品牌就要在高质量教育的前提下，从学校的现实中分析其特色优势，即从本校自身的实际包括物质条件（即学校物质载体的承受力）、办学过程、所处的社会背景中确定相对优势，从本校教育思想、培养目标、课程设置、师资建设、教育管理、校园环境、学校设施等方面确定优势，创设特色，树立形象，构建品牌。

2. 塑品牌形象，求认知认同

构建教学型大学品牌，确立自己独特、清晰的形象，还需要了解学校品牌的形成过程。学校品牌的形成，包括学校品牌定位、学校形象传播、学校品牌内部认同等，即明确学校品牌如何定位，学校将以什么样的形象出现，这个形象将传达给师生、家长和社会怎样的信息，如何使教职工和学生对这种形象产生认同，等等。

要建立一个独特而清晰的学校品牌形象，首先是品牌定位。为了进行有效的品牌管理，学校必须有明确的目标和定位。学校的教育目标和品牌定位基于学校的核心经营理念、学校独特的竞争力和办学优势。其次是形象传播。从当前的通信理论和实际操作来看，"整合传播"是投入产出率最高、最强大的策略，即利用所有必要的传播媒体和工具来吸引消费者传播相同的主题和声音。当学校使用沟通策略传播形象时：一是必须注意传播轮次上的时间间隔，以形成"一波未平，一波又起"的态势，从而产生品牌影响的叠加效果（"波浪原则"）；二是要注意运用"马太效应"，即在操作形象传播时一定要努力使自己学校的形象和办学理念成为目标受众中的主流；三是在做学校形象推广时一定要做好第一次，否则，就会像第一次未充满的电池一样，下一次想充满就很难了（"充电池的原理"）。最后是品牌的内部认同。即让教师、学生和员工认同学校的教育目标、教育理念、校园文化，这是影响学校品牌形象的一个主要因素，因为学校品牌形象的价值是通过一个个具体的人（包括校长、教师、学生，甚至家长）表现出来的。因此，学校要建设好品牌形象，就要建设好学校品牌形象的内部认同。

3.命好校名，设好标识

良好的学校名称不仅可以使学校的品牌形象易于传播，而且可以自然地将学校的文化理念和价值追求传达给师生，促进师生的价值追求。一个好的学校名称，一是必须有内涵，简单易记；二是要尽可能地适应大多数人的习惯；三是要避免简单地使用地名和序列号；四是应尽可能反映某些特征和意义。

良好的徽标图像设计也将有助于学校传达更多积极和正面的信息。众所周知，所谓的"VI传播能力"与产生企业生产力的所有因素，如研发、生产、营销和服务，具有相同的产生利润和价值的功能。同样，有代表性的学校标识也能为学校品牌构建打下良好的形象基础，如校训、校服、校徽等都内在地透射出学校的品牌形象，体现着学校的价值追求、办学理念和特色。

4. 做好品牌的宣传推广

教学型大学品牌学校建设离不开有效的宣传和推广。所谓的品牌，实际上意味着该组织提供的某种品牌的产品或服务具有很高的声誉，公众可以有效地选择该品牌的产品或服务。在当今竞争激烈的变革时代，教学型大学采用适当的宣传和推广策略，以吸引公众的注意力，提高学校的知名度，并加强公众对学校的有效选择。在利用宣传策略建立品牌学校的过程中，如何真正体现教学型大学的本质与其他学校不同，学校本身的特点是推广战略有效性的重要前提。由清华大学举办的"少年大学日"活动是成功使用推广策略的典范。这一系列活动的成功之处在于，清华大学开展的中学生开放活动不仅充分体现了学校教育的本质，也充分体现了清华大学独特的人力资源、良好的设施设备和历史资源。[1] 此外，教学型大学正在根据事实对公众的需求做出正确的判断，准确把握宣传时机，正确运用宣传推广策略，提高学校声誉。

5. 努力提升学校品牌

（1）品牌联手

借鉴企业经营的成功经验，教学型大学品牌学校形象的扩展和品牌价值的提升同样也可以通过与其他品牌学校联手来迅速实现。如东南大学、南京外国语学校与南京市琅琊路小学进行品牌的强强联手，建立"南京二十一世纪双语学校"，扩展品牌影响，就是成功的范例。品牌联手往往是基于合作双方或多方的品牌共赢，因此也

---

[1] 张连生. 学校形象论：学校公共关系的理论与实践 [M]. 北京：现代知识出版社，2000：204-206.

较容易得到来自合作伙伴和教育的消费者的积极反馈。名校之间的品牌联手可以帮助其在更大的教育市场上迅速确立品牌价值。同样，非名牌学校也可以运用这种方法，通过与名牌学校结成联盟，依托他人优势提升自身品牌价值。教学型大学在运用品牌联手提升学校品牌时，关键的是找准合作的契合点，发挥自己的相对优势。

（2）品牌延伸

品牌延伸指企业营销中利用消费者对现有成功品牌的信赖和忠诚，推动副品牌或其他品牌产品的销售。品牌延伸策略包括副品牌策略和多品牌策略。近年来，北京大学附属中学等国内名校借助于其强大的品牌号召力和在教育市场上的优势，在各地征求联办"北大附中网校"，采取的就是副品牌策略。它不仅强化了社会对其原有教育品牌的信赖，而且利用人们对名校品牌的这种信赖，有效地引领各地对其远程教育这一崭新模式的关注。多品牌策略是基于不同品牌的诉求，利用多品牌来强化品牌学校的形象。教学型大学品牌学校在提升学校品牌时，同样可以运用学校的强势副品牌来强化教育的消费者对学校主品牌的印象。而运用多品牌策略时，除了准确把握社会、家庭对教育的需求差异，最为重要的是要寻求能把各种品牌"串"在一起的黄金线，即一种贯穿于各品牌之中的核心精神——先进的、适于本校的、独特的、创新的教育理念，以此提升学校品牌的知名度。

（3）品牌输出

著名校长冯恩洪领导的建平中学，是在上海乃至全国都有较高知名度和良好声誉的一所学校。几年前，该校适应社会对优质教育资源的需求，依靠自己的品牌优势，通过品牌输出实现了与学校经营分离的品牌经营，先后在上海和其他一些地方兼并或托管了部分学校，不仅扩展了本校的办学空间，提高了美誉度，而且增强了被兼并或被托管学校的影响力，最终实现了学校间的共赢。教学型大学也可以利用品牌输出，兼并或托管其他院校，拓展学校发展空间，提升学校品牌，带动学校的发展。

（4）创造一个好的概念

好的产品需要有好的概念来烘托。无锡市的锡山高中正是确立了培养"做站直了的现代中国人"的办学理念和在全国首先引入"校本课程"的概念，并构建起完整的校本课程体系而逐步形成了自己的品牌优势。同样，教学型大学提升学校品牌，也需要打造出富含学校品牌内涵的全新概念，扩大学校的影响力和竞争力。

二、特色发展战略

特色就是优势，特色就是生存的本钱。教学型大学在师资、国家支持力度、学校的实力等方面都无法与研究型大学抗衡，因此，在发展时应根据实际，立足本校特色优势，以当地社会经济发展为依托，谋求教学型大学的生存与稳步发展。

（一）特色发展战略的含义

特色发展战略是指教学型大学的办学者根据学校自身的实际，刻意追求逐步实现的学校工作的某一方面特别优于其他方面，也特别优于其他学校的独特的稳定的品质。学校特色具有4个基本属性，即绝对性与相对性的统一，独特性与普遍性的统一，抽象性与实在性的统一，稳定性与变动性的统一，其源于物质世界的差异性、社会需求的广阔性、办学主体的能动性和发展时代的多元性。

实施特色发展战略，具有十分重要的意义。一是可以为人才成长创设特殊氛围。以学校特色办学，能够把具有某种特色的学校精神熔铸进学生的心理品质，为人才的成长提供特定的价值导向。二是可以为教学型大学发展赢得竞争实力。学校特色建设目标本身就具有一种感召力。学校任何一种特色建设，都能有效地促进学校工作的整体优化，有利于良好而独特的公众形象的树立，有利于取得并巩固为其他学校所不能代替的地位。三是可以为办学理念注入源头活水,可以为教育决策拓展感性思维。如1983年建校的汕头大学,是粤东地区唯一的一所综合性高等学校,学校以"把汕头大学建设成一所有特色的、现代化的高等学府"为总体发展目标,实行了培养跨世纪应用型人才、走以教学为主的"教学－科研型"之路的特色发展战略。经过20多年的努力,学校立足潮汕地区,面向全国,各项工作取得了长足的发展。又如1993年创办的深圳职业技术学院,是为深圳社会经济发展培养应用技术与管理人才的一所全日制普通高等职业学校。学院坚持"以能力培养为中心"的教学原则,着力培养学生在生产、经营、管理第一线进行技术操作、指导和管理的能力。由于定位明确,措施得力,其应届毕业生一次性就业率始终保持在90%以上。2001年,教育部批准该学院3个专业试办四年制高职。同年,该学院成为全国30所建设示范性职业技术学院之一。

(二)实施特色发展战略的策略

1. 确立独特的教育思想

学校特色的形成与完善建立在独特的教育思想基础之上。此处提及的教育思想是指具有普遍指导意义且与学校具体实际完美结合的教育思想。具有普遍指导意义的教育思想,一是党与国家在推动教育事业发展过程中制定的各项方针与政策,此类内容中含有指导思想;二是体现教育理论所揭示的关于教育的客观规律、原理、法则等内容。教学型大学必须在普遍的教育思想的指导下,从学校实际出发,提出符合本校实际的教育思想。

教学型大学独特的教育思想来源于教学型大学的领导者对自身办学实践的科学总结,是教学型大学的管理者围绕当前发展状况、各类环境因素而做出的深入分析行为,在现实状况中汲取核心内容,为学校领导对资料的收集与分析工作提供指导,从习以为常的事物中汲取精华部分，总结全新的特性，经整合后得到学校长期发展中积淀的教育思想。教学型大学独到的教育思想还来源于对传统的大胆革命，没有怀疑精神，就不可能孕育出新的思想。独特的教育思想建立在以校长为核心的基础之上，具体反映的是以校长为领导，师生长期努力后所衍生出的智慧结晶，它将成为所有师生尤为珍贵的财富。

2. 结合自身实际，搞好特色定位

以自身实际情况为基准，提升特色定位的精准性，推动教学型大学朝着特色化方向发展，这是当前的关键性问题。在特色定位时，决策者需要围绕学校实际环境展开深度探究，得到客观的评估结果，总结优劣势以及后续发展中可能面临的问题。以准确分析校情为基础，充分把握持久性、需求性等一系列原则，制定本校的重点发展目标、定量指标以及后续发展规划表。特色定位是一项系统性工作，要体现在多个层面，除了彰显办学理念、管理制度、发展策略，还要充分考虑学校的实际情况，提升可行性与实用性，助力高等教育发展，具备前瞻化的能力。

3. 制定具体措施，落实规划

确定特色目标后，便要明确可行的执行措施，将其落实到位。首先，从特色定位出发，以此为核心制订详细规划，涉及教学规划、校园建设、学科发展、软硬件设施等多个方面。专项规划之间要相互协调，共同为实现总的特色目标服务。其次，要确定行动计划，对特色目标展开分析并划分为多个细分任务。它应该贯穿于年度工作计划中，由多个部门携手展开，或者以特色目标为引导确定可行的工作计划。再次，加大力度将规划落实到位，推动计划持续开展。资源得到有效的协调，责任需落实到位，改革管理体制要具有可行性，不仅如此，人员的沟通、协调等都要得到充分保障。最后，将特色目标作为核心展开各项监管工作，保障规划能够得到有效落实。

若实际情况与既定计划产生适当偏差,需在第一时间做出纠正;若与计划偏差过于严重,甚至到达无法实施的地步,则要对规划做出适当调整,提升可行性。

4. 坚持常抓不变,保持特色稳定

办学特色的形成需要经过长期的积累,并非经过一两届领导班子的努力便可实现。若要形成独树一帜的办学特色,需牢牢按照既定特色目标展开。首先,要确定最为合适的特色行为,加大宣传教育力度,引导全校师生对特色目标产生认知,自上而下创设优良的特色文化氛围,以执着的态度坚持下去,弘扬特色校园精神。必须在师生中积累起牢固的特色思想,才能提升特色办学的持续性,避免因领导班子变更而出现紊乱现象。其次,以特色目标为核心,做好制度建设工作。学校要将特色定位与特色目标有机融合起来,制定并筛选出一些可行的制度以推动特色办学的开展,将其落实到日常工作中,逐步培养起属于自身的特色制度文化。最后,贯彻与时俱进的基本理念。在后续发展中办学特色是相对稳定的,但在时间的推移下也会有一定的改变。与时俱进是源源不断的动力,要通过对所处时代背景的分析,适当调整自身特色,增强特色的时代感。

5. 形成独特优良的校风

一所学校的风格是校风,一所学校特色的标识也是校风。从社会心理学的角度来看,校风就是学校的社会心理环境,是对全体教师、学生和员工的心理发展发挥实际影响的整个生活环境,是教学型大学个性管理的集中体现。独特优良的校风是一种潜在课程,可以使学生在不知不觉中受到积极的影响。此所谓论道而不说教,"渐于此而不苦其难,入于中而不知其教"。像毛泽东同志亲自培育的"抗大"的"三大作风"、清华大学的"严谨认真"之风、北京大学的"民主与进步"之风、湖南省第一师范学校的"求实"之风等都是独特优良的校风,它们激励着学校不断前进。

三、和谐发展战略

教学型大学的战略管理是一个从环境分析、目标制定、战略执行到战略控制的过程，是在战略方向的指引下持续积累战略资源、创造价值的过程，是一个不断根据具体环境和条件的变化以及学校战略资源特性而不断反馈和调整的过程。因此，实施和谐发展战略，保持教学型大学各环节、各方面的高度和谐一致，就显得十分重要。

（一）和谐发展战略的含义

教学型大学的发展是一个有机的系统工程，它由若干个相互联系、相互作用的环节、要素构成，只有使系统内部及其与外界之间的结构相互协调、相互促进，才能充分发挥学校的整体功能，提高市场竞争力。在教学型大学实施战略管理的过程中，不但要保持系统与环境之间的一致性，而且要保持战略系统内部诸要素之间以及各因素间相互融合、支持的关系。只有这样，才能有效地促进学校的发展。因此，在制定战略目标时，要认真地分析各个具体目标之间的关系，统筹规划；在战略执行过程中，要随着环境的发展不断地调整，不能局限于某个时点的协调。

教学型大学的和谐发展主要包括：学校历史、现在与未来的和谐，学校发展速度与基础条件的和谐，学校的发展与经济社会的和谐，各级党政班子的和谐，党政管理队伍与教职员工的和谐，教学与科研的和谐，学科与学科的和谐，教师与学生的和谐，教师与教师的和谐，离退休老同志与在职人员的和谐，校园基本建设与师生需求的和谐，等等。

（二）实施和谐发展战略的条件

1. 有一个坚强的领导核心和高效的管理机构

一个勤政廉政、求真务实、执政为民的坚强领导集体，才能使教学型大学管理层成为学校和谐发展的推动者、组织者和实践者，才能在教学型大学内部聚集力量、凝聚人心，形成一心一意谋发展的大好局面。

2. 有切合社会现实需求和教学型大学实际的办学定位和理念

一所大学是否可以获得持续、快速、健康的发展，关键在于能否准确定位目标，形成富有自身特色的办学理念。教学型大学应以社会发展不同阶段的需求和不同时期国内外教育发展的趋势为出发点，以本校目前形成的条件为基础，寻求不同点，提炼独有个性，找准目标。明确的办学目标和办学理念可以使教学型大学的教师和学生的动力内部化，促进学校和社会之间的良性互动，促进和谐社会的实现。

3. 有广泛认同的办学特色和大学精神

独具特色的精神文化是教学型大学发展中逐渐形成的最宝贵的积淀，对于充分挖掘大学底蕴、形成并保持得到广泛认可和独具特色的大学风格具有至关重要的作用。在实现和谐发展的过程中，应积极传承本校已经形成的特色、精神、文化并与时俱进，使之适应时代和社会现实的需要，凝聚具有不同背景的知识分子，朝着相同的目标努力，升华为一种强大的向心力和战斗力。

4. 有适合各类人才发展的环境和空间

提供优质的软环境，是实现和谐发展的基础性需求。一个和谐的大学既要有"大我"的规范，又要有"小我"的宽容，一方面能够最大可能地提供开放和谐的大学环境，为不同师生员工的发展需要提供便利；另一方面充分尊重个人的自主选择权和发展需求，为他们发挥才能创造足够的空间，调动他们的积极性、主动性和创造性。

5. 有富有活力的利益协调机制与矛盾疏导机制

活力是和谐的体现。教学型大学内部的运行机制应该是充满活力的，而不是凝固的。通过灵活高效的内部交流，形成党政管理层与教师和学生的利益协调、矛盾疏导机制，广泛收集并听取教师和学生的意见和建议，消除可能带来风险的各种冲突和矛盾，从而公正有效地解决问题，充分调动各方面的要素，不断激发学校的活力。

（三）实施和谐发展战略的策略

实施和谐发展战略既是一个意义深远的理论问题，也是一个操作性很强的实践问题。本人认为，应主要从以下6个方面入手：

1. 深入调查研究，创设和谐环境

实施和谐发展战略，必须对学校内涵发展与外延拓展的关系，质量与数量的关系，改革的力度、发展的速度与师生员工的承受度之间的关系有清晰的认识和正确的处理。要根据经济发展的实际和社会转型的需要，优化学科、专业设置，调整教师队伍，提高教学质量，不断增强科研力量，提高为经济建设和社会发展服务的水平。要深入研究学校教育教学等工作之间互为辅助、互相制约的内在联系，注重自身整体协调发展，发挥比较优势，保持现实优势，挖掘潜在优势，不断扩大学校优势，形成并发展学校新特色，充分发挥长处，及时弥补短板。在学科建设中，根据社会发展需要适度拓展新学科，优化办学结构，打牢基础学科，开发优势学科，打造有特点的学科，形成由基础学科、主干学科、支持学科和新兴学科组成的多元学科体系，构建绿色可持续发展的学科"生态环境"。

人才造就、学术研究和社会服务是教学型大学的三大功能和天然优势。教学型大学在充分发挥自身功能的过程中，必须构建和谐的发展环境：一是要紧紧把握时代脉搏，紧跟时代步伐，促进办学规模与社会需求、专业结构与产业结构、培养模式与市场需求"三个接轨"，使学校成为各类高端人才的"集散地"；二是要满足社会需求，注重产学研、基础与应用、科研与普及"三个融合"，使学校成为科技革新的"辐射源"；三是要融进区域经济，促进学校发展与区域经济发展、学校发展与城市社区发展、学校发展与农村农户发展"三个联动",把学校变成社会发展的"推进器"。

2. 解放思想,创新观念,锐意改革

实施和谐发展战略,必须始终坚持从实际出发,敢于推陈出新,与时俱进,不断深化各项变革;革新思想观念,打破思想上的陈旧观念,大胆开拓,不断进取;注重体制的优化、机制的创新,不断调整内部管理体制,建立行之有效的运行体制;积极抓好教育教学活动,创新教学内容和课程设计,改进教学方式和教学技术,促进人才培养质量的提高;抓牢学科建设和学术研究工作,努力融入地方经济,推动社会发展;加快后勤社会化方向改革,为学校中心工作提供坚强有力的后方保障。通过教育体制改革,达到行政管理绩效提高、资源配置得到优化、整体办学效益最大化的效果。

同时,还要处理好改革创新和规范管理之间的关系。规范管理是深化改革的前提和基础,也是巩固改革和创新成果的保障。在坚持进行改革创新的同时,进一步强化规范管理,防止"一管就死,一放就乱"。

3. 坚持公平第一,推进依法治校

实施和谐发展战略,必须坚持公开、公正、公信的原则,努力营造公平良好的环境,积极改进干部人事制度和分配制度,建立严密的人才选拔、培养、引进和使用规章体系,不断优化人才评价标准,完善人才评价机制,让想干事的人能有一试的机会,让能干事的人有施展的舞台,让干成事的人有应得的地位和奖励。

以依法治国方略贯彻落实依法治校,为教学型大学营造公平的环境。依法治校是一种以法为尊,严格依法办事的治校原则和方式,是使教学型大学的治理摆脱随机性、随意性,形成稳定秩序与和谐状态的必然要求。它要求整个教学型大学的运行发展均应有法可依、依法而行。大学的管理依靠法律法规和清晰明确的制度规范,教学型大学每个成员都必须遵守共同的法规制度，受到保护和约束，其行为和活动不能超越法治的轨道。基于这一原则，必须不断建立健全法治机关和工作体系，不断增强依法治校的观念。大力推进制度建设，特别要建立健全监督制度、检查制度和责任追究制度。加强党内监督，尊崇法律监督，扩大群众监督，提升舆论监督，使学校工作处在社会各方面的严格约束之下，经得起群众评说和指正。同时，要大力贯彻落实思想道德教育工作，积极开展爱国主义、集体主义、社会主义教育；大力弘扬解放思想、实事求是的精神，紧跟时代节奏、勇于变革的精神，迎难而上、一往无前的精神，吃苦耐劳、求实务虚的精神，淡泊名利、甘于奉献的精神；大力推进社会主义精神文明建设，为构建和谐大学创造更好的发展环境。

4. 采取有效措施，保持学校稳定

稳定是大局，是实施和谐发展战略的保障。教学型大学应高度重视稳定工作，工作中坚持预防为主的原则，全面贯彻落实各项稳定、安全措施，确保政治稳定、校园安全。

影响学校稳定的因素有很多，因此必须投入足够的力量抓好学校的稳定工作。首先，一方面要认真开展宣传教育活动，增强职员的政治意识、忧患意识和国家安全意识；另一方面要认真开展法制安全教育活动，增强师生遵守法律法规、依规办事的意识，提高自防、自律、自治、自护的能力，有效预防各类意外伤亡事故的发生。其次，要认真组织开展安全检查，切实发现并及时排除事故隐患，确保采取的各项安全措施落实到位，尽力避免校园内责任事故。最后，应健全完善以领导责任制为龙头的稳定安全工作责任制，形成一级抓一级、一级对一级负责、层层分工明确、岗位职责清晰的工作机制，调动各方面工作的积极性，形成"学校主要领导负总责，分管领导分头负责，职能部门具体负责，全校上下逐级负责，师生员工人人有责"的工作局面，以保持学校政治稳定局面，为学校事业发展营造坚实的环境。

5. 坚持"以人为本",构建和谐大学

"以人为本"既是可持续发展的核心要义,也是实施和谐发展战略的关键。师生是教学型大学的主体,大学"以人为本"的办学理念必须落实到"以师生为本"这一点上,强调学生的主体地位和教师的主导地位,促进人的全面发展。"以学生为本",就是"一切为了学生",努力为学生的学习、生活提供各种优质的服务,尊重学生的自主权和创造性,满足学生学习时间、方式、内容和生活等多样性的需求,尊重学生的发展选择,为他们成长、成才创造条件,促进学生的全面发展,培养出真正适合社会需要的人才。"以教师为本",就是要强调教师在学校建设与发展中的地位,打造健康自由的学术氛围,激发他们教学、科研活动的积极性和创造性;正确看待不同学科、不同类型的学者之间的差异性,并建立不同的评价和考核体系;充分关心教师的工作生活,努力为他们发挥聪明才智提供各种条件,让其心情舒畅地投入工作,充分发挥创造力,为构建和谐大学尽力。

6. 坚持开放办学,加强校际合作

中国高校的合作发展早在20世纪90年代就已经开始,如北京大学光华管理学院、青岛海洋大学(海尔)经贸学院、清华-COMPAQ培训中心、清华-松下电工联合实验室等都是校企结合的产物。校际联合主要是发掘高校潜力,实现优势互补,打破"小而全"的学校格局,达到资源共享或取得规模效应,如图书资料互借、实验设备互用、师资互聘、联合申报硕士和博士点、合作培养研究生、合作进行重大课题的研究开发、联合创办科技企业等。近几年在不少大学和院校间发生的兼并与合并,实质上是学校之间的强势重组,也是校际合作的进一步提升,更使得高校间的联合走向了产权一体化的紧密层面,不断地推动院校的发展。

重庆工学院自 1993 年以来，采取多种形式先后与地方政府、多家企业集团联合创办了重工车辆工程学院、西南国土管理学院、万友商贸旅游学院、香港星照汽车学院、重工商贸信息学院等。这些办学形式先后为学院注入联办资金 2000 多万元，全部用于改善学校的办学条件和提高学校的管理水平。与重庆经济管理干部学院进行了实质性的合并，拓展了发展空间。在与四川大学、重庆大学、北京理工大学、中北大学等高校联合办学培养科研人才的基础上，推动了学院的专业建设和改革。

21 世纪中国教学型大学在谋求校际合作的道路上不断扩大合作范围、创新合作方式、丰富合作内容，积极主动地充分利用一切可以利用的国内外社会资源来促进学校发展。这些走合作发展成功的院校给教学型大学提供了宝贵的经验。教学型大学要获得进一步发展，就要提高办学质量和效益，只有改变当前现状、打破固有体制才能走出困境，特别是要摆脱与计划经济相适应的高度集权的管理体制和经费渠道单一的投资体制的束缚，借鉴中外大学合作发展的改革经验，按照"一主多元"的办学体制进行积极探索改革之路。在以国家办学、政府办学为主的前提下，积极探索以多种形式联合办学的方式，大力吸引社会力量参与，建构办学主体与投资主体多元化的新体制。扩大对外宣传介绍，主动吸引境外资本，积极引进外资参与办学，通过中外合作，培养符合国际形势要求的国际化人才，在人才交流、教员培养、生源互换、科学研究、教学互动等领域开展与先进国家高等学校、科研机构的合作。加强与国际的教育合作与交流，借鉴世界各国改革的成功经验，传播各国的文化精华，努力为社会培养各种类型的人才。

值得注意的是，随着改革开放的日益深入，我国在世界上的影响力越来越大，越来越多的人已经意识到了解、学习中国文化的重要性，有许多外国留学生渴望到中国留学深造。教学型大学应紧紧抓住这一历史机遇，通过国外合作院校或中介机构，积极宣传、促销、推介自己，以吸引更多外国留学生到中国学习。本人认为，努力创造条件，加强对外宣传，积极扩大招收外国留学生的规模是促进教学型大学发展的重要方向，不仅有利于自己学校的发展和自身实力的增强，也能促进教学质量和办学层次的提高，还能刺激国家经济的发展，扩大我国在国际上的影响力，进而提升我国的国际地位。

总而言之，实施和谐发展战略，目的是形成一个人人想干事业、个个争做贡献、处处团结和谐、事事顺利愉快的良好周边环境，内部政通人和、齐心协力促发展，外部和衷共济、众人齐上描未来，为实现全社会的和谐贡献应有的力量。

四、社区化战略

教学型大学的发展不仅要依靠自身的因素，还要借助于外部环境力量。社区化战略是教学型大学发展战略的一个重要选择。教学型大学要紧密结合当地经济社会发展的实际需要，积极参与当地的经济活动，主动为地方经济建设服务，使之成为社区教育、文化和科技的重要基地，以此来提高自身竞争实力。

（一）社区化战略的含义

社区化战略就是教学型大学要把促进当地社区经济建设和社会发展作为学校发展的重要任务之一，为社区经济建设和社会发展提供智力支撑和人才支持，主动担负起社区经济发展中的科学研究和技术支撑任务。

教学型大学通过输送地方发展所必需的各种人才，提供各种服务，在地方政府、企业和民众的信任和支持下，与地方建立广泛的合作关系，从而建立起相对稳定的"根据地"，不断在当地树立良好形象，获得长远发展。如果脱离社区经济建设和社会发展去追求高层次，无异于建设空中楼阁。教学型大学要坚持社区化战略，以当地经济和社会发展为目标和依靠，注意扬长避短，充分发挥优势，走出一条属于自己的特色发展之路。

（二）实施社区化战略的策略

教学型大学走社区化发展，就是要与社区合作，进入社区经济的主战场，利用自己的优势为社区服务，使之逐渐成为社区现代化建设的一支重要的支撑力量。

1. 广泛开展调研

教学型大学实施社区化发展战略，为社区服务，就必须开展广泛的调研活动，了解社区的需要、优势、劣势等情况，根据社区实际，提供针对性的帮助和支援。学校在充分调查研究的基础上，根据社区产业结构和发展战略设置应用型学科专业，调整学科专业结构，确定符合社区发展需求的重点建设专业，为社区培养必需的有用人才。

2. 根据社区建设需要主动开展继续教育

通过继续教育不断提高社区现有人员的科学文化素养和专业技能水平，适应社区的生产、管理对各类专业人才的需要，是教学型大学走社区化发展、为社区服务的一项重要任务。学校不但要为社区建设提供智力支援，同时还要为提高社区人员的知识、能力以及创新精神和实践能力等提供必要的帮助。

3. 人力资源共享

社区有着丰富的人力资源，教学型大学的发展要充分利用社区人力资源，积极将社区各类高级专业人才招聘为学校的兼职教师，为学校的人才培养服务。社区也要充分利用教学型大学人才密集、信息灵通和设备先进等有利条件，为社区的综合发展提供理论咨询、规划服务、技术指导和人力支撑，从而实现社区和教学型大学的共同发展。

4. 相互依托，横向联系

教学型大学要利用社区来建设高水平的实习基地、研究基地和生产基地，同时学校的实验室也应对社区的各种单位开放使用，为社区提供技术保障和实验保障。努力加强大学与各单位之间的横向联系，主动承担社区的科研项目，解决社区企事业单位的技术难题，积极参与社区高新技术开发建设，推进教育、科技、经济一体化，加强互动，与社区合作开展科研项目的攻关研究，提升学校学术水平和技术水平。

五、本章小结与创新

战略模式是在一定的教育思想的指导下，依据学校的办学定位形成的相对稳定的、系统化和理论化的学校发展范型。通过对自己的战略管理思想、内外环境因素、战略目标和行动规划进行反复研究、深思熟虑和统筹谋划，在战略执行和战略控制过程中，教学型大学逐渐形成了许多各具特色的战略模式，主要有品牌经营战略、特色发展战略、和谐发展战略和社区化战略。

本章的创新点在于提出和论述了教学型大学几种主要的战略模式。

第五章
我国教学型大学的战略执行

有了精心制订的战略方案，还必须通过执行转化为具体的实践活动，才能真正达成战略目标，取得预期的战略成果。战略执行是战略管理的行动过程，是将战略方案转化成教学型大学各种具体方面的实际行动并达到战略目标的过程。

一、我国教学型大学战略执行的准备

（一）制订战略执行计划

战略执行计划即对战略执行的整个过程进行设计，对战略方案进行展开、分解、具体化。战略执行计划是战略执行阶段重要的一步。在教学型大学战略管理的过程中，缺少战略执行过程的通盘考虑，战略管理就会大打折扣。斯坦福大学和卡内基－梅隆大学能从数量众多的美国大学中脱颖而出，后来居上，与学校的战略管理和战略执行计划是分不开的。因此，制订战略执行计划是教学型大学战略目标实现的关键，对教学型大学的战略管理具有十分重要的意义。

1. 制订战略执行计划的原则

（1）一致性原则

一致性原则是指战略执行计划之间的一致性，特别是各战略执行计划应与学校的使命与目标一致。教学型大学的战略执行计划必须和战略管理制定的目标一致，与具体的战略方案保持一致。只有在一致的基础上才能实现既定的目标，促进教学型大学的发展。

（2）合适性原则

合适性原则意味着要认清每一个战略计划与环境资源在多大程度上能够匹配，并且它在多大程度上能发挥竞争优势。教学型大学制订战略执行计划时要立足学校的实际情况和选择的战略方案，并根据客观实际实施。任意夸大或主观臆断都会阻碍学校的发展。在制订计划时必须实事求是、客观公正，不渗透个人主观感情，以推动学校的发展。

（3）有效性原则

有效性原则是指大部分战略执行计划包括对未来某种形式的假设需要被检验，以保证它们是有效的、合理的。教学型大学的决策者必须对战略执行计划的前提性假设进行可行性和有效性论证，以保证战略的实施切实有效。

（4）合理性原则

合理性原则主要是指要坚持3个方面的合理性，即组织内部的文化、技术和资源，组织外部的竞争和其他方面，管理者和被管理者的忠诚度。教学型大学在实施战略管理的过程中设定的目标必须合理，战略执行计划的制订和实施要考虑教学型大学内部各方面的因素和外界的环境因素，要认真分析本学校的优势和劣势，提高各利益集团的积极主动性，抓住发展机遇，提高竞争力。

（5）可接受性原则

可接受性原则是指在制订战略执行计划时，要考虑这些方案对各方面利益相关者的影响以及他们的反馈情况。教学型大学在进行战略管理时要考虑各利益集团的利益，考虑教职员工的接受程度。所实施的战略只有得到教职员工的认同，才能让大家积极主动地参与其中。否则，战略执行计划难以实施，或者即使实施也难以成功。因为教职员工的参与程度关系着战略管理的成效。

2. 战略执行计划的任务

教学型大学战略执行计划的任务是将战略方案分析和展开的具体结果进一步体现在教学型大学的专业组合、功能战略和资源分配上。[1]

（1）专业组合

教学型大学的专业组合指的是教学型大学所设置的全部系别、专业的有机结合的总称，一般由各个院、系组成，而每个院、系下面又含有不同的专业。教学型大学在设置专业组合时一般考虑 3 个因素，即专业组合的广度、深度和关联性。

教学型大学专业组合的广度，是指教学型大学院系的数目。院系数目越多，专业组合就越广，相反则越窄。宽专业组合的特点是：可充分利用教学型大学业已形成的规模、能力和资源，适应竞争，以满足不同行业的人才需求，社会影响面大，但由于管理系统庞大复杂，管理难度较大。窄专业组合的特点是：资源集中使用，使教学型大学在某一学科或专业上取得有利的竞争地位，专业化程度高，管理方便，有利于降低运营成本，但专业少，社会影响面小。

教学型大学专业组合的深度是指学校各学院所包含的专业的个数。一个学院所包含的专业越多，专业组合的深度越深，否则越浅。较深的专业组合对于满足人才市场的同一行业中不同专业人员的需求是有利的。较浅的专业组合有利于学校发挥优势特长，形成特色，争创名牌。

教学型大学专业组合的关联性，是指学校各院系在学生就业去向、学生所学的知识结构、所使用的教学资源等方面的相关性。相关程度高，关联性就强，否则关联性弱。也就是说，学校各院系所培养的毕业生都是某一个或几个相关行业的，就可认为该校专业组

---

[1] 熊川武. 学校"战略管理"论[J]. 高等师范教育研究，1997（2）：36.

合的关联性强,可以使学校充分发挥自身某一方面的集中优势,提高学校在某一行业或学科的声誉和影响力,但由于范围小,因而影响有限。专业组合关联性弱是指学校学科多种多样,可培养各行业的人才,学校可以在更广阔的社会经济领域和科技领域发挥影响力,但要求学校必须具有雄厚的、多种多样的资源条件和技术能力以及完善的组织结构和管理系统。教学型大学在制定战略执行计划的任务时要根据学校的实际、选择的战略方案和制定的战略目标来规划学校的专业组合。

（2）功能战略

教学型大学的功能战略主要是针对教学型大学战略执行成功的关键因素做出有效的强化。大量实践工作表明,对于任何一个学校而言,其主导因素都存在明显的差别。所以,教学型大学在制订战略执行计划时要进行认真的分析研究,把握成功的关键因素,并从各方面予以强化和突出。教学型大学办学成功的关键因素是具有一大批教学经验丰富的教师。因此,培养和造就一批各具特色的教师队伍,是教学型大学发展的首要任务。以教学为学校发展的中心任务,注重人才培养质量,建立稳定的、素质高的师资队伍,是教学型大学发展的最佳支点和功能战略。

（3）资源分配

无论哪一个组织,均表现出资源有限的特征,若要通过有限的资源来创造最大的效益,最为关键的则是对资源进行合理分配。作为教学型大学,要明确现有资源与潜在资源两部分因素,以此为指导确定合适的战略计划。满足教学需要,满足教师发展需要,应是教学型大学资源分配的基本点。而优先发展重点学科、新兴学科、实用学科将是教学型大学资源配置的首要任务。

3.科学地划分战略执行阶段

科学地划分战略执行阶段,制定出每个阶段要实现的具体目标,分阶段制订出短期、中期和长期发展规划，是战略执行有计划有步骤地进行、实现教学型大学战略目标的保证。科学地划分战略执行阶段必须以发展战略和战略目标为指导。教学型大学可运用国际上普遍采用的人力需求预测方法来制定战略执行阶段的目标和方法，包括进行专门人才现状调查、本地区经济建设和社会发展急需人才预测、经济社会发展水平和经济结构的预测等。根据对学校以外和学校本身需求预测的结果，综合考虑投资、现有条件等因素，科学划分战略执行阶段，制定阶段目标。

（二）选择战略重点

战略重点是指那些对于实现教学型大学的战略目标具有关键性作用的方面、环节或部分。它可以是教学型大学比较薄弱、特别需要加强的方面，也可以是教学型大学在竞争中具有优势的领域。也就是教学型大学在发展中要着重解决的主要矛盾。抓重点是为了带动一般，促进矛盾转化。战略重点是教学型大学发扬优势或促进劣势转化的主攻方向。

1. 选择战略重点的意义

在教学型大学战略执行的过程中，科学地选择战略重点对于战略目标的实现具有决定意义。战略重点与非重点是相对而言的，在一定条件下可以相互转化。教学型大学的战略重点既可以是某些学科、专业，也可以是某些工作。但教学型大学的资源有限，一定时期内只能重点支持某一部分，如：支持重点学科、重点实验室；向某项工作倾斜，加大对教学工作的投入，保证人才培养工作在学校的中心地位；等等。教学型大学战略重点的选择实际上就是一种战略部署，犹如战争中选择突破口一样，是否恰当，是至关重要的。战略重点的选择直接关系着战略目标的实现、战略执行的进行、战略管理的成功。在教学型大学战略执行的过程中，正确选择战略重点，取决于在正确的办学思想的指导下对学校情况的深入了解，还取决于领导者的魄力和决心。

2. 教学型大学的战略重点

就教学型大学的发展来说，应该以提高人才培养质量为重点。这是因为，在制定教学型大学发展战略时，战略重点的确定，不仅要考虑战略目标的内在联系，还要考虑社会经济发展的根本要求。提高人才培养质量始终是教学型大学的基本要求，也是社会对教学型大学成效（满足社会需要）的检验，是教学型大学与社会经济发展需要的结合点。

当前的时代环境发生变化，各国在经济、文化等层面表现出更为激烈的竞争，归根结底则是对人才的竞争。提高人才培养质量成为提高我国国际地位和国际竞争力的一个关键性环节。就国内来说，当经济从紧缺经济进入平衡经济以后，产品的质量就成为在市场竞争中获胜的根本法宝。高等教育也是如此，要从大学摇篮里引进一批批高素质毕业生，为教学型大学的持续发展提供丰富的软实力支持。教学型大学的战略重点应是人才培养质量的提高。在提高人才培养质量的同时，培养实用型人才，实现人才的多样化，更是教学型大学的战略所在。

二、我国教学型大学战略执行的过程

（一）改革内部管理体制

改革学校内部的管理体制和运行机制，其目的是更好地调动教学型大学基层单位和全体教职员工为实现战略目标而努力工作的积极性。目前，在教学型大学的管理中，权力过分集中，办事机构庞大，人员过多，效率不高。这种状况已经不能适应战略管理的要求，不能适应今后学校面向社会自主办学的要求，必须进行改革。

1. 教学型大学内部管理体制改革面临的机遇

（1）教学型大学内部管理体制改革的外部条件日趋成熟

随着社会主义市场经济的逐步建立，国有企业改革、政府机构改革、科研单位改革以及国家社会保障制度改革步伐的加快和社会保障体系的逐步建立，教学型大学内部体制改革的外部条件日趋成熟。

古今中外，学校体制的改革总是发生在重要的、激烈的历史变化时期。若处于发展稳定时期，学校体制不会出现过大的变动。若出现了如下两种情形，便有必要做出改革：其一是学校的发展目标出现了显著变化，老一套的体制无法与当前的变化需求达到相适应的状态，此时"转型式"变革具有可行性；其二是原有的体制在新发展形势下暴露出种种弊端，带来自身功能丧失效用性的现象，此时以"除弊端"变革的可行性更强。现阶段，教学型大学在战略执行的过程中，需要酝酿、探索和推进的内部管理体制改革主要属于前者。

我国教学型大学功能和目标的变化是有其特殊的社会背景的，即从计划经济逐步向社会主义市场经济转轨这一经济体制的重大变革。它不仅要求教学型大学内部管理体制做出相应的变革，以满足市场经济对人才的需求变化，而且还以社会大环境的变化直接影响着教学型大学原有的生存方式，迫使其进行体制改革。目前，我国社会主义市场经济体系框架基本确立，国家劳动人事制度中传统的"重管理轻开发、重稳定轻流动、重公平轻竞争、重身份轻岗位"的特征已有很大的改变，高等教育行政部门的集权化倾向也将不复存在，社会对高等教育的参与力度进一步加强，进行教学型大学内部管理体制改革的良好环境已基本形成。

（2）高等教育内部管理体制改革已积累了成功的经验

自20世纪80年代以来，在政策、经济等多方因素的作用下，我国加大对高等学校的重视力度，相继推出一些内部管理体制的改革措施。以 1985 年作为转折点，受当时《中共中央关于教育体制改革的决定》的影响，在后续发展中相继推出了一系列有关高等教育的改革性文件，将高等学校管理工作作为重点关注对象，做出了明确的规定。1992 年 8 月，国家教委总结几年来各高等学校进行改革实验的经验，提出直属高校内部管理体制改革的意见，从 16 个方面对直属高校深化改革、扩大办学自主权提出意见，该文件简称"16 条"。1997 年初，又对"16 条"进行了重新修订，印发了《国家教委关于转变职能，加强宏观管理，扩大直属高校办学自主权的若干意见》。90 年代后期以来，还陆续开展了高校后勤社会化改革试点、人事分配制度改革试点、职员制度试点等工作，积累了不少成功的经验，成为教学型大学发展的重要法宝，推动了内部管理体制的深度改革。

（3）教学型大学的自身发展迫切需要改革内部管理体制

找到教学型大学在管理工作中暴露出的种种问题，采取针对性措施，从而提升办学质量，这无疑是内部管理改革工作的助推力，对于教学型大学的发展而言尤为关键。随着高等教育改革的深入，与管理、办学、经费与招生就业四大部分有关的制度已经相对完善，取得的成果较为突出，为教学型大学内部管理体制改革创造了条件，也为教学型大学体制改革提出了更高的要求，迫切要求教学型大学内部管理体制改革有所突破。

长期以来，我国教学型大学明显地存在着计划经济体制下形成的种种弊端，主要表现为：工资待遇平均主义严重，有效激励不足，过去遗留下来的"大锅饭"问题并未得到实质性解决；学校管理结构表现出尤为明显的政府化倾向，过于注重行政工作；机构设置合理性欠佳，非教学职工的人数配备总量偏多，人力资源未得到全面发挥；高素质人才享受不到优良的待遇政策，抑制人才的主动性；

依然存在"学校即社会"的问题,学校资源被侵占,学校承担过多的社会负担,但这些本质上就该与学校分离开来;招生规模的急剧扩大,使得教学型大学办学条件不足的问题更加突出,后勤社会化改革迫在眉睫。所有这些都严重地影响和制约着教学型大学的发展。所以,无论是从外部压力分析,还是出于对内部要求的种种考虑,教学型大学后续发展必然面临着管理体制改革问题,这需要得到重点解决。

2. 教学型大学内部管理体制改革的主要内容

大力推进以人事分配制度为重点的内部管理体制改革,不断提高其内在活力、教育质量,这是当前时代背景下教学型大学实现高质量内部管理的必由之路。

考虑到教学型大学的总体状况,制定出有关内部管理体制的可行发展思路,将学科建设作为引导,充分考虑高等教育规律,制度改革工作要与社会主义市场经济相适应;创建出内部管理模式,进一步展开对校内党政管理机构的调整,摒弃"铁饭碗"的固有观念,废除职务终身制;加大力度创建适用于人才的制度,以便给人才的发展营造优良平台,打造出综合素质较高的队伍,持续提升教学型大学的发展质量,无论是办学效益还是管理水平都要得到突破。

(1) 加快机构改革和编制制度改革

分析校内科研、后勤等多个部门的具体职能,秉承着企、事业单位独立性原则,创建出针对性管理模式。要整合学校党政管理机构,去除部分闲杂人员,以学校发展规模为指导,提升党政管理机构的规模可行性。教育资源分配机制不可停留在以行政独大的传统阶段,应当综合分析办学目标与实际状况,富有针对性地制定出校、院、系三个层级的管理职能,优化学校师生比。

教学型大学若要全面做好体制改革工作,最为关键的便是精简校部机构,实现对教学科研组织的合理优化,协调好校系层级关系,将服务功能较强的单位从机关分离出来，列为各职能部门的附属机构；通过采取撤销、合并、合署办公、重新组建等措施，精简学校党政机构和人员；从院系并存的管理体制逐步过渡到以学院（或系）为实体，实行校、院或校、系两级管理体制；等等。通过上述措施，使教学型大学逐步建立管理、经营、教学、服务相区分的小机关大服务的运行机制。这就要求行政机构转变职能，简政放权，扩大院系的自主权。只有这样，才能真正巩固精简机构的成果，提高办学水平和效益。

（2）深化人事分配制度改革

内部管理体制改革具有很强的系统性，必须高度重视对人事分配制度的改革。当前的教学型大学在此方面存在难点，直接表现便是思想认知的不足。要改变传统方式下教职工终身制的固有观念，在减轻身份管理力度的同时高度重视岗位管理，改革观念要与市场竞争机制达到相适应的状态。除此之外，将教师聘任制落实到位，甚至可以采取全员聘用合同制，制定出的奖励机制要适应校内特点。做好定编、定岗、定责是最为基础的工作，此后要进一步强化岗位聘任机制，在后续发展中加大考核力度，引入市场机制，形成择优聘任的发展思路。

时至今日，教学型大学并未从根本上形成完善的分配制度，原本的"大锅饭"现象依然普遍存在，教职工群体中仍有"干好干坏无差别"的极端观念。基于此，教学型大学必须倡导公平性原则，做好对分配制度与薪资体系的改革，有效落实工资总额包干的方式。

（3）积极推进后勤社会化改革

在经济新常态背景下，高等教育高度普及，社会各界对于高等教育的认知更为深入，需求也呈持续增长的趋势，但实际上却存在诸多制约教学型大学发展的因素，较为突出的便是后勤条件。因此，必须改变一直以来的"一家一户办后勤，校校后勤办社会"的状况，积极推进教学型大学后勤社会化改革，建立新的后勤服务体系，提高办学质量和效益，保证教学型大学快速健康持续发展。在此方面上海的多所高校则做出了突破之举，将后勤改革作为重点内容，交由政府引导全局，依托市场、教育发展规律，采取多所高校联合的方式，扩大社会参与规模，建立改革试点并逐步推向各类高校，提升后勤部门的独立性，与学校分离出来，最终创建出了专门的后勤办。这是一种对后勤工作的社会化改革形势，带来的实际成果较佳，符合经济效益的基本要求，能够为国内其他高校的后勤改革工作提供指导，有助于推动教学型大学后勤社会化改革的持续开展。

（4）改革教师管理模式

21世纪初，为了形成与时代发展相适应的高校教师队伍，制定了两大目标：一是实现教师管理模式的深度转变，突破老一套封闭式的束缚，推动教师管理模式逐步具备开放式的特性，并与社会主义经济环境达到相适应的状态；二是实现对教师工作重点的转移，摒弃单一管理控制职能的固有观念，将重心放至教师资源开发这一层面，为其提供有效保障。除此之外，与教学有关的各方面都要得到大量支持，制定可行措施，积极推出发展政策，塑造一批有代表性的高精尖人才。

从本质上来说，建设一支高素质的教师队伍是内部管理体制改革的重点，在缺乏一流教师的背景下，若要创办出一流高校显然是天方夜谭。要完成教师队伍的全员聘任，建立教师队伍的稳定层和流动层，让流动层真正流动起来。分配上做到待遇与水平、业绩挂钩，建立起有效的激励竞争机制，将是教学型大学进一步改革的重点。

（二）制定政策和法规

教学型大学的政策和法规对战略目标的实现起导向和保障作用。为保障教学型大学的健康发展，必须建立一套强有力的政策和法规。

1. 真正落实教学型大学办学自主权

此处提到的高校办学自主权，它建立在《中华人民共和国高等教育法》等相关文件的基础之上，即高等学校享有的自主决定权利，具体可细分为自主管理权、科学研究权、结业证书发放权、奖惩权等一系列与高校教学发展有关的权利。此方面的文件较多，最早可追溯至1993年，当时出台的《中国教育改革和发展纲要》具有很强的影响力，强调了高等教育体制改革的重要性，在做好学校自主办学的同时还要加强对政府的宏观管理。经过几年的摸索，在1998年出台了《中华人民共和国高等教育法》，强调高等教育工作的开展要立足社会，在法律的规定下展开自主办学活动，采取民主管理形式，且对办学自主权做出了细致的说明。应当认识到：办学自主权是建立在法律层面上的一种权利，同时也意味着高等学校要独立面对各类民事与刑事责任。基于此，若从政府的角度展开分析，教育行政机关虽然会对高等学校的发展形成约束，但不可干涉其办学自主权，同时也不允许通过红头文件的方式来干涉高校原本就具有的法定权利。伴随着高等学校的发展，办学自主权难免会出现一系列问题，但"确实不能由高等学校的自身来解决"[1]。"因此，高等学校应当加强法治意识，认真研究分析各项法定自主权的内涵，真正做到正当合法地行使自主权"[2]。

教学型大学由于其所处位置的特殊性，若要实现全方位发展，便要得到来自政府与市场的双重支持，做出合适的调节行为。政府要放远目光，立足长远利益，高度重视教学型大学的发展，给办学

---

[1] 王茂林.关于高等学校办学自主权的思考[EB/OL].（2006-03-23）[2021-09-27]. http://www.edu.cn/zhong_guo_jiao_yu/gao_deng/guan_li/zong_he/200603/t20060323_26857.shtml.

[2] 申素平.重新审视高等学校自主权[EB/OL].（2006-03-23）[2021-09-27]. http://www.edu.cn/edu/gao_deng/guan_li/zong_he/200603/t20060323_66164.shtml.

经费、政策等相关发展领域提供有效的支持，为持续性发展创设保障，与此同时还要避免对教学型大学做出行政干预的现象，使其具有足够的办学自主权至关重要。管理体制改革复杂度高，最为核心的便是调节各层级教育机构，实现权力的释放，赋予学校高度的自主权。[1]除此之外，要对高等学校自主权形成准确的认知，它实质上是管理方式的可行性与拿捏尺寸问题。作为政府部门，需要推动教学型大学的持续发展，对办学行为进行有效监督，从根本上杜绝教学型大学做出种种不合乎规定的恶意竞争行为，进一步降低对市场力量的依赖程度，否则将会引发公益性"变味"现象。教学型大学要考虑到为地方与公共利益服务的问题，形成具有适用性的质量标准，所呈现的服务要具有多样化特性，不可与教育市场服务功能出现重合现象。创设公平的学习环境，即便是弱势群体也要有足够的机会去获得高等教育的熏陶，换言之，增强高等教育的公平性尤为关键。对此，深化政府教育部门职能是尤为迫切的工作，与此同时还要注重对教学型大学的调控，赋予教学型大学名副其实的办学自主权。要真正落实教学型大学办学自主权，必须做到以下两点：

（1）明确划分各方职责，下放管理权力

一般从理论上来说，承担高等教育政策责任的，在国家一级应该是教育部，所以我们应该将教育管理责任从中央部委和国有企业的手中下放到教育部，从而使教育部清晰地对国家级教育事业发挥统辖作用。在省一级应该是省教育厅及高等学校。换句话来说就是实行简政放权，这就表明我们既要明确划分中央和省级政府管理高等教育的权力和职责，又要明确划分主管部门与高等学校各自的权力和职责，在这个基础上通过法律和法规予以确认。而且在中央和

---

[1] 国家教育发展研究中心.2000年中国教育绿皮书[M].北京：教育科学出版社，2000：140-141.

省级政府管理高等教育的权力和职责划分上，还必须实行分级管理以及分级负责。中央政府应该掌握的权力和职责是：制定在全国范围内统一的高等教育基本制度、法规、政策、总体发展规划和年度计划，确定高等学校的基础设置、分类方法及其标准，也在一定程度上提供办学经费和资源配置政策，调控全国高等教育招生总量、层次结构、区域结构和专业结构，提出具有弹性的全国高等教育年度发展计划，组织高等教育的评估与监督，扩大省级政府的高等教育决策权和对本地区高等学校的统筹权，使全国的省、自治区、直辖市政府对所属高等学校具有变更和自我调整权。省级政府管理高等教育的权力和职责是：依据中央政府制定的高等教育基本制度、法规、政策、总体发展规划和年度计划，采取因地制宜的方法，制定并实施本地区高等教育的具体制度、法规、政策、总体发展规划和年度计划，在一定程度上负责办学经费，切实并认真地履行中央政府赋予的对本地区高等教育的统筹权和对有关高等学校的变更和调整权。在教学型大学主管部门和学校之间的权力和职责划分上，主管部门履行管理权力和职责，教学型大学履行自主经营权和依法办学的义务。教学型大学主管部门应该将属于教学型大学内部管理的权力下放给教学型大学自己管理。

（2）加强和改进教学型大学的宏观管理

在高等教育进入"大众化"阶段以后，教学型大学的层次、形式以及办学主体和服务都面向多样化。为了促进教学型大学的多样化，教育行政部门增加了对教学型大学的管理、指导和监督要实行分类的原则，切忌按照整齐划一的统一模式管理。因此，转变政府的职能和实行简政放权，还需要切实改变政府管理教学型大学的方式，也就是由过去的以直接管理为主转变为以间接管理为主，由过去的以微观管理为主转变为以宏观调控和指导为主，由过去的以行政干预为主转变为以法律监督为主，由过去的行政指令、发布文件的管理方式逐渐转变为综合运用法律、经济、评价、指导、服务等的管理方式。中央和省级政府教育行政部门也应通过运用法规、政策、规划、拨款、评估等手段对教学型大学进行宏观调控和政策指导以及各类信息服务，并通过社会中介机构对教学型大学进行资格认证、水平评估、质量监控、信息指导等，提高教学型大学的科学性和透明度，逐步加强和改善政府对教学型大学的宏观调控职能，最终实现由"政府集权模式"向"政府监督模式"的转变，真正建立起市场调节与政府宏观调控有机结合、中央和地方分级管理、教学型大学面向社会自主办学、市场配置教育资源、社会各方面共同参与的运行机制，达到强化市场竞争机制在教学型大学资源配置上的基础性调节作用。

2. 创新教学型大学评价制度

我国社会发展逐步向好，当前正处于关键转型时期。时至今日，高等教育管理事业中依然残留着老一套的计划管理模式，且高等学校的定位问题也值得做进一步的探讨，迄今也未形成一套公认的高等学校分类机制。若在此背景下开展对高等学校的评定工作，将会出现事与愿违的现象，甚至会加剧"升格热"问题。基于对当前评估实践的分析得知，教育部在教学方面的评估工作已经取得较大进展，但在随机水平评价方面依然存在明显的痛点，虽然政府也开展了评估工作，但所得效果难以尽如人意。"实际上，独立于高等教育主管行政部门以外的评估主体已是世界性趋势。"[1]中外大学校长论坛长期以来均是高等学校的重要活动，早在2002年的论坛中便做出了相关报告：为了推动国内特色化大学的发展，仅凭内部努力是远远不够的，我们要积极向外学习经验，综合考虑国内实际情况，形

---

[1] 王东江. 美国、加拿大高等教育质量监控与评价系统及其启示 [J]. 世界教育信息，2003（5）：38.

成一套适用于我国的大学评价系统，以此为指导推动特色大学的发展。在此过程中还需明确，由于不同大学的实际状况存在差异，因此大学评估标准体系只具有针对性，它无法套用至各类大学之中，政府在此方面需给予高度重视，形成一套多层次的评估体系，以便满足各类学校的实际需求。[1] 不可单纯地创建统一标准，所形成的评价指标要摆脱固定性的束缚，讲求动态性与多元化原则，体系的建立要以高等学校为主体，广泛覆盖至学院内部、师生群体之中，教育标准评价体系的合理性需立足教学实际。[2] 评估指标体系要讲求层次性，适应于不同类别的高等学校，在对大量高等学校排名时，不可依据单一的评估指标展开，否则会影响评估的客观性，使所得结果无法全面反映高等学校的实际状况。当前的教育主管部门在面对高职高专类学校时也创建出了针对性的评估体系，但此项工作并未延展到本科院校中，评估体系依然较为单一。[3] 考虑到上述问题，在围绕教学型大学展开评价工作时，作为主体的教育行政部门要积极采取行动，创建单向评价体系，分别做好单项评估工作，常见的有重点实验室评估、重点专业评估等，这是增强评估科学性的基本保障。

3. 发挥教学型大学宏观规划的调控作用

发挥教学型大学宏观规划的调控作用，关键在于推行"共享管理"模式，增强规划的可行性与严肃性。一是清晰界定政府与教学型大学两大主体的责权。准确分析教学型大学实际发展状况，主要体现在招生层次与招生比例两方面，中央发挥着重要作用，决定了

---

[1] 2002年中外大学校长论坛第一小组.大学办学特色的形成发展战略[J].国家教育行政学院学报，2003（3）：23.

[2] 王东江.美国、加拿大高等教育质量监控与评价系统及其启示[J].世界教育信息，2003（5）：39.

[3] 潘懋元.新时期中国高等教育的质量战略[J].中国大学教学，2004（1）：7.

教学型大学的总体发展规模与结构层次；国家教育部完成年度计划制订工作，起到指导性作用。以中央政府规划为指导，各级地方政府进一步制订适用于本区域内的教学型大学发展规划，且教学型大学完全拥有自主招生权。二是引导教学型大学积极融入教育规划制订工作中，形成切实可行的民主协商制度。创建教学型大学规划委员会，委员会成员由三大主体构成，分别为人大法律委员会代表、政府教育行政部门代表以及教学型大学代表，彼此之间共同协商、达成共识，形成科学规划并建立群众基础。三是保障规划的权威性。发展教学型大学的基本前提是同级人大会审议通过并进一步形成法规。四是增强规划制订力度，创造高效的法律监督机制，提升法律的约束效果。政府教育行政部门要立足教学型大学的发展规划，在此基础上形成完善的发展指标体系，并围绕各类指标展开动态监测。五是规划执行与资源配置形成关联机制，以此为引导推动奖励机制与约束机制的协同发展。

4.形成教学型大学自我约束机制

（1）构建行政与学术权力相互制约的模式

突破传统方式下教学型大学管理体制的束缚，改变老一套的行政主导模式，认知到"专家治教"的必要性，提升学术权力的适用范围，创建以校、院（系）两级学术权力为核心的组织关系，并与教学型大学达到联动效果，彼此之间既制约又可协作，有效根治"行政权力泛化"等极端问题。

（2）推进依法治校和民主管理

首先，要深度落实依法治校的基本原则，提升办学的规范化水平。在此环节中，要做好如下3个方面的工作：一是协调好学校与所属院（系）关系。办学自主权完全交由教学型大学掌握，学校有必要承担其法律责任。院（系）是基于学校主体衍生出的二级机构，对其采取合理职权划分措施，除了准办学实体，还允许成为学校的派出机构，但实质上二者并无区别，隶属领导关系并未发生变化。二是协调好各级机构与教职工的聘用关系。《中华人民共和国教育法》《中华人民共和国教师法》等一系列有关法律予以约束，使机构与教职工之间形成具有平等原则的契约关系。无论是学校还是下属的院（系），都要将教职工作为办学的主要推动者。三是协调好教学型大学与学生的关系。这可以被理解为服务提供者与消费者两大主体的关系，在教学型大学服务的过程中，学生是典型的消费者，具备发表意见的基本权利，特殊情况下还具备发起诉讼的权利；教学型大学在提供服务时，要从根本上履行提供服务的职责，所以教学型大学的发展还要建立在以学生为核心的基础之上，高度重视学生主体地位，为其自主学习提供平台，尊重学生的个人发展。

其次，注重民主管理的重要性，改善民主监督效果。教师代表大会制度是基本前提，它既推动了民主管理与民主监督工作的开展，又增强了决策的可行性。具体要做好如下两方面工作：一是形成成熟的教代会制度。要使教学型大学各类事项达到切实可行的状态，教代会制度是尤为重要的方式，要积极听取多方建议，积极配合监督工作。二是创建完善的二级教代会制度。具体为院（系）级别，只要是与之相关的问题，或者是关乎师生的利益，必须经过教代会的审议，在此基础上基于多途径征求广大师生的建议。除此之外，校务与下设的院（系）务公开尤为关键，常见的有招生制度与程序、财务管理以及人才引进等各项发展工作。不仅如此，民主评议也不容忽视。要形成以校领导为主体的接待制度，及时向民主党派负责人汇报实际状况，深入教职工群体聆听真实的声音。这些无论是对于深化教学型大学民主管理质量，还是推动民主监督工作，都具有积极意义。

最后，创建完善的大学章程与内部管理机制，增强管理质量。教学型大学若要朝着高管理水平发展，就要得到内部管理制度的支持。具体要做好4个方面的工作：一是优化教学型大学章程，提升各细分流程的可行性。二是创建成熟的内部管理制度，广泛覆盖至学校决策、执行、财务等多方面，落实教师的个人发展制度、学生监管制度、校园管理制度等。三是改善制度执行情况与监督质量，形成规范化办学行为。四是遵循科学教学发展规律，高度重视教师学术自由权，采取"柔性"管理机制，改变长期存在的"重数量轻质量"的问题，强调团队考核的重要性。

（3）深化人事管理制度改革

教学型大学在实施人事管理制度改革时，最为关键的便是形成有效市场竞争机制与职工聘用制度，所实行的用人机制要为员工创设优良的发展平台，唤醒人才活力。管理干部工作中，以竞聘上岗方式为宜，在教师中强化岗位并实行岗位公开招聘；分配制度改革工作中，重点围绕校内岗位津贴制度展开。应当明确的是，教学型大学人事制度改革是一项系统性工作，受到外部环境与制度的影响。具体来说，当教学型大学采取的是全员聘用（任）制时，一旦职工出现被辞退现象，安置问题便依赖于社会保障制度的扶持。考虑到此问题，教学型大学需高度重视教职工主体，为之创建切实可行的社会保障制度，广泛覆盖到养老、医疗等常规社会保险。除此之外，创建教师权益保障组织也具有必要性，这是维护教职工权益的关键举措。

（三）合理分配学校资源

教学型大学的发展得益于资源的合理分配，具体要将学校资源与能力整合在重点战略目标上，以起到提升资源配置合理性的效果，为战略实施提供多方面支持。

1. 实现教学型大学人力资源优化配置

人力资源反映的是在总人口中具备经济利用价值的人口总量，

通俗来说，可理解为具备劳动能力的人口。将人力资源对应于教学型大学中，反映的是参与行政、教学科研等相关活动的人员。

教学型大学人力资源的配置建立在经济社会客观发展基础之上，以科学的方式实现对人力资源的调度，开发生产资料的潜能，以达到效益最大化效果。优化人力资源管理机制、做好人力资源优化配置工作是推动教学型大学持续发展的重要推动力。教学型大学人力资源配置重点围绕两部分展开：一是优化存量配置。此处提及的存量指的是人力资源状况。二是对增量的合理配置。此处的增量反映的是新增添的人力资源。综合上述因素实现最终配置目标，将合理的人员适配至岗位中，深度发掘人才潜能优势，以保障办学质量为前提，进一步提升办学效率。

（1）教学型大学人力资源利用效率偏低的表现形式

当前现状表明，教学型大学发展中出现了人力资源效率低下的共性问题，最为典型的则是人力资源浪费现象，包括显性浪费和隐性浪费。

关于显性浪费，主要反映的是人员配置合理性不足的问题，由此引发人员利用率不良的状况。在教学型大学领域，老生常谈的话题便是人力资源短缺，主要体现在科研人员规模偏小这一层面。这点在合并升格的本科院校中体现得尤为明显，开设的学科是通过对不同层级学校的融合所得，在学校合并升格的推动下，不可避免地会存在一些较低层次的学校的科研人员，此类群体在面对本科层次的教学科研工作时会表现出不适应现象，进而转向行政人员职位，即便从事教学工作也只是被定性为教学辅助人员。因此，此类教学型大学在减少教学科研人员总量的同时，明显增加了行政等非教学性质人员的总量，在面对大量教学需求时表现出不适应现象，制约了学校的发展。由于行政与后勤服务等相关人员急剧增加，人力资源利用率被拉低，引发了更为严重的人力资源浪费现象。

关于隐性浪费，主要反映在如下几点：受制度不成熟的影响，尤其是教学质量监控与评估制度可行性较差，教职工在日常工作中无法投入足够的精力；本应该发光发热的学科骨干，如今却隐退至行政管理中，制约了专业人才的利用率，带来严重的人才浪费现象；在任教职工不具备高度创新意识，严重制约了人力资源使用效率；教育科研的功利化程度较高，尽管投入了大量的科研资源，最终所得成果却不尽如人意；日常工作出现推诿扯皮的不良风气，造成了人力资源的浪费。这些现象都直接或间接地影响了教学型大学人力资源的利用效率。[1]

（2）影响教学型大学人力资源利用效率的因素

影响教学型大学人力资源利用效率的原因很多，但众多研究发现，依托完善的管理制度，有助于提升教学型大学人力资源质量，创造更高的资源利用率。

就宏观层面而言，诸多因素均会对教学型大学人力资源利用状况造成影响，较为典型的是职工聘用制度、考核制度等。当前教学型大学采取的录用制度主要表现为两种形式，即选录制度和任用制度，但二者并不相融。具体而言，选录制度受价格机制与竞争机制的双重影响；任用制度的局限性较强，依然受到计划经济这一老式观念的影响，人们更容易产生懒惰的不良习惯，从而制约科研工作的开展，甚至出现服务质量倒退的现象。教师工资调整在很大程度上取决于年度工作考核，但在实际操作中质量欠佳，相关标准出现了淡化现象，无法落实到位，引发了惰性问题。在此影响下，教学科研工作者无法投入充足的时间，智力资源持续性外流，极大地制约了教学科研人员的主动性，原本宝贵的人力资源却出现明显的隐

---

[1] 李福华.高等学校资源利用效率研究[M].北京：北京师范大学出版社，2002：58-72.

性浪费现象。

就微观层面而言，影响人力资源利用状况的因素也很丰富，以校内分配制度尤为突出，主要体现在校内津贴分配上，在不满足核编定岗原则的情况下，本该作用于人力资源的校内津贴却无法落实到位，抑制了人力资源的效益性；组织管理制度沿袭着传统的两级管理模式，即校、系两级管理，这种集权的组织管理制度易引发决策失误现象，甚至出现失控风险，加大了人力资源的浪费程度。

（3）优化教学型大学人力资源配置的策略

资源重组有助于推动人力资源配置工作。以机构调整以及人员定编为核心，衍生出可行的聘任制，它是基于发展目标所做出的调整行为。教学型大学应牢牢遵循精简高效的原则，达到协调发展的效果：优化校级党政管理机构的设置形式，准确界定职能部门和非职能部门；以学科体系为指导，实现对教学科研的优化；考虑生源这一影响因素，形成切实可行的科研人员编制；当结束对校内所有人员的编制工作且实现了机构调整效果，再对任务展开分解操作，以便成为单位人力资源配置的基础保障；根据编制设置岗位，明确岗位赋职，配置人员，竞聘上岗。

人力资源优化配置需获得机制创新的支持。教学型大学内部管理体制改革主要体现在管理与运行机制两个层面，重点围绕用人、竞争、工资与奖励这四项内容的制度做出改革行为，这是推动人力资源优化配置的基本保障。全员聘用（聘任）制是一项具有高度灵活性的人事管理制度，它明确说明了双方的聘用关系，围绕双方的责、权与利做出了详细说明，为人员提供有效环境，增强其与岗位的结合程度。人力资源市场调配的开展紧紧围绕工资机制而展开，调控工作需得到经济手段的支持，最为可行的便是对利益展开结构性调整，推动配置工作的开展。当前的人才竞争异常激烈，教学型大学的发展要认知到价值规律与工资机制的重要性，要以发展中的问题作为出发点，展开对内部利益格局的积极调整，强化改革工作，形成适用于学校实际状况的可行分配制度。校内人事分配制度改革工作的持续展开需得到竞争机制的支持，基于人才竞争方式，实现对人才资源的合理配置，营造出富有活力的局面，培养大量优质人才，为教学型大学的发展提供持续性动力。创建一套完善的奖励机制，牢牢把握价值规律的导向作用，引入可行经济手段展开管理工作，为人才的等量劳动创造等量报酬，适当嘉奖优秀职工，推动所有职工履行自身职责，创造与职责相对应的业绩。

人力资源优化配置可依托市场展开。当前的人力资源管理体制已经发生改变，是一种高度开放性质的制度形式。基于完善的人才市场体制，可增强人力资源管理质量，依托人才资源达到对全世界优化配置的效果，并增强人事管理活动的开放性。深入到社会人才市场竞争环境中，在浪潮下寻找优质人才，这是实现人力资源优化配置的关键手段，是推动教学型大学朝着高品质发展的重要指导。关于职工配备：一要积极引入先进工作机制，制定可行的人才引进策略并落实到位，吸引高品质人才；二要丰富人才引进形式，加强柔性引才；三要建立人才引进新机制，调动各个方面做好引进人才工作的积极性。

2. 完善教学型大学财力资源优化配置

教学型大学要给予财力资源配置高度的重视，它直接关乎教学型大学的发展质量。基于合理的财力配置方式，可充分利用仅有资金，创造出更高的资金利用水平，确保教学型大学的发展活力。应当明确，此处的财力资源指的是货币投入，即教学型大学经费的投入。除了国家财政性拨款，还涉及学杂费与住宿费、外界捐款、对外服务性收入等。

当前，国内的教学型大学规模正持续扩大，但人员过多、办学质量欠佳的问题普遍存在。近年来，尽管做了大量体制改革工作，但结构不合理的问题依然未从根本上解决,具体表现为行政人员和后勤人员的比例过高,决策失误,缺乏全面的、长远的规划,管理不善,等等,给教学型大学造成了严重的浪费。优化配置教学型大学的财力资源,应从以下4个方面入手:首先,确定适用于教学型大学实际状况的财力资源配置方向,将教学型大学的发展规划作为基本指导,在资金持续投入的背景下,可将规划落实到位,对关键性项目采取针对性措施,为之提供更多的资源支持。贯彻落实勤俭办学的基本理念,在各项工作落实到位的前提下尽可能减少资金,分析资金筹集状况,落实配套性项目。具备长远的目光至关重要,要立足发展的角度看待问题,实现对财力资源的合理配置,协调好长、短期发展关系。与此同时,还要加大力度发展具有特色的优势项目,形成与市场需求相符的个性化办学宗旨,充分利用有限的资金,推动教学型大学朝着高品质、高效益的方向发展。其次,对于教学型大学而言,相关财力资源优化配置要重点围绕预算的编制、执行与调整三大部分展开。[1] 具体来说,关于编制预算,要融入财力资源优化配置思想,提升所得预算编制的合理性。一是以学校计划为指导,重点将财力资源放置于重点项目中,协调好教学、科研与行政的比例关系;二是提升计算精准性,全方位掌握各项数字,遵循统筹兼顾、勤俭办学的基本原则;三是展开对预算执行状况的深度考核,分析所得结果并采取调控措施,保障预算执行的严肃性。再次,从根本上杜绝浪费现象。若要从根本上提升教学型大学资源效益性,就必须摆脱传统方式下封闭式教学管理模式的束缚,提升资源共享程度,有效规避因重复建设引发的浪费问题。最后,依托科技与人才优势,形成规模效应,加大力度创建集团产业,增强校办产业管理的规范化程度,提升产业经济效益,在保障办学质量的

---

[1] 秦明.试论高校财力资源优化配置[J].行政事业财务,2000(2):12-14.

前提下尽可能控制产业发展所需的资金。

3. 统筹优化教学型大学物力资源配置

教学型大学物力资源是指为教学型大学教学科研提供条件的仪器仪表、机电设备、器具模型、房屋设施、图书资料及电子资源等。大力挖掘和扩展物力资源的利用价值，改革物力资源管理体制，提高物力资源利用率，降低物力资源成本，可以提高教学型大学办学效益，促进和推动教学型大学的发展。

如何加强对物力资源的管理，最大限度地提高其投资效率，提高其利用率，使其适应学校的教学和科研，从而提高办学效率，已成为教学体制改革一个重要的方面。

（1）实施物力资源归口管理

教学型大学应按照适当的规模、完善的机构、合理的设置和有能力人员的指导，建立物资管理部门，对学校的物力资源进行统一管理。实施物资管理有利于改变"小而全""薄而散"的缺点，从而整合资源、最大限度地利用物资；便于监督管理，防止公共资产丢失；有利于物力资源配置的整体优化，在考虑学校发展规划的基础上，为学校制订中长期资源规划；可以在学校经费有限的前提下，避免不必要的重复建设；便于实现有计划的重点投资，改善物资设备，提高服务质量，让一线的教学、科研工作者专注于自身从事的教学、科研工作。[1]

（2）加强全过程管理，提高设备利用率

物资管理的重要问题是如何提高设备的利用率。一是必须有统一和精心策划的计划。根据学校发展计划和物资水平分配计划，考虑建立什么样的实验室，购买什么设备，达到什么样的教学和研究

---

[1] 罗晋伟，高合林.高校国有资产管理工作的转变与发展 [J]. 国有资产管理，1999（10）：21-22.

要求，需要多少资金，投资周期多长，该领域的技术发展和趋势如何。二是在采购中必须进行市场调查，掌握市场信息，统一规划和集中实施招标采购将有助于相互比较，进行合理的最终采购，同时避免腐败。三是在使用仪器和设备时，必须根据整个学校的综合利用计划充分合理地使用设备资源。四是利用现代化手段进行管理。为进一步规范物力资源管理，提高仪器设备投资效率，除了关键投入和加强维护，还应采用现代管理方法进行物力资源信息化和网络化管理，不断改进物资规划、采购、维护和管理者的理论和业务水平。

（3）建立新型物力资源管理体制

要优化物力资源配置，就必须明确教学型大学物力资源管理部门的职能，建立新的物资管理系统，培养和创建一个高素质的物资管理团队。学校物资管理部门是全校物力资源的统一管理单位。它还具有公共机构和服务部门的职能，重点是服务功能。要把物力资源转化为经济和社会效益，就必须形成物力资源管理和运行机制，建立必要的规章制度、有效的激励机制，扩大先进仪器设备的知名度，对全校开放，甚至可以对社会开放。第一，对于资源的利用，有必要实施有偿使用并建立设备使用资金。对于大型仪器和设备进行付费使用，可以改变设备的使用状况。用所得到的使用费用建立设备使用资金，这可以解决设备的维护费用，并可以用其中的一部分作为设备管理人员、技术人员的劳动报酬，提高他们的主观能动性。第二，建立规章制度。建立大型仪器设备专项管理，配置日常维护专业技术人员，制定管理职责和奖惩制度。第三，教学型大学应根据自身物力资源的情况，建立适合自身的管理部门。同时要加强人员培训，建立精干的物力资源管理队伍。

(四）发挥教学型大学学校文化的作用

教学型大学的学校文化使学校持续发展获得动力，优秀的学校文化也给高校发展和战略实施以巨大的推动力。教学型大学管理者应当在教职员工中提倡和树立发展、创新、求精、求实、团结、成才、报国等意识和观念，创造优秀的学风、教风、校风和办学理念，再以此推进教学型大学的战略执行。

1. 教学型大学学校文化的形成

教学型大学学校文化的形成是一个长期且复杂的过程，主要表现在以下3个方面：

（1）学校文化的形成是一种对原有文化的传承与改造的过程

任何组织文化都是由组织成员在长期生产和生活实践活动中创造和发展的。一旦形成，它将成为一种巨大的惯性力，总是以"传统"或"习惯"的形式影响人们的行为取向。新的充满活力的学校文化始终植根于现存的文化土壤，因此，要创建教学型大学的学校文化，必须回顾教学型大学的现有文化，识别、选择、继承优良传统，争取积极成长。同时，随着时代的发展，我们不断创新和优化，不断更新和改造，融合时代精神，使其充满活力。

不同组织的文化具有不同的特点，不同时代的文化也具有不同的特质，所以说，文化是有区域性和时效性的，它是一个动态的概念。只要我们看一下中国教育发展的历史，我们就会发现，在不同的历史阶段，教育的价值体系和操作规范都有自己的特点，反映了不同时代的文化特征。例如：从春秋到秦汉时期，是以孔子为代表的教育时代，孔子和孟子崇尚仁，老庄推行道，墨家博爱，法家主张法治。这些都没有与"人"这个词分开，"以人为本"是一个共同特征，只是在人和人的教育方面存在差异。从汉代到南北朝，是以董仲舒为代表的教育政治化时代。从隋唐到清末，朱熹所代表的理学为形成封建集权制奠定了理论基础。"三纲五常""科举制"使教育成为政治工具。中华人民共和国成立前，以"五四"为标志，呈现出多元化的教育时代，中国教育的主流逐渐呈三管齐下的趋势：以陶行知、陈鹤琴为代表的西方资产阶级实用主义教育，以梁漱溟、晏阳初为代表的新儒家民粹主义教育思想与徐特立、杨贤江所代表的马克思主义教育思想。每个时期的教育都有自己的特点，呈现出不同的文化特征。

（2）学校文化的形成是一种由文化主体不断创造、承载和发展的过程

学校的领导、教师和学生是学校文化建设的支柱，他们创造了一种文化，并被它包围着。他们深受这种文化的影响，成为这种文化的载体。他们在携带过程中持续发展和改造这种文化。

学校文化建设的关键是校长。陶行知曾经说过："校长是学校的灵魂。要评论一所学校，先评论他的校长。"因为校长是学校的领导者和组织者，是学校的法定代表人，所以校长的理想、价值观和行为准则将渗透到学校管理的各个方面，学校文化将具有鲜明的主观特征。由此而言，形成大学文化，校长必须具备特色，必须有自己的思想。

教职员工是大学文化教学建设的主力军。学校文化的核心体现在教职员工的价值观、道德标准和行为上。学校文化建设过程中的基本思路应该是全面提高教学人员的整体素质，因为教职员工是学校文化的基本载体。只有提高教职员工的整体素质，如思想意识、文化素养、道德观念和集体意识，才能传播和创造优秀的学校文化。

学生是教育的对象，也是学校文化的主要影响对象，反映学校文化产品或成就的质量水平。学生是主观的人，是创建学校文化的主体。青年学生反对什么，赞成什么，崇拜什么，鄙视什么，不仅反映了学校文化对他们的影响，也反映了学生文化的创造性。我们不仅要关注学生文化中的积极因素，还要关注其中的消极因素，用

各种方式引导和加强，形成积极的学生文化。

（3）学校文化的形成是一种对文化构成要素进行充分整合的过程

教学型大学的学校文化是由多种元素组合而成的整体。根据不同的标准，不同的人对学校文化的要素有不同的看法。根据台湾学者林清江的分类，大学文化的构成要素包括教师文化，学生文化，学校管理者文化，学校相关的社区文化，学校物质文化，学校传统、仪式及制度。教学型大学的学校文化不是这些组成部分的简单添加，而是通过这些部分之间独特的组合和相互作用创造的新的实体。美国人类学家鲁思·本尼迪克特指出：文化的发展是一种整合的过程。在历史的发展中，一些文化特质被选择、吸收，渐渐规范化、制度化、合法化，并被强化为人的心理特征。文化在这种内聚和整合的过程中逐渐形成一种风格、一种理想、一种心理和行为的模式，即文化模式（patterns of culture），是各种文化特质在功能上相互依存、相互关联且具有一定的内在结构的稳定形态的文化整体。

2. 教学型大学学校文化的塑造

（1）培育学校精神——建设观念文化

学校精神（school spirit）是学校精神面貌的体现，是学校生存和发展的动力，是学校成熟和内涵的写照。创造良好的学校精神是提高整体教学水平和教学质量的重要途径。

从心理学思维的角度看，学校精神是学校群体在长期教育教学实践中积累的共同心理和行为所反映的群体心理和心理特征。其核心内容和具体表现是学校校风。[1]

本人认为，教学型大学的学校精神是教学型大学在长期教育教学实践过程中创造和积累的文化传统、价值观和行为习惯的整合，

---

[1] 林崇德，俞国良. 论心理学视野中的学校精神 [J]. 北京师范大学学报（社会科学版），1996（1）:3.

为教师和学生认可和追随,是学校文化的核心和灵魂。

(2) 完善学校规范——建设制度文化

学校文化总是通过一定的文化行为载体来表达,例如,学校领导、教师和学生在管理、教育、教学等活动中的言语和行为,校园环境设计的布局都渗透到学校文化中,暗示着学校文化的功能。学校文化的形成,特别是在初始阶段,需要制定一系列制度进行约束和规范。在学校文化从浅到深、从外化到内化的过程中,规章制度是一种基本力量。许多著名学校的实践证明,一套严格的规章制度容易形成学校的文化特色。完善学校规范,建设制度文化,首先要注意基本特性。学校规范的制定要符合党和国家的政策、法令、法规,符合教育方针、政策,符合国家颁布的有关条例、守则等;要科学合理,能为师生员工所接受,并具有约束力;要具有教育性,能从教育的目的出发,对师生员工进行教育;要具有严肃性,做到令行禁止、赏罚分明,任何人都必须遵守;要具有稳定性,不能朝令夕改,以养成师生遵守规范的习惯。其次要了解基本要求。规范是一种外部约束力,要内化为师生员工自觉遵守的行为,就必须让其了解制定规范的原因;要进行规范示范,要求管理人员带头执行各种规范,以身作则,并且表彰和奖励表现好的师生员工,批评和处罚违规人员,以形成正确的价值导向;要进行规范训练,只有反复实践、持之以恒,才能内化为自觉行动;要进行规范检查,督促师生员工认真遵守规范,以养成良好的习惯。

(3) 优化校园环境——建设校园文化

学校文化始终将良好的文化行为与校园环境建设相结合,环境也被称为"第二教师团队",是一个"隐藏的课程"。优美的环境是一本立体、色彩鲜艳、有吸引力的教科书,有利于学生培养情操、美化灵魂、激发灵感、启发智慧,帮助学生提高素质。一个愉快、和谐、进步的校园环境,可以调节师生工作的心理和情感,提高学习的积极性，让人感受到美的熏陶，有进取的动力。其对教师和学生的身心健康和智力产生积极影响。校园环境建设直接反映了学校的领导水平和精神面貌，影响学校的形象，影响政府、个人和社会团体的信任和投资热情。良好的校园环境也是开展校际、国际交流的重要条件。

建设教学型大学的校园环境，要按照整体性原则，把学校作为一个系统整体，或屋或场，或路或园，或花或木，都要从整体出发，统一规划，合理布局。要按照互不相干原则建设教学区、体育区、生活区等，避免相互干扰。按照安全健康原则建设校舍、教学楼等，其门窗、走廊等的设计不得有危及学生安全的隐患存在；教室、操场的建设规划、设计要利于学生的身心健康。同时校园规划要有一定的超前性，以适应学校未来的发展。校园环境建设还要遵照量力性原则，根据学校的具体实际进行建设。

在校园的绿化上，要体现自然美、生活美、建筑美、艺术美、教育美的统一。校园要保持干净整洁，其中包括校园内道路、绿化带、运动场地、所有建筑物户外和其他场地空间的卫生维护，尤其是卫生死角。校园的文化设施如建筑装饰（如雕塑、壁画、碑记、亭榭、校史展品等）、宣传设备（如宣传栏、阅报栏、黑板报、广播系统等）、人文景观（如校友亭、同学林等）的建设要以启迪和教育学生为目的；要体现社会主义的教育理念，给同学们以积极向上的感官和富有责任感、献身精神的熏陶；还应反映当地文化风俗和优良传统，使之成为当地优良文化传统的宣传教育者。

三、本章小结与创新

教学型大学的战略执行是战略管理的行动过程，是将战略方案转化成各种具体方面的实际行动并达到战略目标的过程。它包括战略执行的准备和战略执行的过程两个阶段。战略执行的准备主要是指要制订战略执行计划,明确战略执行计划的任务,科学地划分战略执行阶段并制定出每个阶段要实现的具体目标,选择战略重点。战略执行的过程包括改革内部管理体制、制定政策和法规、合理分配学校资源和发挥教学型大学学校文化的作用。

本章的创新点在于构建了我国教学型大学战略执行的内容体系。

第六章

我国教学型大学的战略控制

一、教学型大学战略控制的内涵

战略控制是教学型大学战略管理的有机组成部分。在教学型大学的战略管理过程中，由于战略执行往往需要较长的时间跨度，影响因素较多，目标具有多层次性，为了保证战略策略的正确执行，达成战略目标，必须对战略执行的过程进行有效的控制。教学型大学的战略实施与战略控制同时进行，通过运用战略控制，使战略实施的进程和结果与战略预期的基本符合。同时，当内外情况变化导致其有效性降低时，战略控制能够及时地调整或改变战略。因此，战略控制是教学型大学战略管理的一项重要工作。

（一）教学型大学战略控制的含义

教学型大学战略控制主要是指在战略执行过程中，以计划标准和战略目标为准绳，为达到战略目标，监控教学型大学所进行的各种行动的进展情况，同战略实施的要求相比，衡量并纠正战略执行的实际活动与预定计划及目标之间的偏差，使教学型大学战略实施与战略目标协调一致，保证战略目标的实现。在战略执行的过程中，由于时空条件的改变，教学型大学组织内部和组织外部的情况发生了变化，这要求学校必须制定或修订符合新情况的目标。如果行动偏离目标，就应修正人们的活动与预定目标的偏差。如果是工作计划和绩效间的一致性产生偏差，就应分析产生这种偏差的原因，并根据原因及时调整和优化战略执行过程中的计划、规划和目标，并为了目标的实现努力奋斗。

教学型大学战略控制的范围一般包括：①物力控制，也就是对教学型大学投入物质资源（包括物资设备、投资等）的控制。②人力控制，也就是对教学型大学人力资源（如人尽其才地安排人事，正确地选择教师、干部、领导等）的控制。③信息控制，也就是尽可能准确地预测人才市场，全面分析学校的条件、所处的社会环境等。④财力控制。在战略执行的过程中，教学型大学的各项活动与经费问题紧密相关，有必要对所有活动的经费预算、收入、成本等进行有效的控制。

在进行战略控制的过程中，施控者和被控者反对或抵制战略控制的因素和力量总是存在，主要包括：①过度控制。学校管理者或领导对单位内所有的过度控制，表现出管理能力，但适得其反。②不恰当的控制点。例如：在评价教师业绩时，一部分教学型大学只强调教师发表的论文、专著等，忽视了教师教育教学的业绩，这种做法往往偏离了学校教书育人的目标。③参与度低。要让尽可能多的人参加计划和控制系统的建立，在遵守和执行时负责。

（二）教学型大学战略控制的主客体

控制主体与客体就是控制者与控制对象，是进行控制必不可少的基本因素，二者之间的逻辑关系比较清晰和明确。

1. 教学型大学战略控制的主体

教学型大学战略控制的主体就是战略控制的施动者，包括战略的制定者和实施者。其中，战略的实施者主要包括管理者和战略的实施对象之一——教师和学生。因此，在教学型大学的战略控制中，控制主体主要包括教师、学生、学校管理者和战略制定者。

教师和学生在战略控制中占有重要的地位。他们是战略实施过程最直接的感受者，最了解战略实施过程的状况和效果，能基本反应战略实施的情况,所以在教学型大学的战略控制中要推崇教师和学生控制。在战略管理中,教师和学生作为控制主体之一,可以利用自己的才智给战略实施过程提供有益的反馈意见。尤其是各系的教师,他们对本系的情况了解深刻,可对本系的发展进行理性分析和控制。同时,还可以开展不同系教师之间的战略控制,互相学习和交流,以促进学校的发展。

学校管理者的控制侧重于学校的发展规模、教学质量、校园建设等。学校各级管理部门的管理者参与控制,有利于了解战略实施过程中的真实情况。这种控制有利于发现战略实施较好的单位,从而树立榜样,还可以发现问题并纠正战略实施过程中的不足,对于战略的推进具有直接的促进作用。战略的实施者主动积极地对战略的实施进行控制,不仅可以保障战略目标的实现,而且还有利于提高后续战略的实施效果。在战略实施的全过程中,实施者可以自觉地把战略实施活动作为意识对象,不断地对其进行积极主动的检查、评价、反馈、控制和调节,从而达到改进战略的目的。

战略制定者参与战略控制,虽然带有一定的主观感情因素,可能造成对战略控制结果的偏差,但能使制定者发现战略的优缺点,总结经验,达到战略管理的目的,因此把战略的制定者排除在战略控制之外是不科学的。

2. 教学型大学战略控制的客体

教学型大学战略控制的客体具体指人力、物力、财力和信息等。其中最重要的是对人的行为的控制,因为实施战略的各种活动都是教学型大学的教职员工去完成的。由于认知、能力和信息的不同,加之个人目标和战略总目标会有差别,会出现与战略要求不符的行为,因此,有必要对人的行为进行有效的控制。教学型大学的战略控制是在战略规划过程已经完成,战略执行已选定,战略所必需的组织活动已经开始以后才开始实施的。战略控制是在战略选择的基础上，通过对战略实施过程的监控，对运用到现实中的战略的实际效果和实际效益进行检测与考核，及时不断地调整、补充原定战略方案，以保证战略目标的实现。从时间上来看，教学型大学战略控制发生于事后，战略规划发生于事前。但控制阶段所搜集的信息会影响将来的战略规划决策。况且，控制也并非只在问题发生后才实施，它可以是预防性的。因此，教学型大学战略控制贯穿于战略管理全过程。

（三）教学型大学战略控制的类型

通过对教学型大学战略控制的类型进行分析，可以使我们更加清楚地识别教学型大学战略控制活动的特点和性质，帮助我们更好地控制战略执行的过程，进而保证达成战略预期目标。教学型大学的战略控制类型，可以从以下3个角度进行划分：

1. 反馈控制和前馈控制

根据系统组织的活动与控制性动作的时间先后顺序，教学型大学的战略控制分为反馈控制和前馈控制。反馈控制是事后控制，即根据既出的问题或者偏差进行准确的校对和修正，要求随时对教学型大学战略执行的活动效果和目标进行比较，及时发现问题并加以修正。通过实践性验证来证明各种执行程序、计划及目标是否正确，这是反馈控制的优点。通过事后采取措施纠正，可能因补救不及时，导致损失或战略执行行动的失败，控制的效果将直接被影响，这是反馈控制的缺点。前馈控制是面向未来的、结合教学型大学工作计划的一种控制，利用最新的适用信息进行预测，将预测的结果与所期望的结果进行比较，采取符合实际绩效与期望的措施。其着眼点不是针对学校绩效与标准的偏差进行控制，而是通过预测被控对象的投入或过程进行控制。防患于未然是前馈控制的优点，导致过多的主观性是前馈控制的缺点。

在教学型大学的战略管理过程中，运用反馈控制和前馈控制的情况很多。如：学校对各院系工作进行定期或不定期的检查，教师对学生的学习状况进行提问、考试或测试，等等，都属于反馈控制。反馈控制可以帮助学校有关领导、管理者和教师掌握教育教学的进展情况，及时地发现问题，纠正偏差。大学新生入学时，学校会组织教师和高年级学生向新生介绍学校的各种规章制度、院系的情况，分享学习方法和心得体会，使新生能尽快适应大学生活。这是一种前馈控制，可以减少在环境变迁时新生可能发生的不适应或其他问题。教师在进行某活动或演示实验之前说明注意事项，也是前馈控制的一种。

2. 行为控制、目标控制、资源控制和结果控制

根据控制性活动的内容，教学型大学的战略控制可以分为行为控制、目标控制、资源控制和结果控制。行为控制是指纠正和调整目标在实际活动中出现的和预期目标要求不一致的行为。在战略实施和执行中，教学型大学的学生工作、管理工作、后勤工作、科研工作、教学工作和思想政治工作等必然存在行为方面的问题和偏差，需要有行为控制与之配套，以便与统一的预期目标相对一致。目标控制指的是控制教学型大学战略管理过程中的目标体系。在教学型大学中，课程目标、专业培养目标必须与教学型大学的总目标一致。实际上，由于主观因素和客观因素的影响，总目标与层次目标难免会产生不同程度的偏差。目标控制可以防止局部目标的偏离对总目标产生的不利影响。资源控制即对教学型大学的资源使用情况进行控制。对资源使用进行控制既带有计划性，又带有活动性。结果控制是一种终结性控制，主要是对教学型大学战略执行的某项计划、方案或工作实施过程结束之后得到的结果进行控制，以发现其由于哪种因素或失误造成了结果与预期目标的不一致。其作用是为下一阶段工作提供经验教训，促进目标的实现。

3. 总结性控制、尝试性控制和规范性控制

根据实施控制性动作的性质，教学型大学的战略控制可划分为总结性控制、尝试性控制和规范性控制。总结性控制是指通过对教学型大学各项计划及其实施过程与实施结果的总结评价，建立一套评价标准，以便使下一轮活动正确开展。尝试性控制指的是控制教学型大学各种改革和创新的措施。尝试性控制的特点是具有"尝试"性质。在控制中，由于很少有规范性标准纠正活动过程中出现的偏差，因此，寻找偏差与纠正偏差都是具有尝试性的。规范性控制指的是基于教学型大学各种行为规范和规章制度对达成目标的活动实施控制。

（四）教学型大学战略控制的作用

教学型大学战略管理中的既定战略，是在充分分析教学型大学内、外部因素基础上所做出的选择，但由于教学型大学的内、外部因素往往会发生快速的变化，如外部环境条件，内部人员、设施、资源等都会发生变化。因此，有必要通过控制，及时发现战略规划及战略执行过程中存在的问题，使教学型大学能够及时调整战略，避开不利因素，抓住机会，提高竞争实力，促进教学型大学持续发展。教学型大学战略控制的目的就是通过对战略管理及其实施状况进行全面、系统的考核，展示战略实施过程的业绩和战略管理水平，为战略管理部门的宏观调控、监督和激励提供依据。

一般而言，教学型大学战略控制主要具有导向、诊断与改进、反馈、激励作用。

1. 导向作用

教学型大学战略控制的导向作用是由控制项目和以此建立的控制标准的指导性，以及实施控制对战略目标的调控所决定的。实施战略控制的首要任务是根据对战略目标实现的重要程度决定控制项

目，即应当监测和控制对实现战略目标至关重要的环节与因素，然后根据控制项目的特点建立控制标准。控制标准一般都是关于战略目标的具体化、系统化和量质化，从根本上体现战略管理的内涵、性质、目标和规格要求，具有较强的科学性和可操作性。战略实施者将控制标准作为实施的行动指南，以它为导向，制订战略实施的具体计划和具体方案，并落实到实施活动中。在实施方案和计划之前，以控制标准为导向，开展诊断性评价，评定战略实施水平和质量、偏离和达到目标的程度，并分析研究对策，以此来调控战略实施方案和计划，提供方案与计划的科学性和实效性。

2. 诊断与改进作用

战略管理必须达到一定的目标，为达到一定的目标必须进行指导，为进行正确的指导必须进行控制。通过战略控制发现战略方案和战略实施过程中存在的问题及偏差，然后采取措施加以改进，对于战略实施较好的情况发扬光大，对于劣势采取措施并加以改正，这样才能保证战略管理的成功实施。因此，战略控制具有对战略和战略实施过程进行诊断和改进的作用。

3. 反馈作用

在战略执行中，了解这一次决策的执行结果，总结其经验教训，对于下一次决策是非常重要的。这就要求有真实、可靠、系统的决策执行反馈。战略控制是一种能够提供这种反馈的重要方式，能使教学型大学的决策者了解所采用的决策在执行中哪些是符合实际的、正确的，哪些是不正确的、不符合实际的，对提高战略决策的适应性和水平有重要的反馈作用。同时，战略控制所获得的信息必须通过一定的信息系统，迅速准确地向有关部门和战略制定者反馈。因此，对战略实施过程进行有效的控制和监督，能及时纠正在实际的战略管理过程中有悖于战略的思想、策略和方案而修正或调整战略的实施，确保战略目标的实现。

4. 激励作用

激励作用是指战略控制具有激发战略实施者行为动机、调动实施者的积极性的能力。首先，通过战略控制，可以对战略实施者的优势加以肯定，使其产生成功感和自信心，从而不断提高实施活动的质量。其次，否定性评价具有激励作用。否定性的控制结果能在一定程度上刺激并激发被控制者的竞争意识。只要控制标准设置合理，控制方法得当，就能使战略实施者产生积极的行为，避免消极行为。

综上所述，战略控制在教学型大学的战略管理中起着非常重要的作用，教学型大学战略仅仅是规定了哪些事情应该做，哪些事情不应该做，还处于行动方案阶段；而战略控制则主要是行动阶段的事，它会直接影响教学型大学战略控制的效率和效果。所以，教学型大学战略的效果离不开对战略控制阶段的控制。一个教学型大学能有效地对战略进行控制，能及时发现和纠正发生的问题，说明这个教学型大学有较强的实施战略控制的能力。这种控制能力强、控制效率高、控制效果好的教学型大学的领导者在进行战略决策时，会选择开创性更大、创造性更强的战略方案。

（五）教学型大学战略控制的原则

战略控制原则指的是教学型大学进行战略控制的标准和准则。教学型大学战略控制的原则主要有6个：

1. 客观性原则

战略控制的客观性原则，主要是指在进行战略控制时，教学型大学应采取实事求是、客观公正的态度，对教学型大学的战略管理过程进行客观控制，决不能主观臆断或掺杂个人感情的成分。战略控制的客观性原则还在于，确定战略控制标准时，既要符合追求的战略目标，也要考虑当前学校办学的实际水平（包括物力、财力、师资水平、管理水平、办学条件等工作基础，确定控制标准是合理的，任何过高或偏低的标准都不能调动控制对象的积极性，不能实现控制的目标。

2. 系统性原则

教学型大学战略的实施是一复杂的系统工程，控制准则和标准的建立要能反映教学型大学发展的整体水平及整体目标的实现程度。选择的控制项目应具有整体性和涵盖性，还要有重点，因为影响战略执行的因素很多，不可能对每个因素都进行控制。因此，战略控制项目既要从系统性上去考虑，又要从重要性上去考虑。战略执行受到可量化的、物质的、客观的要素的影响，同时受到模糊的、文化的、主观的要素的制约。因此，在战略控制指标的选择上要关注相关控制项目之间的关联度，在控制标准的制定上既要有定性的标准，又要有定量的标准，防止顾此失彼，从而体现教学型大学系统的整体功能和战略控制的整体优化。

3. 可操作性与可测性原则

控制主体在对教学型大学进行战略控制时，一般是通过可操作性的方法去收集控制信息，因此，控制指标要便于操作。实施教学型大学战略控制，旨在得出一个定性与定量相结合的控制结果。一方面帮助教学型大学进行纵向比较，即用现在的成绩同过去的状况比较，明确自身进步的速度；另一方面也帮助教学型大学进行横向比较，即把同类型、同层次的若干个大学作为一个系统，以常模为基准，衡量学校在系统内所处的相对位置，从而真实地反映出学校的努力程度和进步幅度。为使控制结果具有可比性，控制基准及指标应具有测定的可能性。也就是说，控制指标无论是确定量还是模糊量，无论是定量指标还是定性指标，都应通过一定的计量和测定技术，使用数学模型和法则进行数量化，再求出评价对象的量化分值，然后得出相应的定性分析结论。

4. 方向性原则

控制指标不仅要成为战略控制的标准，而且要为教学型大学指明进一步努力的方向。因此，战略控制指标一方面要有助于战略任务的完成，另一方面要有助于战略管理思想的全面落实，有利于激励教学型大学管理者进行战略思考。方向性原则包括两方面的内涵：其一是坚持指标的导向性。教学型大学战略控制要全面贯彻战略管理的指导思想，坚持用战略的眼光规划学校的发展，战略管理中要不断创新，不断与时俱进，实现教学型大学的自我约束、自我完善和自我发展。其二是坚持指标标准与评价目的的一致性。教学型大学战略控制的目的是深化教学型大学教育教学改革，保证教学型大学人才培养质量，提高教学型大学整体水平和办学效益。因此，战略控制指标标准必须以此为出发点和归宿，使指标标准为实现战略目标服务。

5. 科学性原则

教学型大学的发展受到多种因素的影响，因此，要想全面、客观、准确地对战略进行控制，必须坚持科学性的原则。一方面需要利用战略控制的原理来指导控制项目的选取和标准的设计。另一方面，要使战略目标具有科学性，需要运用科学的方法对目标进行分解。从实际情况出发，以战略目标为中心，对战略实施活动进行全面的调查研究；基于事实材料，使用科学的系统分析方法，对制约因素及目标进行全面分析、论证，选择以科学的态度控制项目，控制项目的整体综合研究，进而制定控制标准。

6. 可行性原则

教学型大学战略控制的可行性原则是指在决定战略控制的项目和标准时，既要从未来着眼，又要结合实际，使控制方法科学、简单易行。这就要求必须根据教学型大学的客观情况和战略目标，选择控制项目，制定切实可行的控制标准。

二、我国教学型大学战略控制的程序、标准与方法

（一）我国教学型大学战略控制的程序

教学型大学战略控制可分为以下4个步骤：

1. 确定控制项目

在教学型大学的战略执行过程中，战略总目标和阶段目标的达成，是要靠具体的活动来实现的。而实现目标的活动有很多，任何教学型大学都不可能对所有的活动进行控制。在战略执行过程中，应对哪些活动的过程及结果进行监测控制，必须在深入分析研究的基础上确定。显然，应当监测和控制那些对实现战略目标至关重要，且能够比较客观和连续进行监测的环节与因素。

2. 建立判断准则和标准

教学型大学战略控制的最终目的是保证战略计划的顺利执行，计划目标是一个最根本的标准，控制标准来源于计划目标。由于计划目标不可能具有准确的预见性，因此不能完全成为控制的直接标准。应在实际控制过程中根据控制对象和范围的特征，在有关计划目标中选择合适的点，并予以细化，作为衡量绩效的标准。

教学型大学不同的专业领域、不同时期的培养目标不完全相同，针对不同的控制对象所用的准则和标准各有其特殊性，因此，建立判断准则与标准应尽量客观、准确。准则是指判断的内容，即在判断过程中所指向的某些方面；而标准则是人们对这些方面优良程度的要求。例如某地区根据未来人才需求预测，确定电脑软件人才扩大招生的控制标准为：以1993年招生150人的规模为基准，连续5年以10%的比率递增，且年递增率的波动要控制在±1%的范围内，即不得低于9%，不得高于11%。

3. 衡量偏差

从控制论的观点来看，评价教学型大学的战略活动和预定目标

之间的偏差,是解释、处理和获得信息的过程。通过教育测量来实现信息的获取,发现偏差的关键是信息的解释和处理,然而信息的正确解释和处理基于所得信息的有效性、可靠性和及时性。信息的处理者和解释者也至关重要,因此,信息的处理者和解释者应对实践对象有充分的了解,有丰富的经验以及较高的素质和能力。例如,某大学电脑软件专业 1994 年、1995 年分别计划招生 166 人和 183 人(控制标准),实际招生为 145 人和 130 人(执行情况),即出现招不满计划的情况。将执行情况与控制标准进行对比,通过计算,可得出偏差情况,即第一年为 -13%,第二年为 -29%。

4. 采取纠正措施

教学型大学战略执行中,目标的有效性以及战略控制活动的有效性最终都有赖于纠正偏差这一环节。纠正偏差就要分析产生偏差的原因:从计划角度看,偏差可能是估计计划的前提条件时出错,或过于乐观,或过于保守,使计划不切实际;从实践过程看,偏差可能是由于组织不适应、人员培训不够或技术(设备)不过关,也可能是发生了意外事件。然后针对这些原因采取相应的措施,如重新修订目标、调整组织结构、加强培训、改进技术等。在纠正偏差的过程中,一般不宜过多追究个人责任,以免影响士气。

有效的教学型大学战略控制活动不仅需要经过以上 4 个步骤(见图 4),在具体实施的过程中,还应保证控制系统的灵活性、精确性、具体性等。

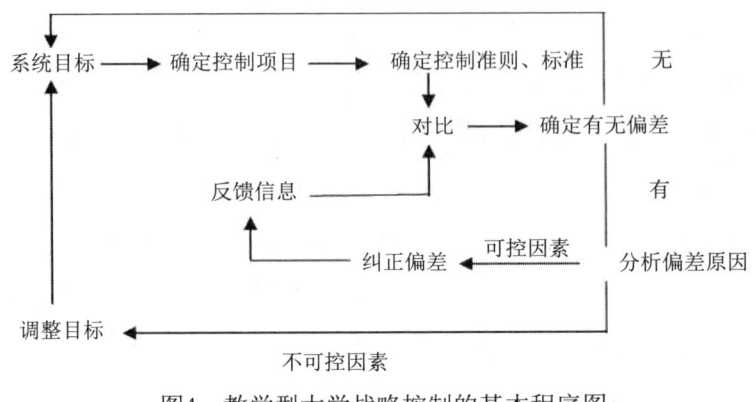

图4　教学型大学战略控制的基本程序图

（二）我国教学型大学战略控制的标准

为了实现战略控制的目的，保证战略控制的有效性，必须制定战略控制的标准。控制标准是依据总体目标和各层次目标，并结合具体的特点来制定的。教学型大学战略控制的标准主要包括以下6个方面：

1. 战略的内部统一性

教学型大学的战略方案由若干个战略项目组成，战略各构成部分必须相互组合、相互连接，形成一个统一的整体，即战略在内部必须保持一致性。

2. 战略与环境的适应性

战略与环境的关系好比数学上的函数关系，环境相当于自变量，战略相当于因变量，战略必须适应环境，随环境变化而变化。[1]因此，教学型大学的发展战略必须与内外部环境保持一致。

3. 战略与资源的配套性

战略的实现需要耗费一定的资源，在战略实施以后，应对每一

---

[1] 梁焱,孙浩,李绍荣. 现代大学战略管理[M]. 沈阳：东北大学出版社，1997：206.

种资源进行控制，保持配置的合理性，以确保这些资源能满足战略的需求。

4. 战略的风险性

战略在执行中会产生一定的风险，一是战略方案脱离实际，实施时会产生一定的困难；二是战略方案是正确的但因意外的因素而出现风险，使战略难以实现。因此，必须对既定战略的风险大小进行控制。评估既定战略的风险大小并确定学校愿意承担的风险大小，对于决定教学型大学继续奉行还是毅然改变战略，是至关重要的。

5. 战略实现的时间性

既定战略所必要的各种活动是需要一定的时间来完成的，因此应适当考虑执行战略所需要的适宜时间的结构。如果制定战略时不考虑时间结构，往往会导致频繁而较大的战略改变和人事变动。频繁更替管理者的学校，通常都没有清晰的战略，或者没有安排好执行战略所需的适宜时间的结构。

6. 战略的可行性

战略执行成功的前提是战略的可行性，所以不仅要制定激励性目标，又要有实现的可能性。制定控制标准必须建立在教学型大学的主要目标之上，不管是定性标准，还是定量标准，都应有可行性。同时，定量标准不仅要用于评价选定的战略，而且要用来评价执行战略的策略。当教学型大学的战略目标没有达到时，这两方面的因素都必须加以认真地检查。

（三）我国教学型大学战略控制的方法

战略控制方法是指对控制信息分析处理的方法。教学型大学战略控制一般采用以下 5 种方法：

1. 反求法

反求法就是倒推法，是一种反向思维，就是从目标出发，依据目标的要求，明确实现目标的条件，规划实现目标的途径，并且在实际工作中，努力寻找、创造和借助于实现目标的条件，一步步推进，最终促使目标的实现。教学型大学利用这种反向思维进行战略控制，可以检查战略的可靠性，研究综合分析、预测方法的科学性。

2. 纵横验证法

验证法就是指为了证明某种结果或做法的正确与否，而通过另外一种途径来检验。教学型大学采用纵横验证法主要指把构成环境的各种要素、各子系统的现状和发展变化倾向趋势分析和验证，与各子系统、各种要素、各个时期以及环境相互关系的综合分析的论证相结合进行验证；采用的方法与原综合分析和预测不同，或从不同角度进行分析检验，以保证战略执行中偏差的最小化。

3. 模拟法

模拟法就是利用计算机模拟出教学型大学战略控制中潜在的不同状况，以得出战略控制结果。计算机根据不同的信息和假设经过复杂的处理之后，就知道哪种情况是最佳的选择。运用这种战略控制方法，可以将影响教学型大学生存和发展的各种情况、情报、信息，通过计算机来进行处理、模拟和验证，对控制信息做出科学的处理。

4. 专家论证法

专家论证法就是邀请各方面的有关专家对实行的战略进行全面论证、检验，以寻求共同的最佳方案。教学型大学的发展战略是依据内外环境条件，在学校现状的基础上，经过校领导的理性分析制定出来的，并得到学校有关人员的认同。在执行过程中，还必须通过专家对学校的战略从科学依据、条件与社会后果进行论证和控制，以确认战略是否可以付诸实施。

5. 比较法

为了更好地执行战略，执行者就要对战略的优劣有很好的认识。

战略的优劣是相对的，只有通过比较才能被理解、被确认。通过比较发展战略的优劣，可以在发现问题时及时解决，发现不足时及时修正，使之更加完善；而对于好的战略，还可以坚定执行信心。

三、本章小结与创新

本章对我国教学型大学战略控制的含义、主客体、类型、作用、原则以及程序、标准与方法进行了深入的探究。教学型大学的战略控制主要是指在战略执行过程中，以计划标准和战略目标为准绳，为达到战略目标，监控教学型大学所进行的各种行动的进展情况，与战略实施的要求相比较，衡量并纠正战略执行实际活动中与预定目标及计划之间的偏差，使教学型大学战略实施与战略目标协调一致，保证战略目标的实现。战略控制具有导向、诊断与改进、反馈、激励作用。战略控制可分为确定控制项目、建立判断准则和标准、衡量偏差和采取纠正措施4个步骤。战略控制的标准主要有战略的内部统一性、战略与环境的适应性、战略与资源的配套性、战略的风险性、战略实现的时间性和战略的可行性。教学型大学战略控制一般采用反求法、纵横验证法、模拟法、专家论证法、比较法。

本章的创新点在于提出和论述了教学型大学战略控制的基本步骤。

第七章

我国教学型大学战略管理的个案分析

本章以在国内有一定代表性的教学型大学——信阳师范学院和聊城大学为例，深入剖析这两所大学"十五"发展战略规划的实施过程和取得的成就，以使我们更深刻地认识到对教学型大学实施战略管理的重要价值和意义。

一、信阳师范学院战略管理实证分析

（一）信阳师范学院简介

信阳师范学院是一所河南省省属的普通本科院校，始建于1975年，1978年被国务院正式批准为本科建制，1979年被定为首批学士学位授权单位，1998年被国务院学位委员会审批为硕士学位授权单位。2001年5月，学校顺利通过了国家教育部本科教学工作合格评估，教育部对信阳师范学院的办学效益和办学成就给予了充分肯定。

学校坐落在铁路京广线、宁西线，国道107线、312线，京珠高速线交会处的历史文化名城信阳市，西邻"长淮明珠"南湾湖，南望"云中公园"鸡公山，水光山色，名胜佳境，美不胜收。校园内花木交荫，绿围翠绕，四季常青，莺歌燕舞。明朝文坛"前七子"之一何景明就生于此，学于此。先贤遗风，泽被后世。独特的区位优势，宜人的温润气候，秀美的自然景观，丰厚的文化底蕴，使这里成为有志青年求学成才的理想之所。

30多年的励志耕耘，学校已发展成为具有文学、史学、经济学、管理学、法学、教育学、理学、工学八大学科门类的多科性大学。

学校现设有 10 个学院、9 个系和 3 个教学部,有 44 个本科专业。学校拥有政治经济学、英语语言文学、中国古代文学、思想政治教育、马克思主义理论、基础数学、应用数学、应用化学等 18 个硕士学位授权点。在校硕士研究生、普通本专科学生 17000 余人,成人教育学生近 6000 人。学校有基础数学、中国古代文学等 3 个河南省重点学科,有当代马克思主义研究所、课程与教学改革研究所 2 个河南省人文社会科学重点研究基地。河南省基础教育研究中心设在信阳师范学院。

学校现有教职工 1200 余人,其中教授 80 余人,副高级专业技术人员 300 余人,硕士、博士 300 余人;有 2 个学科被确定为河南省特聘教授岗位,且有 1 人被确定为河南省特聘教授。最近几年,主持省部级以上科研项目 200 余项(其中国家社会科学基金和自然科学基金项目 20 余项),在国内外公开发表学术论文近 4000 篇,出版著作 200 余部,获得包括国家级优秀教学成果一等奖在内的各种奖励 1000 余项。《信阳师范学院学报(哲学社会科学版)》2000 年被评为全国人文核心期刊。《信阳师范学院学报(自然科学版)》2004 年被评为全国中文核心期刊,这是全国师范学院学报中唯一的一家。

学校现占地 110 多公顷,建筑面积 50 余万平方米。图书馆藏书 100 余万册,有中外文期刊 2600 余种。学校建有网络信息与计算中心,有各类实验室 55 个,多媒体教室、微格教室近 60 个,教学仪器设备总价值达 6000 余万元。

经过 30 多年的改革与发展,学校形成了"团结勤奋、求实创新"的校风和"环境优美、校风优良、管理规范、质量过硬"的办学特色。

经过全校师生 30 多年的不懈努力,学校的教育教学改革取得了明显成效,本科教育教学质量稳步提高:每年为中等教育培养数千名合格教师,且得到了社会的普遍认可,毕业生一次性就业率近年来一直保持在95%以上，绝大多数毕业生受到用人单位的好评；生源充足且质量较高，第一志愿上线率不断提高，连续3年保持在100%以上；学风浓厚，校风优良，应届毕业生考取硕士研究生的人数占毕业生总人数的比例连续4年保持在20%以上，2005年一些专业甚至超过了50%。

（二）信阳师范学院"十五"发展战略规划的指导思想与战略目标

1. 指导思想

高举邓小平理论伟大旗帜，全面贯彻党的教育方针，坚持"三个面向"，发挥师范教育优势，以研究生教育为先导，以本科教育为主体，深化改革，加快发展，使学校办学规模进一步扩大，办学质量和效益显著提高。今后10年，学校的建设和发展必须认真贯彻6条重要原则：

一是全面贯彻党和国家的教育方针。坚持社会主义办学方向，认真研究和推行素质教育，把德育放在首要的位置，培养德、智、体、美、劳全面发展的社会主义事业建设的合格者和接班人。

二是坚持发挥师范优势和主动适应社会需要相结合。集中精力办好师范教育，同时主动研究和适应社会对人才的需求变化，为地方经济社会发展做贡献。

三是坚持教学工作的中心地位，努力提升学术和科研水平。把人才培养和全面提高教育教学质量作为学校一切工作的落脚点，同时采取措施，培养骨干队伍，提高教职工整体素质，使科研工作上层次、上水平。

四是坚持把改革作为发展的动力。继续深化各项改革，在内部管理体制改革、人事分配制度改革、后勤社会化改革等方面取得新的突破。

五是坚持集中力量，着力解决事关全局发展的教师队伍建设、教学科研基础设施建设和扩大办学空间等重大问题。

六是坚持艰苦奋斗、艰苦创业的精神，狠抓落实，务求实效。

2. 战略目标

到 2005 年，学校的教学、科研水平和办学效益明显提高，办学条件明显改善，力争把学校建成有自己特色的有一定影响的师范大学。

（1）办学规模

普通本专科在校生达到 12000 人，硕士研究生 300 人左右，成人教育在籍生达到 10000 人以上。并力争到 2005 年招收留学生 100 人。

（2）科学研究

要抓住国家自然科学基金项目和国家社科基金项目的申报，力争每年获批国家级项目 2－3 项、省级项目 30 余项，实现国家级科研奖励的突破。获国家级优秀教学成果奖、省级奖 8－10 项。力争科研规划部门资助经费年均增长 30%，并积极主动地多争取横向协作项目。文、理科学报均改为双月刊，并提高学报综合质量，把学报办成河南省重点期刊，进入省级先进行列和全国同类院校学报先进行列。

（3）学科建设

使人文社会科学和理工类学科都有硕士点，硕士点总数达到 10 个左右。力争有 2－3 门学科成为省级重点学科。

（4）师资队伍

争取到 2005 年，师生比达到 1∶14。学校专任教师中具有硕士学位者达到 35%，具有博士学位者达到 10% 以上。在全省计划培养的 50 名优秀中青年学术带头人中争取 2－3 名，在全省重点资助培养的 500 名高校中青年骨干教师中争取 20－25 名，力争引进或聘用 1－2 名院士。

（5）人才培养

通过几年的努力建设一批特色专业；使主干课程达到合格标准，建设好50门院级重点课程、20门院级优秀课程、15门省级优秀课程，其中主要基础课和专业基础课的比例不低于70%；本科生在省统一组织的相关水平测试及各类竞赛中的成绩达到良好水平，学生的综合素质和创新能力有所提高，毕业生在人才市场的竞争力保持先进水平。

（6）规划用地和办学条件

争取地方政府的支持，努力拓展学院发展空间，力争使学院占地面积达到60多公顷，建筑面积达到36万平方米。力争到2005年争取各类经费累计4亿－5亿元，仪器设备总价值达到6000万元左右，教学用计算机达到1500台左右，使学院实验室达到合格标准。

（三）信阳师范学院"十五"发展战略规划的执行策略

1. 切实加强师资队伍建设

（1）努力提高教师队伍的学历层次

鼓励教师攻读硕士、博士学位，为他们的学习创造有利条件，通过引进和培养"两条腿走路"的办法，培养扶持一批高学历、高素质的教师。

（2）稳定骨干教师队伍

切实提高优秀教师待遇，通过事业留人、感情留人、待遇留人，稳定骨干教师队伍。制定导向性政策，帮助在教学第一线和努力进取的广大教师尤其青年教师晋升专业技术职务，改善工作、生活条件，保障教师的合法权益，创造优秀人才脱颖而出的良好环境。

（3）实施"人才建设工程"

到2005年在全省计划培养的50名优秀中青年学术带头人中争取2－3名，在全省重点资助培养的500名高校中青年骨干教师中争取 20—25 名，力争引进或聘用 1—2 名院士。

（4）加强教师队伍管理

加强师德建设，增强教师的责任意识、使命意识，调动教师教书育人的积极性。加强教师的上岗培训和在职培训，提高其综合素质。

2. 积极推进教学改革

（1）进一步加强专业建设，优化人才培养模式

要根据国家的教育方针和政策，从社会实际需要和自身条件出发，通过转变教育思想，更新教育观念，加强素质教育，深化教学内容、方法、管理和专业建设等方面的改革，逐步建立起融知识传授、能力培养和素质提高为一体，具有时代特征的多样化的人才培养模式。要根据教育部颁布的新专业目录，调整专业设置，优化专业结构，拓宽专业口径，以适应社会发展和中等教育需要。扶持若干有自身优势和特点的、作为学院教学科研水平标志的重点专业，并带动其他专业提高水平和层次。

（2）加强课程建设

课程建设的重点是一些主要基础课程和专业基础课程的建设。同时要把课程建设放在一个更广的背景下，变单门课程的独立改革为系列课程的全面推进。通过几年的努力使学院主干课程达到合格标准。

（3）大力改革教学内容和方法

建立和完善以全面提高学生素质为目标的课程体系，修订教学计划，更新教学内容。加大公修课建设力度。要重视学生在教学活动中的主体地位，充分调动学生学习的积极性、主动性和创造性。要改进课堂教学方法，积极实践启发式、讨论式、探究式等教学方法。深化考试制度、考试方法的改革，逐步推行学分制和弹性学制。注重培养学生的创新意识和实践能力，巩固、扩大教育实习基地。

加强人文素质和科学素质教育，积极鼓励学生尽早参与科技研究开发和创新活动，鼓励跨学科选修课程，培养基础扎实、知识面宽、具有创新能力的高素质专门人才。

（4）重视和加强实验教学

下大力气建设满足实验教学需要的实验室（包括建立校级公共实验室），增购先进仪器设备，使学院实验室达到合格标准。加大投入，加强对现代化教学技术和手段的学习和应用，使之在改革教学方法、提高教学水平中发挥更大的作用。当前要特别注重网络技术、电化教育技术在教学中的推广，培养学生的实际操作能力和专业技能。

（5）建立和完善教学质量监控体系

健全教师教学档案，完善课堂教学记录，校系两级教学督导组采取听课、评教、问卷、座谈等方式检查监督教学质量，依靠和发挥专家、学者在教学管理中的研究、参谋和咨询作用。

（6）加大教学研究力度

鼓励广大教师深入开展教学研究。要选好课题，充分论证，组织攻关，出一批高质量的教学改革研究成果。

3. 加强学科建设

以现有硕士点和拟申报的硕士点为依托，建设重点学科。制定完善重点学科管理和建设制度；优化学科队伍结构，明确科研方向；改善重点学科硬件建设；利用重点学科的辐射作用，开展广泛的国内外学术交流与合作；进一步完善重点学科建设规划，加大投入，务求实效。

4. 从战略高度重视和加强科学研究工作

（1）加强对科研工作的规划和领导

完善学院科研发展的中长期规划，有计划、分步骤地予以实施。建立健全科研工作组织机构，加强对科研工作的组织领导。

（2）抓住机会申报各级各类科研项目，组织队伍，多出、快出

成果

特别是要抓住国家自然科学基金项目和国家社科基金项目的申报，力争每年获批国家级项目 2－3 项、省级项目 30 余项，实现国家级科研奖励的突破。力争科研规划部门资助经费年均增长 30%，并积极主动地多争取横向协作项目。

（3）设立专项基金，促进科研工作早出、快出成果

一是设立学术著作出版基金，资助高水平的学术专著的出版。二是设立学术交流基金，为扩大学术交流提供条件。三是设立科技开发基金，为高新科研成果向现实生产力的转化提供条件。对高水平、高效益的重大科研成果予以重奖。制定科研型教师工作量考核办法，努力为科研人员提供必要的科研条件。

（4）加强科技开发和高科技成果产业化工作

科技开发要面向地方经济建设主战场，积极参加地方实践中重大科研课题的研究和开发。要把技术创新和高科技产业化工作摆到重要位置上来，切实抓好，抓出成效。要改革和完善现行科技管理体系，大力进行机制创新，建立有利于调动科技人员积极性、有利于出成果、有利于科技成果转化和高新技术产业化的分配机制和激励机制，促进产学研的有机结合。

（5）加强学报工作

缩短学报出版周期，到 2005 年，文、理科学报均改为双月刊；提高学报综合质量，把学报办成河南省重点期刊，进入省级先进行列和全国同类院校学报先进行列。

（6）加强图书情报工作

建好电子阅览室，使学院图书馆与全国各大图书馆联网，实现文献资源的交流和共享。根据教学科研需要，扩大图书馆馆舍面积，增加文献藏量，更新文献内容，加强文献开发，拓宽服务领域，提高服务质量。

5. 加强成人教育

继续扩大成人教育规模。适应教育改革和发展的潮流，拓宽办学渠道，大力开展高等职业技术教育、自学考试教育、中小学幼儿园教师继续教育、职前职后教育等，把学历教育与非学历教育、长期培训与短期培训、脱产学习与业余学习结合起来，在终身教育、职业教育等方面走出新路子。

6. 加强对外交流与合作

树立开放办学的观念，广泛吸收和借鉴兄弟院校改革和发展的经验，与国内高校建立多方面的友好合作、交流关系。加强与国外、境外高校和科研机构的交流与合作，力争到2005年招收留学生100名，每年有院内专家学者到国外、境外进修、访学，参加学术交流。广泛争取社会各界对学校建设和发展的支持。

7. 深化内部管理体制改革

内部管理体制改革的指导思想是，以学科建设为龙头，以机构改革为突破口，适应社会主义市场经济的要求，遵循高等教育的规律，改革和调整教学、科研组织方式，调整和精简学校内部的管理机构，促进教育资源的合理配置和高效利用。以转换机制为核心，理顺管理体制，改革人事分配制度，加强岗位聘任，打破平均主义"大锅饭"和"铁饭碗"，废除人才"部门所有制"和职务"终身制"，形成"能上能下、能进能出"的激励竞争机制，营造出优秀人才崭露头角的制度环境，努力建立高素质的职工队伍、管理队伍和教师队伍，全面提高学校的办学效果和办学效益。

（1）实施机构和编制改革

按尽可能减少职能交叉和提高效率的原则，采取合并、合署、撤销等方式，精简、调整机构设置，精减人员编制。校党政管理人员编制到2005年要控制在全员事业编制人数的15%以内（院本部控制在9%以内）。

（2）积极推行管理人员、教师聘任制和全员聘用合同制

根据工作需要设置职员岗位，按工作职责要求，采取本人自荐、群众推荐、组织考察的方式竞争上岗；实行任期责任目标管理，采取"培训制""任期制""试用制""公示制""淘汰制"等方式，强化监督。对专业技术职务要强化聘期合同管理，强化聘后考核，严格奖惩。人事工作实现由"身份管理"向"岗位管理"的转化。

（3）改革现行分配制度，完善激励机制

对现行经费管理和收入分配体制进行改革，在定编基础上对单位实行工资总额动态包干，在定编期内增人不增资，减人不减资。建立以岗定责、以绩定薪、按劳分配、优劳优酬的分配制度，奖励先进。提高拔尖专业人才和优秀管理人员的待遇，对有突出贡献的人员予以重奖。

（4）深化招生和毕业生就业制度改革

建立融招生与毕业生就业为一体的新机制，调整招生专业结构，改善生源结构，研究毕业生就业新政策、新趋势，把握人才市场，加强毕业生就业咨询和指导，形成招生和毕业生就业的良性循环。

（5）加快后勤社会化改革步伐

改革的总体目标是，从现在起，用3年左右的时间实现学校后勤社会化，形成系院多元化、经营多样化、管理企业化、运作市场化的后勤服务系统。按照现代企业制度组建自主经营、独立核算、自负盈亏的后勤服务实体。

8. 加快学校发展步伐

第一，制订校园建设的中长期规划。

第二，争取地方政府的支持，努力拓展学校发展空间。

第三，通过多种途径筹措经费，拓宽融资渠道，积极利用国债、信贷资金。

第四，集中财力建设学校发展所必需的各类设施，重点建设教

学及相关设施，继续改善教职工工作、生活条件。

第五，积极探索与其他学校联合办学、合作办学的途径，以实现资源共享，拓宽学院办学路子，增强办学实力，提高办学效益。

9. 加强社会主义精神文明建设

（1）加强管理，依法治校

继续修改和完善已有的规章制度，制定新的制度，使一切工作有规可依、有章可循，做到依法行政放权，改进工作作风和工作方法，力戒形式主义，减少会议和文件，围绕中心，搞好服务。密切联系群众，依靠广大教职工的集体智慧，全面推进学校的建设和发展。

（2）加强和改进德育工作

要坚定不移地把德育摆在素质教育的首要位置。加强队伍建设，遵循德育总体目标以及青年大学生思想品德形成规律的要求，促进科学教育同德育的有机结合；要重点研究在后勤社会化的新形势下如何加强和改进思想政治工作和德育工作，探讨教书育人、管理育人、服务育人和教育与社会相结合的德育工作新机制、新途径、新方法；通过循序渐进相互衔接的德育工作，帮助和引导青年大学生培养良好的道德品质、遵纪守法的法治意识和文明的行为习惯，形成科学的世界观、人生观和价值观。

（3）加强和改进思想政治工作

一是要以邓小平理论武装全体教职员工为思想政治工作的第一任务，广泛地进行党的基本纲领和基本路线教育，进行社会主义、集体主义、爱国主义和艰苦的创业精神的教育；二是要加强马克思主义无神论和唯物主义的教育，大力提倡科学精神；三是要加强民主法制、形势政策和维护社会稳定的教育。加强和改进思想政治工作，必须坚持从学校改革和发展的实际出发，增强针对性和实效性。要调动一切积极的因素，用积极因素来化解消极因素，最大限度地引导、保护和发挥师生的积极性。要把思想问题的解决和实际问题的解决联系起来。认真贯彻执行和落实党的各项关于知识分子的政策，把好事办实、实事办好。注意先进典型影响的运用和群众的引导，形成全院上下学习先进、崇尚先进、要赶上和超过先进的良好风气。

（4）加强校园文化建设

采取切实可行的措施，巩固和扩大省级文明学校、省级文明单位的建设成果，力争成为河南省文明学校标兵。大力加强有特色的校园文化建设，丰富广大师生的生活。改变校园环境面貌，净化、绿化、美化校园环境，经过几年的努力，力争使学院成为园林式学校。

（5）大力加强校风建设，使"团结勤奋、求实创新"的优良校风进一步发扬提升

广大教师要树立优良的教风，要有严谨求实的治学态度和为人师表的高尚师德。引导学生树立优良的学风，既要有远大的志向，又要有脚踏实地、求真务实的刻苦精神。机关工作人员要巩固树立为教学科研服务、为教师服务、为学生服务的观念，切实转变工作作风，实现管理育人、服务育人。

（6）维护学校安全和稳定

进一步落实安全稳定工作责任制，完善责任追究制。采取措施，解决好在学校改革和发展的过程中师生所关心的热点、难点问题，为学校的改革和发展创造良好的环境。

（四）分析与思考

信阳师范学院经过"十五"时期的发展，占地面积由2000年的30多公顷扩展为110多公顷，建筑面积由2000年的20余万平方米发展为50余万平方米，教学仪器设备总价值由2000年的1000余万元发展为6000余万元，在校生规模由2000年初的4000余人发展

为在校硕士研究生、普通本专科学生17000余人，本科专业由2000年初的18个发展为44个，硕士学位授权点由2000年初的1个发展为18个，新获批2个河南省重点学科、2个河南省人文社会科学重点研究基地和1个河南省基础教育研究中心。总之，到2005年底，学院2000－2005年战略目标基本上圆满实现，一些方面还远超过了规划目标。可以说，这是信阳师范学院历史上发展最快的5年。

信阳师范学院能有今天的大发展，可以说与学院实施战略管理有着密切的关系。为实现学院的快速发展，学院领导以战略管理思想为指导，通过研究学院面临的形势、高等教育改革中的竞争与挑战、自身的优势与内在发展需求以及在本科教学合格评估中存在的问题，广泛听取各方面的意见，制订了与我国经济和社会发展五年计划相配套的学院的"十五"发展战略规划并狠抓落实。

1. 重视战略规划的制订

长期以来，信阳师范学院的历届领导班子都高度重视战略规划的制订和执行，注重学校系统与其他社会系统的互动关系，注重本地区经济社会发展需要和自身实际条件。尤其在"十五"战略规划的制订上，更是站在全局的高度，从战略管理的视角，在广泛征求意见的基础上对学院的"十五"发展进行全面规划，制订了学校总体发展战略规划、学科建设和师资队伍建设规划、校园建设和发展规划。进而把各种规划科学地划分阶段，制定出每个阶段要实现的具体目标，分阶段制订出短期、中期和长期发展规划，使战略规划与年度计划、学校规划与国家和区域规划以及学校规划与院系规划相互沟通和衔接起来，保证了战略目标按计划、分步骤地实施，充分发挥了战略规划在学校改革与发展中的航标作用。

2. 定位合理准确

在建院之初，信阳师范学院以培养专科生为主。1978年批准为本科建制后，逐渐以培养本科生为主。进入20世纪90年代，为适应河南省中等教育改革与发展的需要，增设了部分职师专业，既培养普通高中的教师，也培养职业中学部分专业课教师。根据学校培养目标的复杂性、多样性，1993年10月，陈铭书院长在信阳师范学院第三次教职工代表大会上对学校的培养目标定位于"培养跨世纪的合格教师，为当地经济建设和社会发展需要培养各类人才"。为实现这一目标，学校的办学指导思想确定为："始终坚持全面贯彻党的教育方针、全面提高教育质量的办学思路，采取各种措施，保证教育质量的巩固、提高和教育改革的健康发展。"1995年10月，陈铭书院长在建校20周年庆祝大会上的讲话中又指出："我们一定牢牢坚持师范性，积极拓宽办学渠道，进一步解放思想，更新观念，深化改革，努力提高办学质量和办学效益。"1996年学校根据新的形势，制定了《信阳师范学院"九五"改革与发展规划》，对"九五"期间的办学指导思想做了新的定位："在新的形势下，坚持师范性，进一步拓宽办学路子，根据社会需要，培养以中等教育师资为主的各级各类社会急需的新型人才；以改革促发展，在稳定中前进；搞好各项设施的建设，改善办学条件，为21世纪的发展奠定基础。加强和改进思想政治工作，发挥新机制的活力，调动广大教职工的积极性，把我院建成专业结构更加合理，办学规模逐年扩大，培养层次不断提高，管理更加科学规范，办学条件逐步完善，教育质量不断跨上新的台阶，办学效益逐步提高的有自己特色的高等师范院校。"1997年11月，钱远晏院长在第四次"双代会"上对学校的办学指导思想又做了进一步的表述："以邓小平理论为指针，坚持社会主义办学的方向，认真学习、贯彻和落实党的十五大精神以及党的教育方针，认真落实《中国教育改革和发展纲要》以及《信阳师范学院'九五'改革与发展规划》，以教育观念的改革为先导，牢牢把握教学改革这个核心，紧紧抓住内部管理体制改革这个关键，依靠全院教职工，把我院办成有自己特色的高等师范院校。"

学院"十五"目标的圆满达成与学院准确的定位密切相关。2000年6月，学院制定了《2000—2005年和2010年发展规划》，在对办学指导思想进行充实和完善的基础上提出了"高举邓小平理论伟大旗帜，全面贯彻党的教育方针，坚持'三个面向'，发挥师范教育优势，以研究生教育为先导，以本科教育为主体，深化改革，加快发展，力争在5—10年内使学校办学规模进一步扩大，办学质量、层次和效益显著提高，把学校办成一所有特色的、有较高办学水平和知名度的师范大学"。面对新世纪，信阳师范学院领导审时度势，与时俱进，提出了具有前瞻性的学校办学的指导思想："全面贯彻党和国家的教育方针，积极服务经济社会发展和河南基础教育，提高教育教学质量，积极推进素质教育，以师范本科教育为主体，培养勇于创新、善学乐教的合格人才，努力促使我院进入全国同类学校的先进行列。"根据这一办学指导思想，学校的总体目标定位为：在办学方向上，全面贯彻党和国家的教育方针，始终把德育放在首要位置，坚持社会主义办学方向，培养优良校风；坚持学生的全面发展。在服务对象上，主动为河南基础教育和经济社会发展服务。在河南高等教育体系中的定位是，坚持以师范本科教育为主体。一是坚持师范性（性质），二是坚持以本科教育为主体（层次）。学校一切工作的着眼点和落脚点是全面提高教育教学质量，积极推进素质教育。在培养人才的规格上，培养勇于创新、善学乐教的合格人才。通过教学改革和营造氛围，着重培养学生会学、善学，热爱教育事业，熟练掌握从教的知识和技能；用实施素质教育的理念和措施培养胜任素质教育要求的高素质教师。在办学的目标上，通过深化改革，不断形成和积累自己的优势和特色，力争使学校进入全国同类院校的先进行列。

办学定位的准确不仅是学校领导能力不断成熟的重要表现、学校得以稳步发展的基石，而且是完成战略规划目标的重要保证。从信阳师范学院办学指导思想的不断演变可以看出，学校对办学指导思想的定位是十分重视的，能够从各个不同的历史时期学校面临的不同形势和任务出发，提出不同的工作重心，确立战略重点和战略发展方向。

信阳师范学院是省属的地方师范院校，首先要为河南的基础教育服务，同时也要主动地为河南经济社会发展提供人才和智力支持。因此，在学校总体定位上学校充分根据国家和地区的需求、职能以及学生的需求和自身的条件，依据扬长避短原则，经过横向与纵向的分析和比较，清楚地认识到了自己的不足、优势和基础，准确把握自身的角色和职责，确定发展目标、发展任务和服务面向，并提出一系列具有前瞻性的规划。只有找准了自己的位置，定位才能合理准确。可以看出，信阳师范学院在学校定位上坚持实事求是的态度，科学规划学校的发展，定位意识强，注重科学性和合理性。

3. 战略目标明确

战略目标是大学战略规划的核心，是学校办学理念和指导思想的具体化。战略目标表明了学校的发展方向，代表着学校的形象。因此，对于教学型大学来说，制定一个比较明确而有特色的发展战略目标非常关键。

信阳师范学院的领导在制定"十五"战略规划发展目标时，能够面向本省、市经济发展的需要，面向行业设置专业，拓宽专业面向，为地方培养各行各业的应用型高级专门人才，大幅提高规模效益；同时，还能够妥善处理理论型人才与应用型人才、通才与专才、社会发展与个人发展、统一性与多样性等制约战略发展目标制定的两难问题。在目标抉择过程中，能够把学校领导、教师、行政人员、教育或课程专家、社会人士等各个层面的人员组合起来，形成一个混合的抉择集体，实行多层面整合的"混合型"抉择。可以看出，学校的发展规划，从战略指导思想到总的战略目标，从总的战略目标到具体的战略目标甚至到战略执行策略都非常明确，多数是量化的指标，且切合实际，具有可操作性和拓展性。

4. 狠抓战略执行

战略执行是实现战略目标的关键。为了使"十五"战略目标得以顺利实现，信阳师范学院制定了一系列切实可行的战略执行策略，并且狠抓落实。

（1）以本科教学为根本，确保教学工作的中心地位

在战略执行中，学院全面贯彻党的教育方针，坚持社会主义办学方针，以本科教育为根本，积极服务经济社会发展和河南基础教育，以师范本科教育为主体，提高教育教学质量，积极推进素质教育，培养勇于创新、善学乐教的合格人才。以教学工作为中心，通过采取一系列有效的措施，确立了教学工作的中心地位，教学管理逐步走上规范化轨道。2002年4月，学校印发了《关于加强本科教学工作 提高教学质量的实施意见》，进一步突出教学工作的中心地位，严格规范教学管理，强化教育教学的基本建设，不断提高本科教育教学质量。

（2）大力推进人才培养模式改革，优化本科人才培养方案

在认真分析、科学论证的基础上，结合自身的实际情况，学校印发了《关于修订全日制普通本科专业教学计划的实施意见》，要求对各专业教学计划进行全面修订，精心构筑新的"3+1"人才培养模式并稳步实施。

一是实行了学程分段和方向分流。"3+1"人才培养模式，即实行学程分段和方向分流，学生在前3年内基本修完本专业主干课程，到第4年进行一次方向分流。学生可以根据自己的兴趣和社会需求选择发展方向，选修相应平台的课程。非师范专业的学生也可以通过选修"教师教育平台课程"，获得教师职业技能，提高教师职业素养，取得教师资格证书，将来选择教师职业。

二是实行了主辅修制。为了更好地为地方经济社会发展服务，把学生培养成符合社会与时代发展要求的复合型人才，学校推行了主辅修制。即学生在完成第1学年主修专业规定的学分后，可以申请辅修。辅修专业的课程在主修期间完成，不延长学制。修满辅修专业的学分，学生在毕业时既可以获得主修专业的毕业证和学位证，又可以获得辅修专业的学位证书，即获得"双学位"。学校可按辅修专业向用人单位推荐毕业生，毕业生可按辅修专业就业。

三是构建了柔性化的课程结构体系。新的本科人才培养方案以现代科学的课程理念为指导，按照基础宽厚、学科精深、专业坚实、结构优化的要求，深化课程体系改革，各专业课程结构得到优化，基本上构建起了由普通素质教育、专门学科教育、教师职业教育和实践技能训练有机统一、与地方中等教育和经济社会发展相适应的课程体系。

四是推进了教学管理模式创新。教学改革和创新的内驱力在于教师和学生。因此，教学创新必须以激发师生特别是学生进行知识创新的需要为根本目的，而其中的突破口就在于推行学分制。学校新的本科人才培养方案就是严格按照实行学分制的要求制订的。新的本科人才培养方案对各专业课内总学时和总学分进行了严格的控制，即文科2500学时、理科2700学时以内，学生在3－7年内修满135－155学分即可毕业，为学生自主学习和独立思考留出了足够的时间和空间。同时，大幅增加选修课的比例，使之达到总学分的35%，学生可以按照自己的兴趣和爱好自由选课，使学生的个性得到充分发展。

可以说，"3+1"人才培养模式符合素质教育观的要求，拓宽了专业口径，灵活了专业方向，淡化了专业意识，提高了学生的综合素质；符合"以人为本"主体教育观的要求，充分体现尊重学生的主体性，进一步巩固学生的专业志愿，使其在学习教育理论和技能方面更具有自主性；符合和满足可持续发展的教育观要求，加强了学生可持续发展的"后劲"；符合教师专业发展理论的要求，推动了"师范性"与"学术性"的结合，提高了教师职业素质；符合中等教育和地方经济社会发展的需要，使毕业生更贴近社会实际，大大增强了学生的社会适应性。

（3）高度重视学科建设，努力提升学校层次

信阳师范学院在1998年成为硕士学位授权单位之后，在确保本科教学质量不断提高的基础上，一方面重视和加强学科专业建设和课程建设，培育新的学科生长点，增设更多的硕士点；另一方面，以现有硕士点和拟申报的硕士点为依托，全面规划，加大投入，大力加强重点学科建设。"十五"期间，学校新增设硕士点17个，获批省级重点学科2个、省级人文社会科学重点研究基地2个、省级基础教育研究中心1个。省级基础教育研究中心、省级人文社会科学重点研究基地和省级重点学科都实现了零的突破，学校的办学层次和办学实力得到了较大幅度的提升，进一步确立了学校在全省高等学校中的地位，在全国也产生了一定的影响，为学校更名师范大学奠定了一定的基础。

（4）大力推进机制创新和软环境建设

在大学战略管理的过程中，中国的大学都十分重视硬件资源的投入，这无疑是正确的。特别是教学型大学在教学科研仪器设备方面长期投入不足，历史欠账太多，加之在我国目前高等教育大发展的时期，大学连续大规模扩招，教学资源严重不足，大学必须重视并加大教学仪器设备的投入力度。但是，有不少大学对学校内部的软环境建设重视不够，建设经费投入仅仅停留在规模扩张、拓展新校区、扩大学科覆盖面等外延扩张上，对校风、人才引进和培养、学术队伍建设等方面有明显忽视的倾向。这是一个十分值得注意的问题。然而，国外大学则非常重视软环境建设。例如，1998年英国

剑桥大学校长仅将 1 亿英镑科研经费中的 1/10 用于添置设备，而将 9/10 花在招聘人才上。

学院在"十五"期间，重视硬件资源的投入，更重视软环境的建设。软环境建设至少包括 4 个方面的内容：一是进行内部机制的创新，真正建立现代大学制度；二是注重大学理念特别是大学精神的建设；三是注重学术氛围的营造；四是注重人文关怀。"十五"期间，信阳师范学院在办学经费十分紧张的情况下，把有限的资金用在刀刃上，在保证基本办学条件的前提下，大力推进机制创新和软环境建设。2000 年，学校进行了后勤社会化改革，基本上实现了后勤的社会化。2001 年，学校推行了干部人事制度改革，学校中层干部全部实行竞聘上岗。2002 年，学校实行了校内津贴制度，推行了人事分配制度改革，打破了"大锅饭"，废除了分配上的平均主义。从 2002 年开始，学校在教学领域进行了一系列改革，推进人才培养模式改革，实施"3+1"人才培养模式；以学年学分制改革为突破口，大力推进教学管理模式改革；健全和完善了教学质量监督制度和机制，不断加大对教学的监控力度；等等。同时，学校采取一系列积极有效的措施，大力建设教师队伍，营造学术气氛，加强学风考风建设。机制创新、制度建设和软环境建设，为学院战略目标的实现奠定了良好的基础。

二、聊城大学战略管理实证分析

（一）聊城大学简介

聊城大学是山东省一所综合性大学，是经国务院学位委员会批准，授予硕士学位、学士学位的单位。学校位于被称为"江北水城"的聊城市，始建于 1974 年，其前身是山东师范学院聊城分院。1981 年，国务院批准将学校变更为聊城师范学院。2002 年 2 月，经教育部批准更改为聊城大学。

学校建立30多年来，尤其是"十五"规划以来，在山东省委、省政府的正确领导下，坚持社会主义办学方向，认真贯彻落实党的教育方针，正确处理改革、发展与稳定的关系，积极适应区域经济和社会发展的需要，实现规模、结构、质量、效益的协调发展，提高学校的办学水平，优化学校的办学条件，增强学校的办学实力，提高学校的教育教学质量，日益丰富学校的办学经验。

学校已有23个院系、3个教学部、64个本科专业和专科专业，其中全日制本科和专科的在校生有24711人。近年来，学校适应经济社会发展需求，不断优化专业结构，已涵盖商学（工商管理）、农学、工学、理学、人文科学、社会科学六大学科，为建设区域经济培养了大批急需的人才。从1979年开始，学校招收硕士研究生，1998年通过国务院批准，成为硕士学位授权单位。目前，硕士学位点数量已经扩大到21个，有资格培养同等学力人员申请教育硕士和硕士学位。

现在学校的教职员工有1800多人，其中：专职教师1300多人，教授180人，副教授417人；硕士学位以上的有530人。先后有7人荣获国务院政府特殊津贴，8人被评为全国优秀教师，1人成为2004年山东省首次当选的30名教育名师之一，11人荣获全省优秀教师称号，2人成为山东省专业技术拔尖的优秀人才，35人成为山东省中青年学科带头人、学术骨干培养对象。学校还聘请了薛群基、张新时、季羡林等100余位著名学者、专家担任兼职教授。

学校一贯以提高教育教学质量为中心，以培养能力强、业务精、厚基础、宽口径的创新型人才为目标，实行导师制、主辅修制、双专业制、学分制等，不断加强教育教学管理，深化改革教育教学，稳步提高教育质量，学校的声誉日渐提高，被国家教育部和省教育厅多次评为优秀教学单位。2000－2005年，学校积极开展教育教学内容和课程体系的改革，并主持参与16个国家级和省级教育改革项目，3个专业被评为省级教育改革试点专业，4门课程被评为省级教学改革试点课程，32个优秀教育成果荣获省级以上奖励（其中国家一等奖1项，省级一等奖6项）。

学校坚持同时重视科研和教学，以"抓住重点、提高水平、促进特色、增强效益"的科学研究思路，实施"博士学位授予权建设工程"和"硕士学位点强化建设工程"，加强重点学科建设，不断提高学术水平。现有1个山东省社会科学研究基地、2个省级研究中心、5个山东省重点学科（实验室）。2000年以来，共承担了国家"863"项目子课题、国家自然科学基金课题、国家社会科学基金课题等各类国家级课题19项，省部级课题46项，共取得科研成果5000多项，每年被SCI和EI收录的学术论文都在100篇以上，2004年达170余篇；达到国际先进水平的应用技术成果13项；获得省部级以上奖励33项，其中一等奖1项，二等奖8项。根据教育部科技发展中心的统计，2002年学校在国内外刊物发表学术论文的排名进入全国高校100强，列第90位；学校理学学科在2004年全国高校排名中位列第73名。

原山东省教育委员会在1995年批准，允许招收外国留学生。1999年，山东省人民政府批准，允许开展中外合作办学。目前学校已与包括澳大利亚、加拿大、俄罗斯、美国、韩国、日本等国在内的40多个国家的高校之间建立了友好的校际关系，被山东省教育厅、外事办公室、公安厅多次评为"聘请外国文教专家工作先进单位"，且获得了A1类的资格。学校积极开展留学生教育活动和工作，近年来，每年招收的留学生均在百人左右，开展了交换大学生培养项目，且每年的交换生数量不断增加。

学校占地总面积为260多公顷，其中校舍建筑面积是110余万平方米；学校教学科研仪器设备总价值1.2亿元；学校的图书馆是中国学术期刊网一级站点，藏书170多万册，有电子图书60万种、电子期刊21000种、中外文学术期刊2400余种，拥有电子图书数据库2种、外文全文数据库2种、中文全文数据库8种。学校建设了现代化的教学楼、网络中心、实验楼、电教中心、图书馆、大学生活动中心以及标准游泳池、体育馆、田径场等设施，校园规划文化品位浓厚、格调高雅、布局合理，校园内四季常青、湖光山色，曾获得山东省"文明校园""花园式单位""绿化先进单位"等称号，是读书治学、孕育桃李的理想园地。

人才培养质量不断提高。学校以"敬业博学，求实创新"为校训，坚持"育人为本，德育为先"，以培养高素质人才为目标，在提高教育质量和加强教学管理的同时，积极开展丰富多彩的社会实践活动和校园文化科技活动，重视培养学生的实践能力和创新精神，使学生的综合素质得到全面的提高。近年来，应届本科毕业生考取研究生的人数占总人数的比例为30%以上，有的专业甚至超过了60%；全国大学英语四级统考首次通过率始终保持在70%以上；大学毕业生一次性就业率达到了90%以上。1990年以来，学校团委先后6次被共青团山东省委授予"红旗团委员"称号。同时，学校多次被评为全国大学生社会实践活动先进单位、山东省高校德育工作优秀单位和党建与思想政治工作先进单位。

在30多年的办学实践中，聊城大学积累了丰富的管理经验和教学经验，造就了一支结构相对合理、数量相对充足、水平高、能力强、素质高的师资队伍，积累了适应现代化教学需求的、丰富的教育教学资源，形成了"顾全大局、团结一心，艰苦奋斗、无私奉献，敢为人先、争创一流"的聊大精神。目前，全校上下正在为实现建成在国内外有较大影响、山东省内一流的高水平的综合性大学目标努力进取，不断拼搏，创造着聊城大学辉煌的未来。

（二）聊城大学"十五"期间的奋斗目标与工作思路

"十五"期间聊城大学的定位与发展目标是：立足山东，侧重鲁西，面向全国；以本科教育为主，积极发展研究生教育，保持师范教育特色，优化招生规模结构，积极发展非师范教育、职业技术教育、国际教育等多种教育形式；不断加强地区经济发展服务的功能，优化专业结构，加强学科建设，提高人才培养质量；到2005年全日制在校生达2.4万人，力争把学校建成一所学科门类齐全，拥有博士学位授予权，实力雄厚，在国内外具有较大影响的、高水平的多科性大学，成为山东省重要的高级专门人才培养中心、科技中心和信息中心之一。

"十五"期间聊城大学的基本工作思路是：以德育为首，以教学为中心，以科研为先导，以培养高素质、创新型高级专门人才为目标，以学科与专业建设为龙头，以深化改革为动力，以师资队伍建设为重点，以提高学术水平和教育教学质量为宗旨，坚持社会主义办学方向，继续发扬"顾全大局、团结一心，艰苦奋斗、无私奉献，敢为人先、争创一流"的聊大精神，全面推进学校的发展。

（三）聊城大学"十五"期间的具体目标与战略执行策略

1. 深化教学改革，加强教学基本建设，努力培养高素质创新型人才

（1）加强专业建设

"十五"期间，要依据社会经济、文化发展、科学技术的需要以及学术发展的实际，积极增设新的专业。进一步优化专业结构，使学校专业由现在的45个增加到75个，构建起师范教育、非师范教育和职业技术教育协调发展，文学、理学、经济学、管理学、农学、工学、法学等学科相对齐全的多科性大学的学科体系。要以目前3个省级教学改革试点专业为基础，创建5个左右在国内具有领先水

平的专业，创建 10 个左右在省内具有领先水平的专业。

（2）加强教学管理，实现教学管理手段现代化

逐步增加教学经费投入，不断改善办学条件，优化教学管理队伍结构，提高教学管理队伍人员的素质，提高常规教学管理水平；实行完全学分制（包括主辅修制、选修制、重修制、弹性学制等），制定系统科学的教学管理评价体系，进行教学管理制度创新；进一步完善教务管理软件，加快教学管理数字化、信息化建设步伐，实现教学管理手段现代化。

（3）深化教学内容和课程体系改革

立足 21 世纪初社会发展对人才培养规格的要求，继续深化课程体系和教学内容改革。更新教学内容，调整、优化课程体系结构，探索新的人才培养模式，加强全校教学改革规划及重点项目的培育。到 2005 年建成 6 个院级教学改革试点专业、10 门院级教学改革试点课程，培育 50 个教学改革重点研究项目、20 门院级重点公共选修课、10 门精品公共选修课及一定比例的 CAI 课件。

（4）加强课程及其他教学环节建设

在现有 34 门院级优质重点课程的基础上，到 2005 年建成 80 门院级重点建设课程，建成 5—8 门省级教学改革试点课程，5 门左右教材进入省级规划建设教材行列；每年都有一批高水平的本科生和研究生毕业论文入选省级、国家级优秀论文；加强教育实习基地和专业实习基地建设，到 2005 年再建成 15 个左右的教育实习与专业实习基地；建立健全教学质量信息反馈系统，加强教学质量监控，进一步加强教风、学风、考风、校风建设。

（5）实施创新人才培养工程

根据实施素质教育的要求，强化质量意识，调整培养目标，修订教学计划，深化教学内容和课程体系改革，完成各专业主要课程的教学大纲的论证编写，实行弹性学分制和分流培养。强化实践教

学环节，重视培养学生的实践能力、创新精神和创新能力，普遍提高学生的科学素质和人文素质，提倡个性教育，鼓励创新，使学生成为全面发展的高素质、创新型人才。

（6）大力发展成人教育

成人教育要根据社会需求和形势发展，寻找新的生长点，努力拓展办学渠道，积极调整教育结构，拓展办学空间。要大力办好本科教育，积极发展研究生教育，"十五"期间函授、夜大、自考和各种大学后非学历教育在校生达1.8万人左右。

2. 加强重点建设，提高学术水平和科技创新能力

（1）强化重点意识，大力加强重点实验室、重点学科建设

增加经费投入，集中力量启动第二批、第三批"优势学科生长点培育工程"，"十五"期间建成10个省级重点学科、4—5个省级重点实验室，其中6个重点学科和实验室要进入山东省"重中之重"建设计划，力争使重点学科、重点实验室跨入国家级行列。

（2）积极争取高层次立项和高层次奖励

精选课题，狠抓高层次课题立项，力争"十五"期间省级以上课题达到40项左右，其中国家级课题10项左右；获得省部级以上奖励30项左右。

（3）建立完善的科研成果奖励机制

健全激励政策，提高一线科研人员的待遇，充分调动科研人员的积极性。对于承担国家级、省部级课题或荣获国家级、省部级奖励的人员，给予一定比例的经费或奖金匹配；对于在国际、国内重要期刊上发表文章或被SCI等收录的人员，给予现金奖励。

（4）加强学术梯队建设，强化科研工作的先导地位

要把培养一批年轻的拔尖人才和学科带头人，建立跨世纪中青年学术骨干队伍作为一项重要的战略任务来抓。要逐步形成一支知识结构、年龄结构合理，有团结协作精神的学术梯队。要根据国民

经济和社会发展需要，结合自身优势和特点，形成稳定的研究方向，集中优势力量合力攻关，提高学校整体学术水平。

（5）积极发展研究生教育

力争"十五"期间，学校硕士点增至25－30个左右，在读研究生500人左右，研究生导师150人左右。通过完善制度、强化管理，加强导师队伍建设，提高研究生培养质量。积极创造条件，争取获得博士学位授予权。

（6）加强应用研究

加强应用研究，提高科技成果转化能力和科技创新能力。面向经济建设主战场，加强应用研究，加强与企业的横向联合，走产、学、研一体化的道路，支持科技人员从事科技成果商品化、产业化工作，加大科技成果转化的力度，提高科技成果转化率。

（7）加强校地共建

加强校地共建，进一步增强为社会服务的功能。与聊城市政府联手，实施"大学科技园区开发工程"，全面启动"科技一条街"计划，积极支持聊城高科技园区的建设，更好地为区域经济发展服务。

3. 优化教师队伍结构，进一步加强师资队伍建设

（1）优化师资队伍结构

根据学校发展和学科建设的需要，加快教师队伍的培养，优化师资队伍结构，提高教师队伍的素质。"十五"期间，进一步加大师资队伍建设力度，使专任教师总数增加到1200人，建立起一支结构合理、素质优良的师资队伍。同时，通过引进、派出进修、培训等方式，努力提高学院教师硕博比例，争取到2005年，使硕博人数占全院教师总数的比例达到60%左右，使教授、副教授岗位占专任教师编制总数的比例达到50%左右。

（2）实施"高层次人才培养工程"

加大高层次人才培养力度，鼓励优秀人才脱颖而出。争取到

2005年，培养50名左右在国内具有领先水平的中青年学术带头人，10名左右在国内外有较高知名度的教授、学者、专家，100名左右教学、科研成绩卓著的优秀年轻骨干教师。

（3）充分运用国内外智力资源

进一步修订、完善引进人才的政策，采用流动编制与固定编制相结合、长期引进与短期引进相结合、交流与合作等多种方式，引进一大批学有专长的国内外学者、专家、教授来校任教。争取到2005年每个学科能引进1－2名国内外著名学者为兼职教授，优势学科能吸引一定数量的院士为兼职教授。

4. 深化内部管理体制改革，增强办学活力，提高办学效益

（1）深化人事制度改革，科学合理定岗定编

依据"按需设岗、公开招聘、平等竞争、择优录用、严格考核、合同管理"原则，全面推进聘用和聘任制度。依据"总量限制、规范管理、精干高效、微观放权"原则，科学核编、定岗，合理精简机制。对工勤人员实行劳动合同制，对教师及专业技术人员实行技术职务聘任制，对管理人员实行教育职员制。同时，向社会引进竞争机制，尽早实现人员管理模式从"身份管理"转变为"岗位管理"，建立动态且有竞争性的人事管理机制。

（2）深化分配制度改革，完善激励约束机制

依据"效率优先、兼顾公平"原则，建立重贡献和重实绩的激励分配机制，逐渐实施按劳取酬、以岗定薪和优劳优酬，以工作岗位的工资为主要内容的校内分配办法。

（3）完成后勤社会化改革，壮大后勤产业集团实力

完成后勤社会化改革，壮大后勤产业集团实力，形成科技含量高、效益显著的后勤支柱产业。在后勤服务产业、校办科技产业及有关单位，实行股份制改革，实行投资体制多元化、经营企业化、交换市场化，实现后勤服务产业集团的企业化、集约化、专业化、

产业化，逐步壮大后勤产业集团的经济实力。

（4）进一步深化财务制度改革

加大筹资力度，搞好财务统计分析、投资效益分析，提高学校财务预算、决算能力，强化财务管理工作的科学性和严肃性；加强财务监督，加大审计检查力度，保证财务工作的健康运行；完善国有资产管理体制，加强对国有资产的宏观管理，实现校内教育资源的优化共享，充分发挥教育资源的最佳效益。

5. 积极扩大办学空间，加强硬件建设，改善办学条件

（1）进一步扩大办学空间，加快基本建设步伐

2001年完成南校区5栋学生公寓、1栋学生餐厅共计7.4万平方米一期工程的建设任务。2002年进一步加强银校合作，基本完成南校区2栋教学楼、1栋实验楼、1栋国际交流中心及体育设施等近10万平方米二期工程的建设任务，同时，进一步加强校地合作，完成其余占地200公顷的大学城的规划工作。2003－2005年，在大学城规划的基础上，再征地40－53公顷，并陆续完成20万平方米学生公寓、餐厅以及教学、科研、实验和体育设施工程项目建设。加快教师及工作人员的住房建设，改善教职工的居住条件，以吸引和稳定教师队伍。

（2）进一步加强校园环境建设

不断扩大硬化、绿化、美化面积，以可持续发展观为指导，对新扩建的校区进行统一规划和建设，到2005年，使学校成为名副其实的"全国一流文明校园"，成为国家级"园林式单位""绿色校园"。

（3）加大设备物资的建设力度

加大设备物资的建设力度，到2005年保持设备经费投入每年1000万元左右；在保证正常教学需要的情况下，主要购置高、精、尖仪器设备，用以装备重点学科、重点实验室和优势学科生长点。进一步加强本科基础实验室建设，改革实验内容与方法，完善实验

管理体制，做到一般与重点相结合，使基础实验达到国家级标准，共用性较强的实验室实现一级管理、资源共享。

（4）进一步加强校内网络工程建设

进一步加强校内网络工程建设，提高网络的运行速度，切实保证网络的建设档次和建设质量。5 年内，将 10M 光纤连接到计算机，100M/1000M 光纤连接到楼房，结束教师宿舍的电话拨号上网；宽带（至少 10M/100M）连接到中国的教育科研网，解决学校出口的"瓶颈"限制；大力开发引进网络应用系统，加快办公自动化步伐，逐步实现学校教学、科研、管理工作的信息化。

（5）全面加强图书资料建设

从现在起，逐年增加购置图书资料的经费投入力度，加大对外文图书、非师范类图书、新兴学科图书的购买力，提高电子文献的采集和网上存储资源的运用；提高馆藏资源的结构；丰富馆藏的品种和资源；全面开展多方位追踪服务和定题服务，开发文献资源的深层次内容。扩大图书馆的网络化服务方式和服务规模，使图书馆真正成为学校的服务中心和信息数据库中心。

6. 努力推进国际交流与合作，逐步实现全方位开放式办学

在平等互惠、共同发展的基础上，积极务实地推进学校的国际交流与合作，逐步形成以学校为主导、院系为主体、国际合作与交流项目为基础的两级外事工作体系；积极引进国外智力资源，力争 2005 年使学校的外国专家累计达到 65－80 人；在稳定已有的美国、英国、澳大利亚、新西兰等国家和中国香港等地区校际关系的基础上，争取新建友好校际关系 15 个左右，初步形成辐射五大洲的全方位对外开放格局。

大力发展外国留学生教育。要广开渠道，扩大生源；要实现留学生教育由单一语言生向长期生、游学生、学历生、学位生、专业生等多层次、多形式的发展，争取到 2005 年使学校外国留学生达到

100人左右。

7. 改进党的建设和思想政治工作，为学校发展提供强有力的政治保证

（1）进一步加强对邓小平理论的学习和研究

进一步加强对邓小平理论的学习和研究，不断深化邓小平理论"三进"工作，坚定不移地用邓小平理论武装全院广大党员和师生员工的头脑；深入开展以"讲学习、讲政治、讲正气"为主要内容的党性党风教育活动，切实抓好党的思想政治建设、党风廉政建设。

（2）大力推进各级领导班子建设和干部队伍建设

大力推进各级领导班子建设和干部队伍建设，深化干部制度改革，实行党政领导干部的公开招聘制、任前公示制，党政领导职务的试用期制和任期制，积极试行考察预告制、差额考察制，逐步建立起领导干部选拔、管理的"能上能下、能进能出"的新机制。同时，加大干部交流力度，努力建设一支充满活力的高素质干部队伍，不断加强基层党组织建设和党员的教育管理。

（3）改进和加强思想政治工作

认真研究新形势下思想政治工作的规律和特点，开辟新途径，探索新方法，总结新典型，推广新经验。加强马克思主义唯物论和理想信念教育，加强爱国主义、集体主义、社会主义思想教育，旗帜鲜明地反对拜金主义、享乐主义和极端个人主义，打击歪风邪气；加强社会主义精神文明建设，增强社会公德和现代文明意识，提高师生的思想道德素质和文明程度，大力弘扬"顾全大局、团结一心、艰苦奋斗、无私奉献、敢为人先、争创一流"的办学精神。

（4）加强学生教育和管理工作

采取多种形式，在学生中开展"学习理论、坚定信念、奋发成才"的主题教育活动；建立学生工作目标责任制，抓好专职共青团员干部队伍建设和思想政治工作队伍建设；成立大学生服务中心，

完善奖学金制度，做好勤工助学工作和资助工作，保障学生不因经济困难而无法上学；面向市场，转换毕业生的工作机制，开发毕业生就业网络化管理软件，建立毕业生信息数据库和资料库，拓宽毕业生就业渠道，努力把培养"四有"新人的战略任务落到实处。

（5）重视学院的安全稳定工作

学校安全稳定工作事关学校改革、发展大局，事关社会稳定，责任重于泰山，要高度重视做好安全稳定工作，确保学校正常的学习、工作、生活秩序；要进一步增强法律意识，坚持依法治教、依法办学，使各项行为规范到法治化轨道上来。

（四）分析与思考

"十五"期间，聊城大学全面落实科学发展观，不断解放思想，深化改革，抢抓机遇，开拓创新，主动适应市场经济和社会发展需求，积极应对高等教育的激烈竞争，实现了超常规、跨越式发展，基本上完成了"十五"发展规划中确定的各项任务，许多发展指标都已经超额完成，各项工作取得了重大成就，成为聊城大学历史上发展速度最快、内涵建设最丰富的 5 年，5 年间的建设和发展引人瞩目。全日制本专科专业由 45 个发展到 64 个，全日制在校生由 14600 人发展到 28000 人，硕士点由 9 个发展到 21 个，教职工总数由 1367 人发展到 1800 人，教育科研仪器设备合计以 5736 万元增加到 1.2 亿元，校舍建筑面积从 27.7 万平方米扩大到 110 余万平方米，学校占地面积从 48 公顷扩大到 260 多公顷，图书资料由 160 万册增加到 170 多万册，等等。2002 年 2 月，聊城师范学院被教育部批准更名为聊城大学，实现了由师范性院校到综合性大学的历史性跨越，为学校发展赢得了极其重要的战略机遇，搭建起了全新的发展平台。"十五"期间聊城大学实现超常规、跨越式发展，主要在于以下 6 个方面：

1. 解放思想，抢抓机遇，凝聚人心

解放思想、抢抓机遇，是聊城大学实现快速发展的关键所在。"十五"期间，聊城大学牢固树立强烈的机遇意识，深入分析影响学校发展的外部和内部环境以及学校面临的新形势，确立了前瞻性的办学理念和明确的办学思路，主动顺应全国高等教育快速发展的大趋势，解放思想，转变观念，大胆突破传统办学模式的束缚，准确地把握住了学校生存和发展的大的时代背景，提出了明确而又长远的战略目标和战略执行策略，在改革与发展一系列重大机遇面前，不失时机，果断决策，赢得了主动，在扩大办学规模、学校更名、学位点申报、高层次科研立项等一系列关乎学校发展的重大战略问题上，很好地抓住了战机，敢为人先，使学校步入了快速发展的轨道。

"顾全大局、团结一心，艰苦奋斗、无私奉献，敢为人先、争创一流"的聊大精神，是学校快速发展的内因。"十五"期间，聊城大学的各项建设和发展任务十分繁重，广大教职工以学校大局为重，团结一心，众志成城，不怕困难，努力工作，在各自的工作岗位上发扬着艰苦奋斗、无私奉献的精神。聊大精神推动了聊城大学的快速发展，在学校发展史上创造了一个又一个奇迹。

2. 制定了超常规的战略执行策略

战略执行策略往往是战略规划特色的体现，而战略发展目标的实现更要靠强有力的战略执行策略来保证。"十五"期间，聊城大学实现了超常规、跨越式发展，许多发展指标都超额完成了"十五"发展规划确定的各项任务，各项工作取得了重大成就，就是因为学校在更名、教学改革、学科和专业建设、机制创新、师资队伍建设、办学空间扩展和硬件建设等方面制定了一系列超常规的战略执行策略。比如聊城大学按照综合性大学的要求，积极扩大办学空间，大力改善学校的办学条件，促使"十五"成为聊城大学历史上办学条件改善最明显、外延扩张最快的时期。西校区的基本建设任务已全面完成,东校区已初具规模,搭建起了学校未来发展的框架。在学科建设和学位点建设上,学校成功召开了第一次学科建设与研究生教育工作会议,提高了研究生教育工作和学科专业建设在学校工作中的地位。全面启动了"博士学位授予权建设工程"和"硕士学位点强化建设工程",学科水平显著提升。获批山东省哲学社会科学研究基地1个,新增山东省艺术类重点学科1个,使学校的省级重点学科(实验室)总数达到6个,其中4个进入了山东省重点学科(实验室)强化建设行列。硕士点由9个发展到21个,并获同等学力人员申请硕士学位和教育硕士培养资格。

3. 高度重视师资队伍建设

聊城大学高度重视师资队伍的建设,致力于建立人才高地。一方面,根据学生规模和学科专业发展的需要,合理制订教师选聘计划,并将每年的招聘计划分解到各学院,不断加大人才引进力度,完成每年度的高学历人才引进目标,并借助于聘任兼职教师的途径,确保教师数量符合教育部要求的指标标准;按照"特事特办"的原则,不惜代价地引进能促进学科发展的优秀学术团队或学科带头人,依托学术团队或学科带头人的平台,汇集学校内和学校外的人才,建立人才的高地,提高学校的社会影响力和学术竞争力。另一方面,提升学校内中青年学术骨干的培养力度,设置人才培养基金,重点资助有发展潜力的学术骨干。构建促进优秀人才成长的支撑体系,实施"教师知识更新计划""优秀人才国内外研修计划",支持中青年学术骨干在职提升学历学位层次、出国研修、承担科研开发等任务。同时,学校还实施"大学手拉手"工程,加强与"手拉手"大学在学科建设、资源共享、教学科研、师资队伍建设等方面进行实质性的合作。加大外聘兼职教授、客座教授的力度,从国内外高校中聘请知名专家、学者来学校承担一定的教学和科研工作;实行人才柔性流动政策,根据重点学科发展的需要,在重点学科设置流动特聘教授岗位，明确岗位职责和任职条件，面向国内外公开招聘。

4. 学科建设成为学校发展的龙头

学科发展的水平是一所大学在国内外地位的主要标志，有了一流的学科，才能吸引一流的教师，才有一流的教学和科研，才能培养一流的人才。因此，聊城大学把学科的优势领域作为学校的战略重点，确立了学科建设在学校发展中"重中之重"的地位，使学科建设成了学校发展的龙头。根据学校目标的定位和经济社会发展需要，聊城大学制订学科建设的整体计划，把学科的建设作为一个系统工程来把握，加强集中领导，按学科进行人、财、物的配备与配置，优化整合，促进学科的可持续发展。高度重视学科人才的梯度建设，确保学科的长足发展。在发展现有优势学科、特色学科的同时，重视应用学科、交叉学科和新兴学科的培养，加强学科结构的战略调整与整合，根据有所为、有所不为的原则，建设相互支撑、重点突出、层次分明的学科群体，强化学科的集成能力和原始创新能力。同时，推进学科特别区的建设，切实加强重点学科建设。学校制定了《聊城大学重点学科建设实施意见》，积极推进"博士学位授予权建设工程"和"硕士学位点强化建设工程"，按照硕士、博士学位点建设标准，制订学位点建设计划，加强学位点建设和重点学科建设，实行动态绩效管理，严格奖惩、评估考核制度，引进竞争机制，推进学科和学位点的内涵发展。

5. 机制创新为学校发展不断注入新的活力

与时俱进、深化改革，是学校快速发展的不竭动力。聊城大学始终坚持以改革促发展，一切工作都从是否有利于学校发展的角度出发，从战略的高度来推进学校各项工作的改革。"十五"期间，聊城大学先后推进了后勤社会化改革、人事分配制度改革、教育教学改革、科研体制改革、医疗体制改革，进行了不少前所未有的探索，以改革促发展，为学校发展注入了新的活力，推动了学校的快速发展。

聊城大学坚定不移地进行结构性调整，出台了《关于扩大学院办学自主权、加强学院建设的意见》，坚持办学重心下移，向学院下放人事管理权、经费使用权、办学自主权，使学院真正成为能够自我发展的、相对独立的办学实体，初步构建起了校、院、系"三级二元"办学体制，大大增强了学院的自我经营、自我发展能力。

进一步深化教育教学改革，切实提高人才培养质量和教育教学质量。一是不断深化学分制改革，逐步建立和完善了学生自主选择专业、自主选择教师、自主选择课程、自主选择学习进程的制度，实施考教分离制、本科生导师制、实验室开放制、弹性学制、双专业（学位）制、主辅修制等，积极推进国内外学校之间和本专科之间的学分互认，基本构建起了与学分制相适应、以学生为主体、以教师为主导、全面实施素质教育的教学运行体制。二是进一步深化教师教育改革，在人才培养、课程内容、课程开发、课程体系构建、职前教育与职后培训一体化等方面进行了一系列有益探索，基本构建起了适应教育改革发展需要的、开放的现代教师教育新体系。三是积极推进教学内容改革，向教学内容改革要质量，向教师水平提高要质量，向课堂教学要质量，向素质教育要质量，大力提升教学质量。

启动了人事分配制度改革，以校内津贴为基础，以科学布岗、竞聘上岗和全员聘任为核心，顺利完成了第一阶段的改革任务，变身份管理为岗位管理，完善用人机制，加强岗位的竞争意识，充分调动教职工工作的主动性和积极性，大大提高了学校办学的活力。

成功进行了第四、第五两个阶段的后勤社会化改革，组建了后勤服务产业集团，成立了后勤管理办公室，建立起了具有鲜明聊大特色、运营良好的甲乙方关系，极大地促进了后勤服务产业集团"三服务、两育人"功能的发挥，其年产值已达6000万元，年利润达 1500 万元，实现了快速健康发展。

6. 党建与思想政治工作提供了强有力的保证

"十五"以来，聊城大学逐步完善和丰富了党委中心组、党总支中心组和党员干部的政治学习制度和内容，将开学之初的干部大会固定下来作为加强思想建设和统一思想的重要途径，举办了各种形式的学习班、理论读书班、干部培训班，认真学习党的十五大、十六大精神以及"三个代表"重要思想、科学发展观等等，切实提高了政治敏锐性和政治鉴别力；逐步完善和落实民主集中制为核心的各项议事规则和制度建设，始终坚持重大问题充分发扬民主，集体科学决策，形成了团结一心、维护大局、发展事业的良好局面；认真落实《党政领导干部选拔任用工作条例》，完善民主评审、民主评价、民主推荐制度，实行了行政科、处级领导干部的竞聘制度，实行了新提拔干部的考察预告制、任前公示制、试用期制和任期制，实行了中层正职的党委全委会票决制，培养一批工作能力强、政治素质高的干部队伍；将党风廉政建设列入党委工作的重要议程，依据"八个坚持，八个反对"和"两个务必"要求展开一系列党风廉政教育，规范完善对学校重点敏感部位和重大经济行为的监督监察制度，实施"中层一把手重点教育工程"，坚持与"一把手"廉政谈话制度，切实抓好党风廉政建设责任制的落实；出台了《校务公开工作意见》，积极推进学校的校务公开，在学校改革发展与员工、师生的切身利益相关的重大问题上，坚持走群众路线；不断完善和改进教代会制度，充分发挥教代会的作用，最大限度地调动主人翁热情和教职工的积极性。党建与思想政治工作为改革发展提供了坚强有力的保证。

三、本章小结与创新

本章以在国内有一定代表性的教学型大学——信阳师范学院和

聊城大学为例，对教学型大学实施战略管理进行了实证分析。"十五"期间，信阳师范学院和聊城大学成功地实施了战略管理，圆满地完成了"十五"战略规划目标，实现了跨越式发展。通过分析，我们可以发现：这两所大学都高度重视学校发展战略规划的制订；定位合理准确，并制定了明确且切实可行的战略目标；制定了超常规的战略执行策略并狠抓落实；在确保本科教学工作中心地位的基础上，把学科建设作为学校发展的龙头，努力提升学校层次；大力推进机制创新和软环境建设，为战略目标的达成提供了强有力的保证。

本章的主要创新点在于深入剖析了这两所大学"十五"发展战略规划的实施过程和取得的成就，使我们更深刻地认识到了教学型大学实施战略管理的重要意义，验证了本研究提出的教学型大学战略管理理论的科学性和应用价值。

第八章
总结与展望

一、研究总结与创新点

（一）研究总结

本文在界定教学型大学战略管理概念的基础上，深入分析了教学型大学战略管理的理论基础；通过对影响中国教学型大学战略管理的国内外环境因素的分析，探讨了教学型大学战略管理是以战略环境分析为基础、以确立战略目标为核心、以战略执行为重点、以战略控制为保证的过程，进而构建了我国教学型大学战略管理的基本框架。

教学型大学是指以本科教育为主体的全日制大学。它以招收本科层次的学生为主体，主要履行人才培养和教育教学研究职能，培养高水平技能型人才（即高级专门人才）和高级研究型后备人才，拥有学士学位授予权和少量的硕士学位授予权，可招收一定数量的专科生。教学型大学战略管理是指教学型大学为谋求可持续发展、实现培养高素质技能型人才和高级研究型后备人才，在对学校内部条件和外部环境进行系统分析的基础上，由管理者与被管理者共同制定学校战略管理目标，拟订、优选战略管理方案，并组织战略执行和控制的动态过程。

本文对教学型大学战略管理的理论基础进行了探讨，认为系统论、组织行为理论、竞争优势理论以及教育管理理论是教学型大学战略管理的理论基础，并提出了对教学型大学进行战略管理的具体理论指导。按照系统论的观点，教学型大学也是一种开放系统。在教学型大学战略管理中运用系统原理，就要实行全方位统筹优化，实行目标管理，内部管理要构成一个闭合回路。按照组织行为理论的观点，教学型大学是二元权力结构的组织，是高度异质化的组织，是高度趋同化的组织，组织结构具有"松散关联"的特点。按照竞争优势理论的观点，大学的市场化形成了教育在外延上的竞争，学分制是建立教育过程竞争机制的重要手段，以课程为中心是形成竞争机制的重要管理形式，考核是建立竞争机制的杠杆。教育管理理论整合了以上3种理论的观点，为教学型大学战略管理提供了战略性发展方向，指导其资源配置的优先顺序，促进组织的变革，提供管理控制与评估的基础。

教学型大学战略环境分析主要是对特定战略时期教学型大学的内外部环境进行综合调查、分析，确定这些因素对教学型大学战略过程的影响，从而为教学型大学的战略管理过程提供指导的一系列活动。我国教学型大学战略环境包括外部环境和内部环境两大部分。一般说来，教学型大学外部环境包括外部宏观环境与外部特定环境。外部宏观环境主要包括政治法律环境、经济环境、科学技术环境和社会文化环境。外部特定环境主要包括行业环境和自然环境两个方面。本人认为，教学型大学的外部环境是一个多主体、多层次、发展变化的多维系统。教学型大学战略管理的任务，就是正确识别外部环境对教学型大学是机会还是威胁，做到善于寻找和利用各种有利机会，及早发现并有效控制各种不利环境的威胁，努力适应外部环境的变化，避免或减少由于环境变化所带来的损失。教学型大学的内部环境主要是教学型大学的资源环境、管理环境和学校文化环境。教学型大学的内部环境是教学型大学未来发展的基础。教学型大学实施战略管理的基本保障是资源环境。教学型大学实施战略管理的核心是管理环境。学校文化环境是教学型大学内部各种环境因素的综合体现，在教学型大学的发展中发挥着十分重要的作用。其中，大学精神是一所大学整体氛围的体现，是其校风的核心所在，也是科学精神的凝聚和时代的标志。

教学型大学的战略目标是对教学型大学未来发展趋势和方向的预见，是对学校持续发展的创造性思考。我国教学型大学的战略目标内在地体现着培养目标，战略目标的教育价值取向透射出战略目标的价值取向，因此，战略目标的价值抉择就是人才培养目标的价值抉择。在我国教学型大学战略目标的抉择过程中，战略制定者必须对理论型人才与应用型人才、通才与专才、社会发展需求与个体发展需求、统一性与多样性做出科学的价值判断。要使战略目标抉择科学合理，必须成立抉择集体，坚持适时性、前瞻性、特色性、可行性和整体优化原则，依据党的教育方针、社会发展对教育的新需求、高等教育新理念和教学型大学的办学宗旨以及实际情况等进行战略目标抉择。

战略模式是在一定的教育思想的指导下，依据学校的办学定位形成的相对稳定的、系统化和理论化的学校发展范型。通过对自己的战略管理思想、内外环境因素、战略目标和行动规划进行反复研究、深思熟虑和统筹谋划，在战略执行和战略控制过程中，我国教学型大学逐渐形成了许多各具特色的战略管理模式，主要有品牌经营战略、特色发展战略、和谐发展战略和社区化战略。

教学型大学的战略执行是战略管理的行动过程，是将战略方案转化成各种具体方面的实际行动并达到战略目标的过程。它包括战略执行的准备和战略执行的过程两个阶段。战略执行的准备主要是指要制订战略执行计划，明确战略执行计划的任务，科学地划分战略执行阶段并制定出每个阶段要实现的具体目标，选择战略重点。战略执行的过程包括改革内部管理体制、制定政策和法规、合理分配学校资源和发挥教学型大学学校文化的作用。

教学型大学的战略控制主要是指在战略执行过程中，以计划标准和战略目标为准绳,为达到战略目标,监控教学型大学所进行的各种行动的进展情况,与战略实施的要求相比较,衡量并纠正战略执行实际活动中与预定目标及计划之间的偏差,使教学型大学战略实施与战略目标协调一致,保证战略目标的实现。战略控制具有导向、诊断与改进、反馈、激励作用。战略控制可分为确定控制项目、建立判断准则和标准、衡量偏差和采取纠正措施4个步骤。战略控制的标准主要有战略的内部统一性、战略与环境的适应性、战略与资源的配套性、战略的风险性、战略实现的时间性和战略的可行性。教学型大学战略控制一般采用反求法、纵横验证法、模拟法、专家论证法、比较法。

本文以在国内有一定代表性的教学型大学——信阳师范学院和聊城大学为例,对我国教学型大学实施战略管理进行了实证分析。"十五"期间,信阳师范学院和聊城大学成功地实施了战略管理,圆满地完成了"十五"战略规划目标,实现了跨越式发展。通过分析,我们可以发现:这两所大学都高度重视学校发展战略规划的制订;定位合理准确,并制定了明确且切实可行的战略目标;制定了超常规的战略执行策略并狠抓落实;在确保本科教学工作中心地位的基础上,把学科建设作为学校发展的龙头,努力提升学校层次;大力推进机制创新和软环境建设,为战略目标的达成提供了强有力的保证。

(二)创新点

本文在以下4个方面体现了自己的创新:

1. 探讨了教学型大学战略管理的理论基础

本人认为,系统论、组织行为理论、竞争优势理论以及教育管理理论是教学型大学战略管理的理论基础。

2. 探讨了我国教学型大学战略管理的基本过程

本人认为，我国教学型大学战略管理的基本过程一般包括4个部分：一是战略分析，依此来了解目前学校内外环境的状况；二是战略目标的制定和战略的选择，以此获得最有价值的战略；三是战略执行，即制订战略计划、选择战略重点并将战略付诸行动；四是战略控制，即保证学校按计划步骤实施战略，并根据内外条件变化做出调整，以求达到总体目标。

3. 提出了教学型大学的几种主要战略模式

本人认为，在长期的战略管理实践过程中，我国教学型大学逐渐形成了许多各具特色的战略管理模式，主要有品牌经营战略、特色发展战略、和谐发展战略和社区化战略。

4. 对我国教学型大学实施战略管理进行了实证分析

通过深入剖析信阳师范学院和聊城大学这两所大学"十五"发展战略规划的实施过程和取得的成就，我们更深刻地认识到了教学型大学实施战略管理的重要意义，验证了本研究提出的教学型大学战略管理理论的科学性和应用价值。

二、研究展望

本人自1982年大学本科毕业以来，一直在教学型大学从事教学、研究和管理工作，经常关注和思考我国教学型大学的战略管理问题，并在此方面进行了长期的理论研究和实践探索，但受学术水平、精力和个人能力所限，本研究仍存在一些遗憾和不足，需要进一步进行探讨，主要包括以下3个方面：

第一，本研究主要以国内教学型大学为研究对象，对于国外教学型大学的研究相对比较单薄。其原因一方面在于本人对国外教学型大学的把握相对欠缺；另一方面，本人认为，立足国内教学型大学的研究可能更有启示意义。这种"狭隘"的思想认识，缺乏国际视野的研究，可能会影响本研究结论的普遍性和一般意义。这是今后应该更多地关注和深刻思考的问题之一。通过国内外教学型大学的比较，可以从更广阔的视野上揭示教学型大学战略管理的基本规律。

第二，对于教学型大学的环境分析，本人在借鉴其他同人一般研究思路的基础上，增加了"外部未来环境预测"这一内容。这是因为本人认为，对教学型大学未来外部环境进行预测，在教学型大学进行未来外部环境分析及制定教学型大学发展战略中具有重要地位。环境分析的目的就是预测和适应办学环境的变化，以制定未来的发展战略。而环境预测则是提供办学战略决策所需信息和客观依据的必不可少的环节。教学型大学成功的办学活动取决于对学校外部环境因素做出全面、恰当的综合分析，而对外部环境全面、恰当的综合分析又依赖于对环境因素做出较为准确、恰当的预测。因此，研究教学型大学的战略管理，分析学校面临的发展环境，一定要有前瞻性。但是，未来环境预测是否与内外环境因素存在并列或是包含关系，也是需要进一步探讨的一个问题。

第三，本文总结了我国教学型大学战略管理的几种主要模式，并就如何运用这些模式做了一定的分析。但对这些战略模式总结、概括得并不一定合适，也并不一定全面和深入。同时，未来战略管理理论的发展还会产生新的战略模式，如何设计出适应新形势要求的战略模式，以促进教学型大学的改革和发展，也将是今后本人关注的问题之一。

主要参考文献

〔1〕2002 年中外大学校长论坛第一小组. 大学办学特色的形成发展战略 [J]. 国家教育行政学院学报，2003（3）：17-13.

〔2〕宝贡敏. 现代企业战略管理 [M]. 郑州：河南人民出版社，2001.

〔3〕宝利嘉. 最新组织战略精要词典 [M]. 北京：中国经济出版社，2003.

〔4〕鲍曼. 战略管理 [M]. 郑薇，译. 北京：中信出版社，1997.

〔5〕本尼迪克. 文化模式 [M]. 何锡章，黄欢，译. 北京：华夏出版社，1987.

〔6〕别敦荣. 中美大学学术管理 [M]. 武汉：华中理工大学出版社，2000.

〔7〕博克. 走出象牙塔：现代大学的社会责任 [M]. 徐小洲，陈军，译. 杭州：浙江教育出版社，2001.

〔8〕布鲁贝克. 高等教育哲学 [M]. 王承绪，郑继伟，张维平，等译. 3 版. 杭州：浙江教育出版社，2002.

〔9〕布什. 当代西方教育管理模式 [M]. 强海燕，主译. 南京：南京师范大学出版社，1998.

〔10〕布瓦索. 信息空间：认识组织、制度和文化的一种框架 [M]. 王寅通，译. 上海：上海译文出版社，2000.

〔11〕陈宏薇. 耶鲁大学 [M]. 长沙：湖南教育出版社，1990.

〔12〕陈厚丰. 中国高等学校分类与定位问题研究 [M]. 长沙：湖南大学出版社，2004.

〔13〕陈厚丰. 浅论高等学校分类与定位的若干理论问题 [J]. 中国高教研究，

2003（11）：47-49.

﹝14﹞陈孝彬.教育管理学 [M].北京：北京师范大学出版社，1990.

﹝15﹞陈学飞.当代美国高等教育思想研究 [M].大连：辽宁师范大学出版社，1996.

﹝16﹞陈玉琨.教育评价学 [M].北京：人民教育出版社，1999.

﹝17﹞陈运超，沈红.浅论多校区大学管理 [J].清华大学教育研究，2001（2）：111-118.

﹝18﹞程振响，刘五驹.学校管理新视野 [M].南京：南京师范大学出版社，2003.

﹝19﹞达林.理论与战略：国际视野中的学校发展 [M].范国睿，主译.北京：教育科学出版社，2002.

﹝20﹞戴维.战略管理（第六版）[M].李克宁，译.北京：经济科学出版社，1998.

﹝21﹞单中惠.西方教育思想史 [M].太原：山西人民出版社，1996.

﹝22﹞丁钢.创新：新世纪的教育使命 [M].北京：教育科学出版社，2000.

﹝23﹞杜玉波.落实战略发展规划，创建世界知名高水平大学 [J].北京航空航天大学学报（社会科学版），2002，15（3）：1-5.

﹝24﹞范庚发，孟士英.企业战略管理 [M].兰州：甘肃人民出版社，1998.

﹝25﹞范国睿.可持续发展战略与教育改革 [J].华东师范大学学报（教育科学版），1998（1）：1-9.

﹝26﹞范国睿.学校管理的理论与实务 [M].上海：华东师范大学出版社，2003.

﹝27﹞冯连成.信息科学与现代管理 [J].宝鸡文理学院学报（自然科学版），1994（2）：141-145.

﹝28﹞冯增俊.现代高等教育模式论 [M].广州：广东高等教育出版社，1993.

﹝29﹞高澎.海外校友是母校国际化的生力军 [J].江苏高教，2002（3）：58-61.

﹝30﹞龚咏梅.韦伯的理想与现实：对韦伯官僚制理论的一种解读 [J].社会科学战线，2001（2）：203-207.

﹝31﹞顾明远.教育大辞典：第1卷 教育学 课程和各科教学 中小学校 [M].上海：上海教育出版社，1990.

〔32〕郭桂英，姚林.关于我国高校办学定位的研究 [J].江苏高教，2002（1）：59-62.

〔33〕郭咸纲.西方管理思想史 [M].2 版.北京：经济管理出版社，2002.

〔34〕韩德湘.高校内部管理体制改革的关键在向系放权 [J].高等教育研究，1994（2）：75-78.

〔35〕贺国庆.近代欧洲对美国教育的影响 [M].保定：河北大学出版社，1994.

〔36〕赫钦斯.美国高等教育 [M].汪利兵，译.杭州：浙江教育出版社，2001.

〔37〕胡鹏山.论加强高校的战略管理 [J].上海高教研究，1997（3）：53-56.

〔38〕胡笑寒，万迪昉.战略控制方法的沿革与探析 [J].管理工程学报，2003，17（4）：95-99.

〔39〕怀特.再论教育目的 [M].李永宏，等译.北京：教育科学出版社，1997.

〔40〕黄津孚.现代企业管理原理 [M].4 版.北京：首都经济贸易大学出版社，2002.

〔41〕黄志成，程晋宽.教育管理论 [M].2 版.上海：上海教育出版社，2001.

〔42〕季羡林.大国方略 [M].北京：红旗出版社，1996.

〔43〕蒋宏志.高等学校实施战略管理之浅见 [J].华东船舶工业学院学报，1998，12（2）：91-93.

〔44〕蒋青.世界一流管理学名著精读 [M].乌鲁木齐：新疆人民出版社，2000.

〔45〕教育部.面向 21 世纪教育振兴行动计划学习参考资料 [M].北京：北京师范大学出版社，1999.

〔46〕金占明.战略管理：超竞争环境下的选择 [M].北京：清华大学出版社，1999.

〔47〕经济合作与发展组织.教育政策分析 1999[M].刘丽玲，王薇，译.北京：教育科学出版社，2002.

〔48〕卡斯特，罗森茨韦克.组织与管理：系统方法与权变方法 [M].李柱流，刘有锦，苏沃涛，译.北京：中国社会科学出版社，1985.

〔49〕克尔.大学的功用 [M].陈学飞，陈恢钦，周京，等译.南昌：江西教育出版社，1993.

〔50〕克拉克.高等教育系统：学术组织的跨国研究 [M].王承绪，等译.杭州：

杭州大学出版社，1994.

〔51〕夸美纽斯.大教学论[M].傅任敢，译.北京：教育科学出版社，1999.

〔52〕李福华.高等学校资源利用效率研究[M].北京：北京师范大学出版社，2002.

〔53〕李剑萍.20世纪中国的高等教育：通才教育与专才教育的张力[J].山东师范大学学报（人文社会科学版），2002，47（5）：109-113，122.

〔54〕李进才，娄延常.方向·目标·对策：新时期高等学校办学方向论纲[M].北京：新华出版社，1997.

〔55〕李晓燕.教育法学[M].北京：高等教育出版社，2001.

〔56〕厉以宁.教育经济学研究[M].上海：上海人民出版社，1988.

〔57〕连秀云.新世纪教师专业化的理论与实践[M].长春：东北师范大学出版社，2003.

〔58〕联合国教科文组织国际教育发展委员会.学会生存：教育世界的今天和明天[M].华东师范大学比较教育研究所，译.北京：教育科学出版社，1996.

〔59〕梁焱，孙浩，李绍荣.现代大学战略管理[M].沈阳：东北大学出版社，1997.

〔60〕林崇德，俞国良.论心理学视野中的学校精神[J].北京师范大学学报（社会科学版），1996（1）：3-13.

〔61〕林清江.教育社会学新论：我国社会与教育关系之研究[M].台北：五南图书出版公司，1981.

〔62〕林维明，李毅.关于高等教育国际交流与合作的思考[J].广州大学学报（社会科学版），2003，2（12）：48-51.

〔63〕刘光明.现代企业家与企业文化[M].北京：经济管理出版社，1997.

〔64〕刘文俭.西部大开发中的东西部地区科教与人才合作模式研究[J].未来与发展，2000（5）：24-26.

〔65〕刘献君.论高等学校定位[J].高等教育研究，2003，24（1）：24-28.

〔66〕刘向兵，李立国.高等学校实施战略管理的理论探讨[J].中国人民大学学报，2004（5）：140-146.

〔67〕柳路. 改革的战略管理 [J]. 决策借鉴，1994（4）：4-5.

〔68〕娄延常. 高教改革与管理创新 [M]. 武汉：武汉大学出版社，2002.

〔69〕罗宾斯. 管理学（第四版）[M]. 黄卫伟，孙建敏，闻洁，等译. 北京：中国人民大学出版社，1997.

〔70〕罗晋伟，高合林. 高校国有资产管理工作的转变与发展 [J]. 国有资产管理，1999（10）：21-22.

〔71〕罗明东，陈瑶. 校本管理探究 [J]. 云南师范大学学报（哲学社会科学版），2001，33（2）：6-11.

〔72〕罗索夫斯基. 美国校园文化：学生·教授·管理 [M]. 谢宗仙，周灵芝，马宝兰，译. 济南：山东人民出版社，1996.

〔73〕吕炜. 中国教育经费投入问题解析 [N]. 中国财经报，2005-03-08.

〔74〕马忠虎. 家校合作 [M]. 2版. 北京：教育科学出版社，2001.

〔75〕米勒. 战略管理（第3版英文）[M]. 影印版. 北京：机械工业出版社，1998.

〔76〕纳特，巴可夫. 公共和第三部门组织的战略管理：领导手册 [M]. 陈振明，等译校. 北京：中国人民大学出版社，2001.

〔77〕欧文斯. 教育组织行为学（第7版）[M]. 窦卫霖，温建平，王越，译. 上海：华东师范大学出版社，2001.

〔78〕潘懋元，吴玫. 高等学校分类与定位问题 [J]. 复旦教育论坛，2003，1（3）：5-9.

〔79〕潘懋元. 多学科观点的高等教育研究 [M]. 上海：上海教育出版社，2001.

〔80〕潘懋元. 市场经济的冲击与高等教育的决策 [J]. 求是，1993（10）：34-39.

〔81〕潘懋元. 新编高等教育学 [M]. 北京：北京师范大学出版社，1996.

〔82〕潘懋元. 新时期中国高等教育的质量战略 [J]. 中国大学教学，2004（1）：4-8.

〔83〕秦明. 试论高校财力资源优化配置 [J]. 行政事业财务，2000（2）：12-14.

〔84〕任宝崇. 组织管理心理学 [M]. 北京：华夏出版社，1987.

〔85〕萨蒙. 管理的未来：走向以人为本 [M]. 王铁生，译. 上海：上海译文出版

社，1998.

〔86〕邵新民.引入市场机制,加强高校物力资源管理[J].实验技术与管理,1999, 16（3）：93-94,97.

〔87〕沈跃春.耗散结构理论是如何创立的？[N].中国青年报,2002-12-08.

〔88〕斯坦纳.战略规划[M].李先柏,译.北京:华夏出版社,2001.

〔89〕眭依凡.大学使命：大学的定位理念及实践意义[J].教育发展研究,2000（9）：18-22.

〔90〕孙宏典,钱远晏.信阳师范学院校史（1975-2004)[M].郑州:河南人民出版社,2005.

〔91〕孙绵涛.教育行政学[M].2版.武汉:华中师范大学出版社,1998.

〔92〕孙绵涛.教育政策学[M].武汉:武汉工业大学出版社,1997.

〔93〕孙耀君.西方管理学名著提要[M].南昌:江西人民出版社,1992.

〔94〕孙宗禹.寻求高校内部结构、规模、质量、效益的协调发展：兼谈当前我国高校发展战略中的一些倾向性问题[J].大学教育科学,2003（3）：6-9.

〔95〕唐才进.战略管理与高校发展规划[J].交通高教研究,1994（3）：12-16.

〔96〕汪子为,等.校园文化与创造力的培养[M].武汉:湖北教育出版社,2002.

〔97〕王承绪.学术权力：七国高等教育管理体制比较[M].张维平,张民选,徐辉,等编译.杭州：浙江教育出版社,1989.

〔98〕王德广.21世纪大学校园文化功能与建设途径的研究[J].三峡大学学报（人文社会科学版）,2002,24（5）：98-100.

〔99〕王东江.美国、加拿大高等教育质量监控与评价系统及其启示[J].世界教育信息,2003（5）：35-39.

〔100〕王方华,吕巍.企业战略管理[M].上海：复旦大学出版社,1997.

〔101〕王惠青.教育行政沟通及其实施策略[J].教育评论,1998（6）：18-20.

〔102〕王骥.略论我国高等学校的战略目标[J].扬州大学学报（高教研究版）,2004,8（1）：13-15.

〔103〕王建学.学校战略管理初探[J].陕西师范大学学报（哲学社会科学版）,2000,29（增刊）：60-62.

〔104〕王金山,方慈,孔令承,等.高校教学质量监控系统分析与设计[J].中国

高等教育评估，2001（1）：36-39，49.

〔105〕王善迈. 2000 年中国教育发展报告 [M]. 北京：北京师范大学出版社，2000.

〔106〕王铁军. 校长学 [M]. 南京：江苏教育出版社，1993.

〔107〕王廷芳. 美国高等教育史 [M]. 福州：福建教育出版社，1995.

〔108〕王伟廉. 试论高等教育思想中的基本理论问题 [J]. 教育研究，1994（7）：17-22.

〔109〕王义高. 当代世界教育思潮与各国教改趋势 [M]. 北京：北京师范大学出版社，1998.

〔110〕王义遒. 多样化：我国高等教育大众化的关键 [J]. 北京大学教育评论，2003，1（4）：17-22.

〔111〕王战军，周海涛. 怎样建设有中国特色的研究型大学：中国研究型大学建设基本问题研究（三）[J]. 学位与研究生教育，2003（3）：10-13.

〔112〕王战军. 什么是研究型大学：中国研究型大学建设基本问题研究（一）[J]. 学位与研究生教育，2003（1）：9-11.

〔113〕王战军. 为什么要建设研究型大学：中国研究型大学建设基本问题研究（二）[J]. 学位与研究生教育，2003（2）：9-11.

〔114〕韦森. 社会制序的经济分析导论 [M]. 上海：上海三联书店，2001.

〔115〕魏新. 人力资源管理发展方向的战略思考 [J]. 中国人才，2003（8）：36-37.

〔116〕吴康宁. 教育社会学 [M]. 北京：人民教育出版社，2014.

〔117〕吴秀娟. 领导哲学与办学策略 [M]. 沈阳：辽宁人民出版社，1999.

〔118〕吴志功. 现代大学组织结构设计 [M]. 北京：北京师范大学出版社，1998.

〔119〕吴志宏. 中小学管理比较 [M]. 上海：上海教育出版社，1998.

〔120〕希特，爱尔兰，霍斯基森. 战略管理：竞争与全球化（概念）（原书第 4 版）[M]. 吕巍，等译. 北京：机械工业出版社，2002.

〔121〕夏征农. 辞海 [M]. 上海：上海辞书出版社，1999.

〔122〕夏正江. 教育理论哲学基础的反思：关于"人"的问题 [M]. 上海：上海教育出版社，2001.

〔123〕项振乐，杜欢政. 高等学校需要建立战略管理 [J]. 浙江经专学报，1998，

10（3）：21-24.

〔124〕肖昊."211工程"与我国高等教育发展战略目标[J].黑龙江高教研究，1996（4）：8-12.

〔125〕肖昊.高等教育资源合理配置的几个理论问题[J].煤炭高等教育，1996，14（4）：9-11，14.

〔126〕肖昊.教育发展[M].武汉：武汉大学出版社，2004.

〔127〕肖昊.论高等教育资源的市场配置[J].江苏高教，1997（2）：23-27.

〔128〕肖强.加强高校校园文化建设的思考[J].辽宁教育研究，2002（5）：35-37.

〔129〕萧宗六，余白.学校管理学新编[M].武汉：华中师范大学出版社，2001.

〔130〕解培才.企业战略管理[M].上海：上海人民出版社，2002.

〔131〕谢维和.教育活动的社会学分析：一种教育社会学的研究[M].北京：教育科学出版社，2000.

〔132〕熊川武.学校"战略管理"论[J].高等师范教育研究，1997（2）：33-37，69.

〔133〕许南垣，周家璇.资本经营：高等院校战略管理理念的创新[J].云南财贸学院学报，2001，17（2）：83-88.

〔134〕阎德明.现代学校管理学[M].北京：人民教育出版社，1999.

〔135〕阎凤梧.教育发展战略研究[M].长春：吉林人民出版社，1997.

〔136〕颜坚莹.组织行为学[M].广州：暨南大学出版社，1999.

〔137〕杨德广.高等教育发展战略研究[M].上海：上海交通大学出版社，1988.

〔138〕杨桂青.中国大学需要什么样的理念[N].中国教育报，2003-11-15.

〔139〕余南平.市场经济下高校竞争的战略管理[J].上海高教研究，1997（10）：26-29.

〔140〕鱼霞.情感教育[M].北京：教育科学出版社，1999.

〔141〕袁振国.教育政策学[M].南京：江苏教育出版社，1996.

〔142〕袁振国.中国教育政策评论2001[M].北京：教育科学出版社，2001.

〔143〕张存禄，付玉.市场经济环境与高等院校发展战略[J].技术经济与管理研究，2002（1）：107-109.

〔144〕张凤莲，江丕权.从美国几所著名大学看世界一流大学的成因[J].中国高

教研究, 1994 (1): 78-82.

〔145〕张广斌, 谢延龙, 赵承福. 教育管理组织: 技术理性的视角 [J]. 当代教育论坛, 2003 (8): 49-52.

〔146〕张济正. 学校管理学导论 [M]. 2版. 上海: 华东师范大学出版社, 1990.

〔147〕张利庆, 马伊蓓. 提高高等学校办学效益的对策研究 [J]. 南方金属, 2003 (2): 13-16.

〔148〕张连生. 学校形象论: 学校公共关系的理论与实践 [M]. 北京: 现代知识出版社, 2000.

〔149〕张世恒. 企业战略管理 [M]. 成都: 四川大学出版社, 1997.

〔150〕张彤. 论联合办学与高等教育管理体制改革的关系 [J]. 机械工业高教研究, 2001 (1): 12-15, 37.

〔151〕张文贤, 朱永生, 张格. 管理伦理学 [M]. 上海: 复旦大学出版社, 1995.

〔152〕张振坤. 高教发展战略 [M]. 长春: 吉林教育出版社, 1988.

〔153〕赵弘. 企业战略的控制与管理 [J]. 经济师, 2000 (12): 211.

〔154〕赵一标. 市场经济条件下的高等教育经费筹措问题 [J]. 军工高教研究, 2003 (1): 21-24.

〔155〕赵中建. 全球教育发展的历史轨迹: 国际教育大会60年建议书 [M]. 北京: 教育科学出版社, 1999.

〔156〕郑志龙. 政府信息化的功能分析 [J]. 中国行政管理, 2003 (10): 39-41.

〔157〕《中国财政年鉴》编辑委员会. 中国财政年鉴1995[M]. 北京: 中国财政杂志社, 1995.

〔158〕中国教育与人力资源问题报告课题组. 从人口大国迈向人力资源强国 [M]. 北京: 高等教育出版社, 2003.

〔159〕中华人民共和国教育部发展规划司. 中国教育统计年鉴2002[M]. 北京: 人民教育出版社, 2003.

〔160〕周三多, 陈传明, 鲁明泓, 等. 管理学: 原理与方法 [M]. 3版. 上海: 复旦大学出版社, 1999.

〔161〕周三多. 管理学: 原理与方法 [M]. 上海: 复旦大学出版社, 1993.

〔162〕朱国宏. 哈佛帝国 [M]. 上海: 上海人民出版社, 2002.

〔163〕朱晓言.树立信息意识 改革教务处文书档案管理工作 [J].北京联合大学学报，1994，8（2）：97-100.

〔164〕朱志忠，唐和平.组织行为学 [M].北京：北京大学出版社，2005.

〔165〕ALLEN M. The goals of universities[M]. Buckingham: The Society for Research into Higher Education, 1988.

〔166〕ALTBACH P G. Comparative higher education: knowledge, the university and development[M]. Greenwich, Conn.: Ablex Publishing Corporation, 1998.

〔167〕ARROW K J. Education in a research university[M]. Stanford, Calif.: Stanford University Press, 1996.

〔168〕ASHBY E. On the meaning of the university[M]. Salt Lake City, Utah: The University of Utah Press, 1976.

〔169〕BARNETT R. The idea of higher education[M]. Buckingham: The Society for Research into Higher Education, 1990.

〔170〕BEN-DAVID J. Centers of learning[M]. New Brunswick, N.J.: Transaction Publishers, 1977.

〔171〕BOK D. Universities and the future of America[M]. Durham: Duke University Press, 1990.

〔172〕BOK D. Beyond the ivory tower: social responsibilities of the modern university[M]. Cambridge, Mass.: Harvard University Press, 1982.

〔173〕BOK D. Higher learning[M]. Cambridge, Mass.: Harvard University Press, 1986.

〔174〕BOWDEN J, MARTON F. The university of learning[M]. London: Kogan Page, 1998.

〔175〕BOYER E L. College: the undergraduate experience in America[M]. New York: Harper & Row, 1987.

〔176〕BOYER E L. Educating for survival[M]. New Rochelle, New York: Change Magazine Press, 1977.

〔177〕BRUBACHER J S, RUDY W. Higher education in transition: a history of American colleges and universities[M]. 4th ed. New Brunswick, N. J.: Transaction Publishers, 1997.

[178] BRUBACHER J S. On the philosophy of higher education[M]. San Francisco: Jossey-Bass Publishers, 1982.

[179] COLE J R, BARBER E G, GRAUBARD S R. The research university in a time of discontent[M]. Baltimore, M. D.: Johns Hopkins University Press, 1994.

[180] DUDERSTADT J J. A university for the 21st century[M]. Ann Arbor, Michigan: University of Michigan Press, 2000.

[181] GRANTR M. Contemporary strategy analysis: concepts, techniques applications[M]. 4th ed. Malden, Mass.: Blackwell Publishers, 2002.

[182] Harvard Committee. General education in a free society[M]. Cambridge, Mass.: Harvard University Press, 1945.

[183] HUTCHINS R M. Education for freedom[M]. Baton Rouge: Louisiana State University Press, 1943.

[184] HUTCHINS R M. Some observations on American education[M]. Cambridge: Cambridge University Press, 1956.

[185] HUTCHINS R M. The conflict in education in a democratic society[M]. Westport, Connecticut: Greenwood Press, 1953.

[186] HUTCHINS R M. The higher learning in America[M]. Westport, Connecticut: Greenwood Press, 1979.

[187] HUTCHINS R M. The learning society[M]. New York: Frederick A. Praeger, 1968.

[188] JASPERS K. The idea of the university[M]. London: Peter Owen Ltd., 1965.

[189] JOHNSON D M, BELL D A. Metropolitan universities: an emerging model in American higher education[M]. Denton, Texas: University of North Texas Press, 1995.

[190] JOSÉ O Y G. Mission of the university[M]. Princeton, N. J.: Princeton University Press, 1944.

〔191〕KERR C, GADE M L, KAWAOKA M. Higher education cannot escape history: issues for the twenty-first century[M]. Albany, New York: State University of New York Press, 1994.

〔192〕KERR C. The great transformation in higher education[M]. Albany, New York: State University of New York Press, 1991.

〔193〕KERR C. The uses of the university[M]. Cambridge, Mass.: Harvard University Press, 1982.

〔194〕KERR C, GADE M L, KAWAOKA M. Troubled times for American higher education[M]. Albany, New York: State University of New York Press, 1994.

〔195〕LEVINE A. Higher learning in America 1980-2000[M]. Baltimore, M. D.: Johns Hopkins University Press, 1992.

〔196〕LUCAS C J. Crisis in the academy: rethinking higher education in America[M]. New York: St. Martin's Press, 1996.

〔197〕LUCAS C J. American higher education: a history[M]. New York: St. Martin's Press, 1994.

〔198〕MILLER R I. Major American higher education issues and challenges in the 1990s[M]. London: Jessica Kingsley Publishers, 1990.

〔199〕NEWMAN J H C. On the scope and nature of university education[M]. London: J. M. Dent and Sons Ltd., 1956.

〔200〕NEWMAN J H C. The idea of a university defined and illustrated[M]. Chicago, Illinois: Loyola University Press, 1987.

〔201〕PELIKAN J. The idea of the university: a reexamination[M]. New Haven: Yale University Press, 1992.

〔202〕RIESMAN D. On higher education: the academic enterprise in an era of rising student consumerism[M]. New Brunswick, N. J.: Transaction Publishers, 1998.

〔203〕RUDOLPH F. Curriculum: A history of the American undergraduate course of study since 1636[M]. San Francisco: Jossey-Bass Publishers, 1977.

〔204〕RUDY W. The universities of Europe, 1100-1914: a history[M]. Madison N. J.: Fairleigh Dickinson University Press, 1984.

〔205〕SCOTT P. The crisis of the university[M]. London: Croom Helm Australia Pty. Ltd., 1984.

〔206〕SHORE P J. The myth of the university: ideal and reality in higher education[M]. Lanham: University Press of America, 1991.

〔207〕SMITH R N. The Harvard century: the making of a university to a nation[M]. New York: Simon and Schuster, 1986.

〔208〕SOARES J A. The decline of Privilege: the modernization of Oxford University[M]. Stanford, California: Stanford University Press, 1999.

〔209〕TAPPER T, SALTER B. Oxford, Cambridge and the changing idea of the university: the challenge to donnish domination[M]. Buckingham: The Society for Research into Higher Education, 1992.

〔210〕THOMPSON J A G. The modern idea of the university[M]. New York: Peter Lang, 1984.

〔211〕VEBLEN T. The higher learning in America[M]. New Brunswick, N. J.: Transaction Publishers, 1993.

〔212〕WOLFF R P. The ideal of the university[M]. New Brunswick, N. J.: Transaction Publishers, 1992.

攻读博士学位期间的科研成果

一、论文

〔1〕时明德. 中国教学型大学的特征 [J]. 信阳师范学院学报（哲学社会科学版），2006，26（2）：60-63.

〔2〕时明德. 论创新竞争背景下的国有企业管理创新 [J]. 企业经济，2005（8）：31-34.

〔3〕时明德. 调整农业和农村经济结构 增加农民收入 [J]. 经济经纬，2005（3）：120-122.

〔4〕时明德. 论构建以人为本的高教管理模式的必然性 [J]. 教育与职业，2005（29）：27-28.

〔5〕时明德. 全面深化教育教学改革 不断提高人才培养质量 [J]. 教育与职业，2005（10）：28-30.

〔6〕时明德. 创新教育与高师院校的管理创新 [J]. 信阳师范学院学报（哲学社会科学版），2005，25（2）：44-48.

〔7〕时明德. On the innovation of Chinese state-owned enterprise management under the background of global innovation competition[D]. // Deng Mingran, Cheng Guoping. Proceedings of 2004 international conference on innovation & management. Wuhan: Wuhan University of Technology Press, 2004.

〔8〕时明德. 谈素质教育与高师院校的教学改革 [J]. 教育与职业，2005（35）：22-23.

〔9〕时明德.素质教育视野下的逻辑教学改革 [J].信阳师范学院学报（哲学社会科学版），2004，24（1）：54-58.

〔10〕时明德，徐大真.试论终身教育思想与我国高等师范教育改革 [J].信阳师范学院学报（哲学社会科学版），2003，23（3）：58-62.

〔11〕时明德，曾昭式.逻辑学与中国文化现代化 [C] // 中国逻辑学会.逻辑研究文集.重庆：西南师范大学出版社，2001.

〔12〕时明德.加拿大高等教育的突出特征 [J].待发表.

〔13〕时明德.中国教学型大学战略管理理论体系的构建 [J].待发表.

〔14〕时明德.中国教学型大学实施战略管理的背景分析 [J].待发表.

〔15〕时明德.中国教学型大学的定位 [J].待发表.

二、项目

〔1〕时明德（主持人）.教学型大学的定位与发展研究——河南省高等教育教学改革研究项目省级重点项目，2006 年 3 月立项，在研.

〔2〕时明德（主持人）.地方高等师范院校人才培养模式改革的理论与实践研究——河南省高等教育教学改革研究项目，2004 年 7 月通过鉴定（证书号：[2004]314）.

〔3〕时明德（主持人）.当前我省贫富差距与社会公平问题研究——河南省哲学社会科学规划基金项目，1997 年 9 月通过鉴定（证书号：95A013）.

〔4〕时明德（主持人）.逻辑方法论研究——河南省哲学社会科学规划项目，2004 年 9 月通过鉴定（证书号：2004B037）.

〔5〕时明德（主要完成人）.党的宗教政策与河南省的宗教现状及对策——河南省哲学社会科学规划项目，2004 年 7 月通过鉴定（证书号：2004A030）.

〔6〕时明德（主要参加者）.中国现代文化视野中的逻辑思潮研究——2005 年度国家社会科学基金项目，在研.

三、专著

〔1〕杨云善，时明德.中国农民工问题分析 [M].北京：中国经济出版社，2005.

〔2〕杨云善，时明德，李明斌，等.差距与公平：河南省贫富差距问题研究 [M].开封：河南大学出版社，1999.

四、奖励

〔1〕主持的"地方高等师范院校人才培养模式改革的理论与实践研究"2005年1月获河南省高等教育省级教学成果一等奖（证书编号：[2004]11798）.

〔2〕专著《差距与公平：河南省贫富差距问题研究》2002年8月获河南省社会科学优秀成果著作二等奖（证书编号：064）.

〔3〕专著《差距与公平：河南省贫富差距问题研究》2002年8月获河南省社会科学界联合会社会科学优秀成果著作一等奖（证书编号：021）.

致 谢

2003年,我进入武汉理工大学管理学院攻读管理科学与工程专业的博士学位,这使我有机会聆听李必强教授、万君康教授、邓明然教授、谢科范教授、程国平教授、胡继灵教授等老师所讲授的有关课程。老师们的精彩讲授,使我对现代管理科学的知识有了较为全面的了解,使我的学术视野开阔了许多,也使我萌发了研究大学战略管理问题的想法。2004年10—12月,我又有机会远赴加拿大多伦多市,参加多伦多大学-约克大学亚洲商务管理项目的学习研究工作。加拿大同行对高等教育的独特见解和对约克大学、多伦多大学、滑铁卢大学、皇后大学、加拿大皇家军事学院、安大略艺术学院、莫哈克学院、辛迪加学院等10余所不同类型高等学校为期两个月的实地考察,使我对加拿大不同类型的大学通过战略管理而促进学校办学特色的形成和办学效益的提高有了全面而又深刻的认识,也坚定了我探索教学型大学战略管理理论的信心。因此,在完成学位论文的时候,我首先要向武汉理工大学管理学院的各位老师和加拿大约克大学前校长Macdonald先生、多伦多大学-约克大学亚洲商务管理项目负责人Bernard Michael Frolic教授、莫哈克学院副院长Dr Catherine Drea女士及所有任课老师表示诚挚的感谢,感谢你们给予我知识，给予我研究这一课题的信心和力量。

论文的写作自始至终是在导师邓明然教授的悉心指导下进行的，论文的每一部分都凝结着他的心血。导师治学严谨，学术造诣精深，为人谦和宽厚。他作为管理学院的院长、博士生导师，既承担着大量的行政事务，又承担着繁重的教学科研工作，但他对于我这样一个学生却倾注了大量心血，给予了更多的关爱。尤其是在我的论文初稿写出后，他牺牲春节休息时间认真审阅、精心批改，并在百忙中约见我当面指导，使我深受感动！这里谨致以深深的敬意。

在论文的开题及写作过程中，我还得益于谢科范教授、程国平教授、刘国新教授、秦远建教授等老师的具体指导。他们在开题答辩时的中肯批评和富有战略眼光的建议，是我的论文在质量上有所提高的重要原因。论文初稿写出后，河南大学副校长赵国祥教授、信阳师范学院政法学院副院长杨云善教授认真审阅并提出了宝贵的修改意见。在此，一并向他们表示衷心的感谢。

在几年的求学过程中，我既要承担大量的行政管理工作和本科生、研究生的教学指导任务，又要研修博士课程和完成论文，着实经历了一场极为严峻的考验。但是我很幸运，因为我处在一个团结协作的集体里。感谢信阳师范学院李宝峰教授、王文臣教授、周青山副教授、王书进副教授、曾昭式博士、郑云博士和邢思珍、李泽娟、张丽娜老师。他们不仅对本论文的写作提供了许多宝贵的建议和素材，而且承担了许多本该由我亲自去完成的工作。武汉理工大学管理学院的吴文莉老师、叶建木老师在我完成学业的过程中给予了无私的帮助和支持，我的硕士研究生秦燕帮助我对文稿进行了校订，这里也向他们致以由衷的谢意。

在论文的写作过程中，我参考引用了国内外部分专家、学者的研究成果，以及信阳师范学院和聊城大学的一些资料，这对于提高论文的质量起到了非常重要的作用。尽管我在论文中力图尽可能完善地标明出处，但由于时间匆忙，其中一些引用的观点或数据可能没有具体标明，这里谨向这些专家、学者和两所高等学校表示歉意，也表示深深的感激之情。

在我几年求学的过程中，妻子承担了所有的家务，我也因压力过大和工作过于繁忙而缺少了作为丈夫本该有的温存和作为父亲本该有的慈爱，为此特别向妻子和女儿致以深深的歉意，并由衷感谢她们的理解和支持。

时明德

2006 年 4 月 1 日